Johannes Stockmayer
LEINEN LOS!

Johannes Stockmayer

Leinen los!

Wie das Schiff Gemeinde wieder in Fahrt kommt

francke

Über den Autor:

Johannes Stockmayer ist Diakon und Gemeindepädagoge. Er arbeitet freiberuflich als Gemeindeberater, Coach und Geistlicher Begleiter. In Metzingen betreibt er mit seiner Ehefrau Bettina zusammen eine Seelsorgepraxis. (www. onesimus-dienste.de)

Bibliografische Information Der Deutschen Bibliothek
Die Deutsche Bibliothek verzeichnet diese Publikation in der Deutschen Nationalbibliografie; detaillierte bibliografische Daten sind im Internet über http://dnb.ddb.de abrufbar.

ISBN 978-3-86827-164-5
© 2010 by Verlag der Francke-Buchhandlung GmbH
35037 Marburg an der Lahn
Umschlaggestaltung: www.vogelsangdesign.de
Satz: Verlag der Francke-Buchhandlung GmbH
Druck: Bercker Graphischer Betrieb, Kevelaer

www.francke-buch.de

Inhaltsverzeichnis

Zum Geleit

Ich habe schon so manches Buch über das Leben und Gedeihen christlicher Gemeinden in die Hand genommen. Sollte ich noch mal eines kaufen und lesen?

Als Praktiker vor Ort, als Mensch, der sich in Jahrzehnten auf dieses Thema eingelassen hat, gewinnt man ein eigenes Gespür für die Empfehlungen von Autoren, für Visionen, Konzepte und Versprechungen. Ich werde kaum mehr wie ein Anfänger lesen, der meint, alles Geschriebene sei eins zu eins umzusetzen. Ich werde auch bei berühmten Verfassern nicht meinen, jeder einzelne Satz seiner Erfahrung müsse auch in meiner Situation greifen. Ich habe aufgehört zu meinen, es gäbe irgendwo den einen goldenen Schlüssel, der in alle Schlüssellöcher einer Gemeinde Jesu Christi passt. Aber eines hat in mir nicht aufgehört: Ich suche ganz leise weiter nach jemandem, der von diesem einen Geheimnis der „Stadt Gottes" angerührt ist: „Der Herr ist bei ihr drinnen, darum wird sie fest bleiben." Die Gemeinde, ein „Raum der Gegenwart Gottes", wie der Verfasser sagt. Dem entspricht ein Mensch, der das Ende des Machbaren, Herstellbaren, Produzierbaren – auch bei den sogenannten Gemeindewachstumsprozessen – vor Augen und im Herzen hat. Und der dennoch, nein, gerade deshalb feste und konkrete Schritte wagt in dieser Welt und zur Förderung der Gemeinde. Das vorliegende Buch zeigt diesen Weg. Ich werde es in meiner Gemeinde einbringen und mit vielen besprechen, Seite für Seite.

Betberg, im November 2009
Hanspeter Wolfsberger
Pfarrer, Leiter vom Haus der Besinnung auf dem Betberg

Der weiße Punkt am Horizont

Denke dir ein sehr großes Schiff, größer vielleicht als die großen Schiffe, die man jetzt hat, tausend Passagiere müssen darauf sein und alles so schön und luxuriös eingerichtet wie nur möglich. In der Kajüte geht es lustig zu, und der lustigste von allen ist der Kapitän. Am Horizont aber zeigt sich ein weißer Punkt: Es gibt eine furchtbare Nacht. Aber niemand sieht den weißen Punkt oder ahnt, was er bedeutet. Doch nein, nein, einer ist da, der ihn sieht und weiß, was er bedeutet – aber das ist ein Passagier. Er hat kein Kommando auf dem Schiff und kann nichts unternehmen. Um doch etwas zu tun, das Einzige, was möglich ist, lässt er den Kapitän bitten, für einen Augenblick auf Deck zu kommen. Es dauert eine Weile; endlich kommt er, aber er will nichts hören und eilt scherzend zurück in die lärmende, ausgelassene Freude der Gesellschaft in der Kajüte, wo man unter allgemeinem Jubel den Kapitän hochleben lässt. In seiner Angst wagt es der arme Passagier, den Kapitän noch einmal zu stören, und wird jetzt sogar unhöflich, denn der weiße Punkt steht unverändert am Horizont: Es gibt eine furchtbare Nacht. Furchtbar ist das mit den tausend sorglosen, lärmenden Passagieren, furchtbar, dass der Kapitän von der Gefahr nichts wissen will, furchtbarer aber noch, dass der Einzige, der es sieht und der weiß, was bevorsteht – ein Passagier ist. Dass, christlich gesehen, der weiße Punkt am Horizont steht, der bedeutet, dass ein furchtbares Unwetter bevorsteht – das wusste ich; ach, aber ich bin und war ja nur ein Passagier.

Sören Kierkegaard (1813–1855)[1]

---

1 Sören Kierkegaard, Die Tagebücher II, 1923, Seite 33

Einleitung:
Ein Schiff, das sich „Gemeinde" nennt

Zu unserer Silberhochzeit haben meine Frau und ich uns einen lang ge-
hegten Wunsch erfüllt: eine Schifffahrt vom Atlantik durchs Mittelmeer.

Wir konnten dabei oft das Ablegen unseres großen Schiffskolosses
erleben. Meistens standen Kapitän und Lotse auf der Außenbrücke und
wir konnten gut beobachten, wie sie ihre Anweisungen gaben. Zuerst
wurden die schweren Taue von den Poldern gelöst und freigegeben, sodass sie ins Wasser platschten und dann triefend eingezogen wurden.
War das Schiff nicht in einem Hafen vertäut, sondern lag weit draußen
in einer Bucht auf Reede, wurden auch noch rasselnd die Ankerketten
an Bord gezogen.

War das Schiff frei, die Leinen los, bewegte es sich ganz langsam und
entfernte sich von der Pier, zunächst fast unmerklich. Man erkannte die
Fahrt des Schiffes meist nur daran, dass sich die Hafenmole wegbewegte
und die Menschen dort unten, die gerade noch die Trosse in der Hand
gehalten hatten, kleiner und kleiner wurden.

Dann ertönte das laute Ausfahrtssignal – oft so unvermittelt, dass wir
zusammenzuckten, und anschließend wurde über die Bordlautsprecher
die immer gleiche Abschiedsmelodie gespielt.

War das Schiff weit genug von den Hafenanlagen entfernt, nahm
es Fahrt auf und steuerte die Hafenausfahrt an. Manchmal dauerte es
dann noch eine ganze Zeit, bis der große Dampfer endlich freies Meer
erreicht hatte und dann an Tempo zulegen konnte.

DAS SCHIFF – EIN BILD FÜR DIE GEMEINDE

Viele Menschen sind miteinander unterwegs: Wer gehört in Ihrer Gemeinde dazu?

Das Schiff hat einen Namen: Welcher Name passt zu Ihrem Gemeinde-Schiff?

Es gibt für das Unterwegssein einen konkreten Auftrag: Warum sind
Sie unterwegs?

Das Schiff begibt sich auf Fahrt, um ein bestimmtes Zielgebiet zu erreichen: Wo wollen Sie als Gemeinde hin?

Es arbeitet eine Besatzung mit klaren Aufgabenfeldern: Kennt jeder seine Aufgabe?

Die Fahrt ist gefährlich, es gibt Rettungsübungen und Notfallpläne: Weiß jeder, was im Ernstfall zu tun ist?

Das Schiff fährt unter der Flagge eines bestimmten Heimatlandes, dort ist es gemeldet: Unter welcher Flagge schippert Ihre Gemeinde durch die Weltmeere?

Das Schiff gehört einer Reederei, die für alle Belange zuständig ist: Wer ist letztlich für Ihre Gemeinde verantwortlich?

Die höchste Autorität auf einem Schiff hat der Kapitän: Wer spricht bei Ihnen das letzte Wort?

Dann gibt es die Steuerleute, die Sicherheitsoffiziere, die Ingenieure: Wer bestimmt in Ihrer Gemeinde den Kurs und sorgt dafür, dass er gehalten wird?

Ab und zu kommt ein Lotse an Bord: Ist das ein Gemeindeberater, der bei schwierigen Strecken, Untiefen, unklaren Passagen oder komplizierten Hafeneinfahrten eingeladen wird?

Benötigt Ihre Gemeinde gerade einen Lotsen? Warum?

Ich schreibe dieses Buch aus dem Blickwinkel des Gemeindeberaters, habe also vor allem die Schwierigkeiten einer Gemeinde im Blick.[2] Mein Anliegen ist, dass das Schiff „Gemeinde" in Fahrt kommt und in Fahrt bleibt – und Krisen gut bewältigt werden.

Das Ablegen eines Schiffes setzt das reibungslose Zusammenspiel vieler Menschen, die genau wissen, was zu tun ist, voraus. Die konzentrierte Zusammenarbeit von außen (Hafenarbeiter auf der Mole) und innen (Mechaniker, Matrosen, Crewmitglieder) bewirkt, dass das Schiff in Bewegung kommen kann.

Auf unserer Seereise wollten wir in Tartus/Syrien ablegen, als gerade der Fastenmonat Ramadan zu Ende gegangen war. Da alle Hafenarbeiter am Feiern waren, gab es niemand, der die Taue löste. Das Schiff fuhr mit einer kräftigen Verspätung los, es war nur durch großzügige „Geschenke" möglich gewesen, die nötigen Leute zu finden. Sind in Ih-

---

2 Mehr über den Blickwinkel des Gemeindeberaters: Johannes Stockmayer, Frisch renoviert – Aus der Praxis der Gemeindeberatung, Holzgerlingen, 2007

rer Gemeinde auch manchmal Geschenke nötig, um die erforderlichen Mitarbeiter zusammenzubekommen?

Der Befehl zum Ablegen setzt die ganze Maschinerie in Bewegung, die von der Brücke genau koordiniert und kontrolliert wird. Ohne den Ruf „Leinen los!" bleibt das Schiff im Hafen liegen. Und das wäre nicht die optimale Position für ein Schiff, das dafür gebaut wurde, auf den Meeren zu kreuzen. Wer gibt in Ihrer Gemeinde das Zeichen zum Aufbruch?

Wie bei allen Bildern und Vergleichen gibt es hier auch Grenzen:

Auf einem Kreuzfahrtschiff befinden sich Besatzungsmitglieder und Gäste. Die einen rackern sich ab – rund um die Uhr – und die anderen sind die Nutznießer. Ist das in Ihrer Gemeinde auch so?

Es gibt einen Kreuzfahrtdirektor, der dafür verantwortlich ist, dass die Reise reibungslos verläuft und zu einem „unvergesslichen Erlebnis" wird. Gibt es in Ihrer Gemeinde jemand, der dafür zuständig ist, dass sich alle wohlfühlen und die Gemeindearbeit ein ganz besonderer Event ist?

Als bei unserer Kreuzfahrt unser Schiff in schwerem Sturm bei der Einfahrt in einen Hafen auf die Hafenmauer donnerte und dadurch – wie ein Taucher später feststellte – Haarrisse im Bug entstanden waren, musste der Kreuzfahrtdirektor den Reisenden mitteilen, dass das nächste geplante Reiseziel wegen sofort nötiger Reparaturarbeiten nicht angefahren werden kann. Zum Trost bot er als Ersatz Freigetränke für alle an. Gibt es in Ihrer Gemeinde Mitarbeiter mit der Aufgabe, alle bei Laune zu halten, besonders dann, wenn es anders läuft als geplant?

Die Teilnehmer an einer Kreuzfahrt haben für ihre Reise bezahlt (teilweise große Summen). Wie ist es in Ihrer Gemeinde: Was kostet es, dazuzugehören?

Weil sie viel investiert haben, verlangen die Reisenden einen perfekten Service. Sie meinen, einen Anspruch darauf zu haben, verwöhnt zu werden. Teilweise waren die Erwartungen der Gäste auf unserer Kreuzfahrt nach unserer Beobachtung sehr hoch bis unrealistisch. Trotzdem wurde die Erfüllung aller Wünsche verlangt oder sogar auf aggressive Weise eingeklagt. Kennen Sie unrealistische, überzogene Erwartungen an die schon über Gebühr beschäftigten Mitarbeiter auch aus Ihrer Gemeinde?

Die Reisenden einer Kreuzfahrt sind eine exklusive Gesellschaft, nur bestimmte Menschen gehören dazu. Es gibt Menschen, die einen Bordausweis bekommen, und solche, die draußen bleiben und dem Schiff höchstens noch nachwinken können. Ist Ihre Gemeinde eine begrenzte, exklusive Gesellschaft oder darf jeder mit an Bord? Was tun Sie, um möglichst viele Menschen ins Boot zu holen? Wann ist das Boot voll?

An einer Stelle „hinkt" das Bild vom Schiff Gemeinde: Bei einer Kreuzfahrt *betreten* die Reisenden das Schiff, bei der Gemeinde *sind* alle Mitglieder der Gemeinde das Schiff. Das ist ein entscheidender Unterschied!

Um diesen Unterschied geht es in diesem Buch: Wie können Sie als Gemeinde miteinander ein Schiff **sein**, das in Fahrt kommt? Welche Taue halten Ihr Gemeinde-Schiff fest und wie können Sie sie lösen?

BLOCKIERTE MITTE

Gemeinden wollen vorangehen – aber sie wissen nicht wohin. Sie legen Ziele fest, aber weil sie nicht die Mitte kennen, verfehlen sie das Ziel.

Es ist unklar, was man will und was man kann – weil man nicht weiß, wer man ist. Alle möglichen Aktionen und Programme werden ausprobiert, aber man verausgabt sich, weil letztlich nichts richtig passt. Die Bemühungen werden verstärkt, trotzdem kommt man nicht von der Stelle.

Die verschiedenen Anstrengungen verlaufen unkoordiniert, weil sie niemand in die Hand nimmt – aber mehr noch: Es fehlen die Orientierungspunkte, nach denen man sich ausrichtet. So bewegt sich die Gemeinde in unterschiedlichen Richtungen, das Gemeindeleben wird chaotischer.

Während es eigentlich nötig wäre, sich als Einzelne zusammenzustellen, um das Gemeinsame zu betonen, geht jeder seinen Weg. Die eigenen Bedürfnisse, Erwartungen oder sogar Forderungen spielen eine größere Rolle als das Miteinander. Man ist kaum bereit, sich mit den eigenen Ansichten zugunsten einer gemeinsamen Richtung zurückzustellen – bedauert aber, dass die Stimmung in der Gemeinde immer schlechter wird: Jeder denkt nur an sich und handelt, wie es ihm gut dünkt.

Der Gedanke setzt sich langsam durch, es müsste sich grundsätzlich etwas verändern – nur: Was heißt grundsätzlich? Auch hier gehen die Meinungen auseinander.

Und weil man bereits mehrfach schmerzvoll erfahren hat, dass es schwierig wurde, wenn man grundsätzliche Fragen diskutierte und man letztlich nicht zu einem gemeinsamen Ergebnis kam, geht man diesen heiklen Punkten aus dem Weg. Man will Veränderung, aber es soll sich nichts ändern!

Da Gemeinden aus Menschen bestehen, muss ein gemeinsamer Prozess des Fragens, Hörens und Nachdenkens beginnen. Es bleibt nichts übrig, als dass sich einzelne Gemeindeglieder auf den Weg machen und den Schritt zum anderen hin tun. Das Gespräch über das Grundverständnis muss in Gang kommen und auf für alle befriedigende Weise ein Ergebnis finden. Wir müssen miteinander reden – und zwar so lange, bis wir einander verstanden haben. Aus dem Verständnis für die unterschiedlichen persönlichen Anliegen muss ein gemeinsames Fragen und Suchen beginnen. Die Gemeindeglieder machen sich auf, um miteinander ihre gemeinsame Mitte zu finden. Die Mitte ist der Anfangspunkt von allem, von hier aus wächst die Gemeinde in die Tiefe und in die Weite.

Aber sieben Taue machen genau hier in der Mitte das Schiff „Gemeinde" im Hafen fest und verhindern die Ausfahrt.

Nach meiner Erfahrung als Gemeindeberater gibt es sieben Haupthindernisse, die heute die Gemeinde zur Unbeweglichkeit verurteilen und sie grundsätzlich festhalten. Das Fatale ist: Die sieben Haupthindernisse blockieren die sieben entscheidenden Kernbereiche der Gemeinde!

Wenn ich im Folgenden die sieben Taue beschreibe, die gelöst werden sollen, damit das Schiff „Gemeinde" in Fahrt kommen kann, dann beschreibe ich damit, wie die Gemeinde in ihren Kernbereichen beweglich wird. Es geht also darum, wie eine Gemeinde von ihrer Mitte her die Dynamik gewinnt, die sie braucht, um ihren Auftrag in der Welt und bis zum Ende der Welt – den sie von Gott bekommen hat – auszuführen.

Wenn wir die Hindernisse anschauen, befassen wir uns mit den wesentlichen Hauptbereichen der Gemeinde. Der Befehl „Leinen los!" ist das Kommando für jeden dieser Kernbereiche, Fahrt aufzunehmen, in Gang zu kommen.

Aber nur, wenn alle sieben Taue gelöst sind, kann sich das Schiff auf große Fahrt begeben. Dann ist es soweit, um den Zielpunkt, der ihr gesetzt ist, anzusteuern mit der Kursrichtung „Gottes Ewigkeit".

Wenn die Mitte der Gemeinde jedoch blockiert ist, führt das zu Stagnation – nichts bewegt sich!

DIE SIEBEN KERNBEREICHE DER GEMEINDE

Die Mitte der Gemeinde setzt sich aus sieben Kernbereichen zusammen, die zueinander gehören:

1. Kernbereich: Gemeinde ist mehr als die Summe aller Teile, deshalb lebt jeder seinen Glauben mit Hingabe und Leidenschaft.
2. Kernbereich: Gemeinde begründet sich nicht aus sich selbst, sondern ist eine Schöpfung Gottes.
3. Kernbereich: Gemeinde hat ein Ziel, das ihr von Gott gesetzt wird. Dieses Ziel kommt aus der Mitte, nicht von außen.
4. Kernbereich: Wo die Leitung ist, da ist die Mitte: Die Leitung gibt das Signal zum Aufbruch aus der Mitte in die Weite.
5. Kernbereich: Es gibt in der Gemeinde keine Konsumenten, jeder hat einen eigenen Zugang zum Zentrum und deshalb auch Kompetenz und Vollmacht.
6. Kernbereich: Die Gemeinde kennt ihren Platz in der Welt, sie engagiert sich für soziale Gerechtigkeit und Frieden, ohne die Mitte zu verlieren.
7. Kernbereich: In einer Welt des Scheins steht die Gemeinde für Wahrhaftigkeit, sie ist unabhängig in ihrer Meinung und deshalb frei. Zur Mitte der Gemeinde gehört die Hoffnung auf Gottes Zukunft.

Wie diese Kernbereiche gelebt werden können, die Gemeinde sich von ihrer Blockierung löst, und in Fahrt kommt, darum geht es in den nächsten Kapiteln.

	Kernbereiche: Sie bilden die zentrale Mitte der Gemeinde.	Hindernisse: An diesen „Tauen" hängt die Gemeinde fest
1.	Geistliches Leben aller Gemeindeglieder aus einer persönlichen Beziehung zu Jesus.	Das Glaubensleben des Einzelnen ist oberflächlich geworden, man erwartet von der Gemeinde, was man selbst leben sollte.
2.	Die Mitte der Gemeinde ist Jesus – durch ihn begründet sich Gemeinde.	Man weiß nicht, was Gemeinde ist: Gemeinde ist ein Geschenk und keine Organisation, die man „gründet".
3.	Die Gemeinde hat einen Auftrag, der ihr von Jesus vermittelt wird.	Die Gemeinde dreht sich um sich selbst, anstatt nach ihrer Berufung zu fragen und zu dienen.
4.	Die Leitung nimmt ihren Platz ein: in der Mitte, ganz nahe bei Jesus.	Die Leitung bildet ein Gegenüber zur Gemeinde, Hirten die die Gemeinde sammeln und zur Mitte leiten, sind selten geworden.
5.	Jedes Gemeindeglied kennt seinen Platz – und damit seinen Anteil am Auftrag der Gemeinde.	Die Gemeindeglieder sind nicht mehr Teil der Gemeinde, sondern Anspruchsberechtigte. Viele wollen, wenige geben.
6.	Die Gemeinde befindet sich mitten in der Welt, dorthin ist sie von Jesus gesandt.	Die Gemeinde zieht sich aus der Welt zurück und pflegt ein Nischendasein, sie hat zu viel mit sich selbst zu tun.
7.	Die Gemeinde kann sich der Wahrheit stellen, weil sie von Jesus gerechtfertigt ist.	Mehr Schein als Sein: Man pflegt mehr ein Image, als dass man von Gottes Ewigkeit her lebt und sich selbst loslässt.

1. Leine: Geistliche Substanz gewinnen

VERGNÜGUNGSDAMPFER ODER LAZARETTSCHIFF?

Wenn ich als Gemeindeberater in die unterschiedlichsten Gemeinden komme, beobachte ich mit Erschrecken ein fast überall relativ niedriges geistliches Niveau der Christen. Das ist natürlich eine subjektive Behauptung, die ich nicht beweisen kann. Die einen werden sagen: „Auf unsere Gemeinde trifft diese Feststellung nicht zu!" Vielleicht haben Sie recht! Ich möchte Ihre Gemeinde nicht schlechtmachen.

Jemand anderes wird verärgert abwinken: „Schon wieder einer, der alles schwarz sieht und einen Abgesang auf die Christen anstimmen will. So schlimm ist es doch nicht!" Bitte verstehen Sie: Ich möchte mit meiner Beobachtung keine negative Weltuntergangsstimmung erzeugen. Im Gegenteil!

Vielleicht wird jemand frustriert bemerken: „Sie hängen die Latte einfach zu hoch. Sie erwarten zu viel von den Christen heute. Jeder soll seinen Glauben so leben, wie er mag. Was in der Verborgenheit des stillen Kämmerleins passiert, unterliegt keiner Bewertung durch andere."

Aber genau hier liegt das Problem: Was passiert, wenn jeder seinen Glauben auf seine Weise, nur im Verborgenen lebt? Wenn nichts von seiner Überzeugung nach außen tritt und sichtbar wird? Wie könnten wir als Gemeinden leben, wenn der Glaube die intimste Privatsache bleibt, bei der niemand mitzureden hat? Eine solche Entwicklung wäre das Ende des Schiffes Gemeinde, denn jeder würde dann sein eigenes kleines Boot rudern. Die Christen würden in der Öffentlichkeit nicht mehr auffallen oder höchstens vereinzelt als solche erkenntlich sein. Damit hätten sie an Einfluss verloren und andere Religionen würden den Christen den Rang ablaufen.

Ich sehe hier einen akuten Handlungsbedarf: Das geistliche Leben in unseren Gemeinden muss an Intensität zunehmen. Und da eine Gemeinde aus vielen Einzelnen besteht, heißt das: Das geistliche Leben der Christen braucht Vertiefung!

Wenn es in diesem Buch um die Hindernisse im Leben der Gemeinden geht, so sehe ich hier das größte: Die Glaubenskraft der Christen hat abgenommen, sie sind lau geworden in ihrer Überzeugung – aber mehr noch in der konkreten Nachfolge Jesu. Wenn es aber schon an dieser Stelle hapert – im kleinsten Bereich der Gemeinde, beim Einzelnen, dann wäre es verfehlt, mit Programmen oder Methoden zu versuchen, das Schiff Gemeinde in Fahrt zu bekommen. Damit würde das Problem sogar nur noch verstärkt! Denn was wäre mit dem Schiff auf hoher See, wenn Stürme aufkommen und der Einzelne sich seines Glaubens nicht gewiss wäre? Könnten lange Strecken überwunden werden, wenn nicht jeder bereit wäre durchzuhalten, weil er von der lebendigen Quelle lebt? Wie könnte das Schiff seinen Auftrag erfüllen, wenn die meisten nur etwas für sich wollen, aber nicht bereit sind, etwas zu geben, sich mit einzusetzen, dass der Auftrag gelingt?

Und so stellt sich doch die Situation in vielen Gemeinden in Wirklichkeit dar: Ein paar wenige Mitarbeiter versuchen, das Schiff flottzumachen. Sie strengen sich an, damit es endlich seinen Zweck erfüllt. Sie bemühen sich um ansprechende Programme zur Unterhaltung und Erbauung für die Mitreisenden, sie besorgen die Verpflegung aller, damit niemand hungern muss und jeder angenehm satt wird, sie pflegen und warten die Motoren, putzen das Verdeck, sorgen für einen überzeugenden Außenanstrich und achten darauf, dass das Schiff auf Kurs bleibt. Weil es zu wenige mit zu vielen Aufgaben sind, verausgaben sie sich und brennen aus. Bald dümpelt das Schiff ohne Sinn und Zweck als Geisterschiff auf den Wogen dahin. Nein, das Schiff kann erst ablegen, wenn allen an Bord bewusst geworden ist, dass sie ein Teil dieses Schiffes sind. Es gibt keine Passagiere!

Jeder muss die Fahrt des Schiffes wollen, jeder muss mit seinem Herzen, mit seinen Händen und mit seiner ganzen Entschlossenheit dabei sein. Die Fahrt gelingt nur, wenn jeder einen Ruf vernommen hat: den Ruf Gottes, der ihn auf dieses Schiff Gemeinde führt. Jeder muss innerlich bereit sein, dem Ruf Gottes mit seinem ganzen Leben zu folgen. Das Schiff Gemeinde verlangt viel von den einzelnen Gemeindegliedern.

Jörg Berger schreibt in seinem Buch „Berufung" (Marburg 2006, Seite 21): „Auf einen Ruf Gottes keine Antwort zu geben ist naheliegender, als ihn aufzugreifen. Lieber mit dem Boot im sicheren Hafen bleiben, als in See stechen. Das dumpfe Gefühl, dass das Lebensboot noch zu mehr berufen sein könnte, als im Hafen zu liegen, ist vielleicht besser zu ertragen als die Mühe und Ungewissheit der Reise."

Weil aber der Einzelne nicht den Mut hat aufzubrechen, bleibt das große und stolze Schiff Gemeinde im Hafen liegen. Das geistliche Leben ist der innere Motor für den Einzelnen und für die ganze Gemeinde, um in Gang zu kommen. Aus ihm erwächst die Motivation und der Mut, die beschwerliche und ungewisse Reise im Auftrag Gottes auf sich zu nehmen. Wo das geistliche Leben des einzelnen Christen fehlt, wird aus dem Schiff Gemeinde ein Lazarettschiff oder ein oberflächliches, an der Pier fest vertäutes, schwimmendes Restaurant. Gemeinde ist aber weder das eine noch das andere, sondern eine Crew von Menschen, die wissen, um was es geht, und die ihr ganzes Leben dafür einsetzen, um Gottes Auftrag auszuführen.

HARMLOSES CHRISTSEIN

Woran mache ich meine Beobachtung fest, dass der geistliche Grundwasserspiegel der Gemeinden sehr tief liegt? Beispielsweise daran: Wenn ich zu einem biblischen Vortrag eingeladen bin, dann haben die wenigsten Zuhörer ihre Bibel dabei. Viele kommen zeitlich knapp oder zu spät hereingestolpert und sind sichtlich kaum motiviert und interessiert. Man erwartet nicht viel von dieser Veranstaltung, wäre vielleicht lieber daheim vor dem Fernsehapparat. Es ist schwer, die Zuhörer zu „knacken" und so anzusprechen, dass sie inhaltlich erreicht werden. Ich habe manchmal den Eindruck, dass sie gar keinen eigenen Zugang zu einem geistlichen, biblischen Thema haben, ich muss ihn erst mühsam freilegen, wenn ich mein Gegenüber erreichen will.

Ich spüre ihre Haltung: Du musst dafür sorgen, dass mich die Sache anspricht. Ein Redner ist nur dann gut, wenn es ihm gelingt, meine Widerstände und Vorbehalte zu überwinden. Das gelingt tatsächlich manchmal, aber es bedeutet für mich als Redner eine große Anstrengung.

Im Gegensatz dazu habe ich ähnliche Situationen in Asien erlebt, wo alles ganz anders war: Die Zuhörer hingen dem Referenten an den Lippen, sie waren offen, hörten zu, prüften nach, blätterten in ihren Bibeln, lasen mit, antworteten und waren bereit, für sich etwas mitzunehmen, was sie im Alltag anwenden konnten. Wie ein trockener Schwamm saugten sie den Inhalt auf. Sie wussten, dass sie ihn als Nahrung für ihr geistliches Leben benötigen.

Im christlichen Abendland dagegen hat man alles schon einmal gehört. Nichts bewegt die Zuhörer tatsächlich. Die Herzen sind verschlossen. Die Gemeinde ist eine Scheinwelt. Es passiert nicht wirklich etwas. Das wahre Leben spielt sich woanders ab. Das Gemeindeleben hat sich vom Leben in dieser Welt abgekoppelt. Nebensächlichkeiten werden hochgespielt. Die Ausschüsse tagen in langen Sitzungen mit komplizierten Beratungen und mageren Ergebnissen, die doch nur in der Schublade verschwinden.

Damit meine Zuhörer mitlesen können, suche ich nach Bibeln, die irgendwo im Gemeindehaus im Schrank stehen. Dann fällt mir auf, dass viele sich in der Bibel gar nicht auskennen. Gebe ich eine Bibelstelle zum Nachschlagen an, geht ein großes Suchen los. Ich muss die Seitenzahl mitteilen. Das ist kein Problem, wenn es sich um Glaubensanfänger handelt, aber wenn es dabei um Christen geht, die schon lange im Glauben „stehen", dann wird es bedenklich. Die Bibelkenntnis ist auch bei langjährigen Christen nicht zufriedenstellend.

Spreche ich diesen Umstand offen an, wird mir erklärt, dass jeder heute in großen beruflichen oder familiären Herausforderungen steht, dass er gar nicht die Zeit für ein langes und ausführliches Bibelstudium hat. Wie soll aber der Mensch als Christ in seinem Glauben wachsen, wenn er sich nicht mit der Bibel beschäftigt?

In manchen christlichen Kreisen wird von der „Stillen Zeit" geredet. Frage ich nach, wie sie aussieht, wird es still: 10 Minuten am Morgen, die Losung beim Frühstück, die Kurzandacht im Autoradio oder von der CD – das ist ein nachvollziehbares Notprogramm, aber für die Dauer zu wenig. Dann wird kurz vor dem Hauskreis noch in die Bibel geschaut, um ein paar biblisch belegte thematische Gedanken vortragen zu können. Oder für die Andacht im Männerkreis werden schnell noch zwischen Arbeit und Abendessen ein paar Notizen gemacht.

Man hört immer wieder dieselben Worte, es geht nur um immer das gleiche grundsätzliche Kernprogramm, bei dem niemand mehr hinhört, weil man es schon so oft gehört hat.

Die Folge aber ist, dass der Glaube oberflächlich und dadurch harmlos wird. Die Konsequenzen fehlen: Wie lebe ich als Christ? Welche Schlüsse ziehe ich aus einem Bibeltext? Was möchte Gott von mir? Die Glaubenspraxis bleibt auf der Strecke, ein konsequentes, eindeutiges, verbindliches Leben in der Nachfolge Jesu verliert sich.

DIE SCHLAFENDE GEMEINDE

Woanders erlebe ich folgende Situation: In einer Mitarbeiterschulung fordere ich zu einer Zeit der Stille auf. Jeder soll das bisher Gehörte in einer kurzen Zeit des Schweigens (15 Minuten) vertiefen und dem noch einmal nachgehen, was gesagt wurde. Viele – auch gestandene Mitarbeiter – tun sich schwer mit der Stille, sie verstehen nicht, was ich will und was das soll. Ich erkläre und begründe mein Anliegen, aber es wird nicht richtig still im Raum. Viele wissen nicht, was sie mit sich anfangen sollen, wie sie mit dem Schweigen umgehen können. Sie rutschen auf dem Stuhl hin und her, blättern in ihrer Bibel (was nicht schlecht ist), finden aber nichts, was sie anspricht. Sie blicken umher, wissen nicht, wie sie reagieren sollen, schauen zum Fenster hinaus. Dann steht ein Ältester auf und geht hinaus – will er ganz für sich allein sein? Nach kurzer Zeit kommt er laut pfeifend wieder in den Raum. Die Stille ist zerstört.

Es kann sein, dass das für Sie eine ärgerliche und provozierende Ansammlung von Zufälligkeiten sind, und vielleicht denken Sie: So schlimm kann es doch gar nicht sein! Vielleicht vermuten Sie auch, dass ich immer nur in den falschen Gemeinden war. Aber ich fürchte langsam, dass es sich bei diesen Begebenheiten fast durchweg um das normale Gemeindeleben handelt – von Ausnahmen abgesehen.

Das Zuhören ist ein Problem geworden, Ruhe ist nicht gewohnt und Stille nicht eingeübt. Viele wissen nicht, was sie mit ihrer Konfirmandenbibel anfangen sollen, sie steht im Regal und verstaubt. Man kennt die wichtigsten Bibelstellen und denkt, dass das genügt – man hört sie ja auch immer wieder. Die Grundaussagen des christlichen Glaubens sind bekannt, aber sie fordern nicht heraus und prägen das alltägliche Leben kaum. Das Christsein hat mit dem Alltag wenig zu tun, die Predigt vom Sonntag findet keine Fortsetzung im Alltag. Das geistliche Leben ist so gut wie tot. Man sehnt sich nach Spiritualität, denkt dabei aber an alle möglichen anderen Religionen oder esoterische Praktiken, jedoch nicht an den christlichen Glauben. Das direkte Gespräch mit Gott beschränkt sich auf Stoßgebete oder ist den Situationen vorbehalten, wo man tatsächlich mal nicht weiterweiß. Die Beziehung zu Gott ist wie die zu einem fernen Verwandten: Es ist gut, dass man ihn hat und kennt und auf ihn zurückgreifen kann, wenn man Hilfe braucht. Aber man lebt nicht intensiv mit Gott im Alltag wie mit einem Freund, den man wegen der kleinsten Kleinigkeit anruft oder dem man ständig eine SMS schickt, um ihm mitzuteilen, was man gerade macht und wo man steckt.

In einer anderen Gemeinde haben wir bei einer Klausur für die Mitarbeiter einen Tag lang viel geredet. Am Abend fordere ich die Teilnehmer dazu auf, nun das, was sie heute erkannt haben, vor Gott zu bringen. Ich teile kleine Gebetsgruppen ein und bitte jeden, ganz kurz zu sagen, was er aus diesem Tag mitnimmt. Und daran anschließend soll einer aus der Gruppe dafür beten, dass ihm das gelingt, was er sich vorgenommen hat. Ich denke, dass dies eine sehr einfache „Übung" und geistliche Konkretisierung des Tages bedeutet. Aber die meisten Gruppen haben große Mühe mit meinem Vorschlag: „Was sollen wir tun?" Ich erkläre es noch einmal. Es bleibt still, Spannung baut sich auf. Dann sagt ein älterer Mitarbeiter: „Das sind wir hier nicht gewohnt, laut zu beten. Normalerweise macht das jeder für sich allein." Auch meine Bitte, es doch heute einmal zu probieren, weil man doch so gut miteinander gearbeitet hat, trifft auf ablehnende Ohren: „Das geht zu weit. Wir können über alles miteinander reden, aber nicht voreinander mit Gott." Was der Einzelne sich vornimmt, ist seine Sache und geht niemand etwas an. Das unterstützende Gebet für den anderen bleibt dabei auf der Strecke, jeder geht für sich nach Hause, die Chance für eine gemeinsame Verstärkung und konsequente, verbindliche Umsetzung konkreter Vorhaben vor dem Angesicht Gottes ist vertan.

Damit ich nicht falsch verstanden werde: Ich spreche hier nicht nur über die Gemeinden, von denen man sowieso nichts anderes erwartet hätte. Denn auch „fromme" Gemeinden sind nicht unbedingt besser in ihrer geistlichen Substanz. Vielleicht verbergen sie ihre Oberflächlichkeit nur unter einem frommen Mäntelchen.

Da werden beim Gebet immer wieder nur die gleichen Worte floskelhaft gebraucht. Man weiß genau, wer was und wie betet. Alles klingt hingebungsvoll und inhaltsschwer, aber ich fürchte, dass vieles doch nur Worte sind, die gesagt werden, um Eindruck zu machen. Man kennt die Bibel, aber Bibelstellen dienen als Argumente, sie werden den anderen um die Ohren gehauen. Wie sieht es mit dem eigenen Balken im Auge aus? Werden die geistlichen Prinzipien, die man anderen so gerne vorhält, auch selbst gelebt?

Die Zeit der Anbetung wird zum geistlichen Wellnessmoment. Eigentlich sollte es um Gott gehen, aber ruck, zuck geht es um mich und die eigenen Gefühle und tiefen Bedürfnisse. Der Lobpreis Gottes dient zur Aufhellung meiner eigenen Stimmung: Ich will mich erheben, mir soll es gut gehen. Ich bin ja Christ, das genügt. Ich bin von Gott so angenommen, wie ich bin, deshalb gibt es keinen Grund, an meinem Charakter zu arbeiten. Gott ist mein barmherziger Vater, zu dem ich jederzeit kommen kann, ich empfange seine Gnade, egal, wie ich mich verhalte. Gott tut mir gut, er ist mein Daddy, der mich grenzenlos liebt. Ich bin getauft, also bin ich errettet. Ich gehöre zur Gemeinde, die mich in meinen Ansichten und Gedanken bestätigt, wenn alle so denken wie ich, kann ich nicht falsch sein. Ich pflege die gleiche Sprache wie viele andere, ich bin ein Insider. Ich bin mit im Boot, die Gemeinde ist meine Arche Noah, ich komme in der Sintflut dieser Welt nicht um, ich bin sicher und geborgen. Ich habe ja den Heiligen Geist, deshalb bin ich stark. Ich habe das Ziel erreicht, ich muss mich nicht mehr anstrengen, ich kann mich zufrieden zur Ruhe begeben …

Das sind alles zutreffende Aussagen – nur die Schlüsse, die daraus gezogen werden, sind oft falsch. Sie hüllen in Sicherheit, lullen ein, machen schwach und geistlich träge. So aber kommt das Schiff nicht von der Stelle, wird nie den sicheren Hafen verlassen. So wird die Gemeinde ihren Auftrag nicht erfüllen, wenn jeder mit sich selber zufrieden ist, weil er denkt: Wenn es mir gut geht, dann hat die Gemeinde ja ihren Auftrag erfüllt!

Kennen Sie die Geschichte von dem Mann, der sich eines Sonntags beim Verlassen der Kirche über die Musik beschwerte? „Also die Kirchenlieder, die Sie heute ausgewählt haben, die haben mir überhaupt nicht gefallen", sagte er. „Das macht nichts", meinte der Pastor. „Wir haben sie ja auch nicht für Sie gesungen."

An einem Buß- und Bettag schreibe ich in mein Tagebuch:
In vielen Gemeinden ist ein Streit um das Liedgut entbrannt, der teilweise zu einem Glaubenskrieg eskaliert: Die älteren Gemeindeglieder kämpfen für ihre alten Lieder, die jungen für die moderne Lobpreismusik, dazwischen gibt es nichts – es geht um das Entweder-oder.

Je älter ich selbst werde, desto wichtiger werden mir die Lieder meiner Kindheit, sie sind für mich wie ein Nachhausekommen: die Lieder, die meine Eltern mit uns abends am Bett gesungen haben, die Lieder der Kinderkirche – die alten Choräle, Lieder aus dem Kirchengesangbuch, Lieder aus einer ganz anderen Zeit. Aber mir wurden sie vertraut. Und heute sind sie wie ein Netz, in das ich mich fallen lassen kann, wenn es mir schlecht geht, sie vermitteln Hoffnung und geben neue Kraft. Wenn ich sie singe, verjüngt sich meine Seele und wird zum Kind. Auf was wohl die heutigen Jungen zurückgreifen werden, wenn sie alt sind? In welchen Liedern finden sie zurück zu den Orten der Geborgenheit?

Als Diakon im Gemeindedienst habe ich es immer wieder erlebt, wenn ich am Kranken- oder Sterbebett älterer Menschen saß: Wenn ich einen alten Liedvers vorgelesen habe, sprachen die Lippen mit und das Gesicht wurde ruhig und entspannt, es leuchtete Zuversicht und Glauben in ihm auf.

UMKEHR

Damit das Schiff Gemeinde in Fahrt kommen kann, damit das schwere Tau der Oberflächlichkeit gelöst werden kann, ist an erster Stelle Buße nötig – die Umkehr vom bisherigen vergeblichen und verderblichen Tun. Weg von der Lauheit – hin zu neuer geistlicher Konsequenz und Entschlossenheit!

Ich habe manchmal den Eindruck, die Christen sind übersatt, dabei ist der Hauptgang noch gar nicht serviert. Eine Zäsur ist nötig, um wieder Hunger zu verspüren, um wieder bedürftig zu werden, um sich neu nach dem kernigen, gesunden Brot des Evangeliums auszustrecken. Wir müssen ganz neu die Basics lernen, neu herausbekommen, wie Christen leben, stehen und laufen. Noch einmal die Milch der Anfänger trinken als Aufbaunahrung für neue geistliche Muskeln, dann aber umstellen auf die Normalkost des Christen: das Leben aus der Fülle Gottes. Und endlich wegschauen von sich selbst, sich nicht dauernd den Puls fühlen, sondern leben – als Christen leben in dieser Welt.

Manchmal denke ich: Wir müssten ein Fasten ausrufen, wie es Nehemia getan hat, als er nach Jerusalem zurückkehrte und den Zustand der Stadt sah (Nehemia 9). Wir müssten neu zu Gott kommen mit Buß- und Bittgebeten wie das Gottesvolk (Jesaja 63,7-64,11). Wir müssten Gott bekennen, dass wir ihn verraten und uns eingerichtet haben in einem frommen Käfig, dass wir unser eigenes Leben geliebt und gelebt haben und deshalb nicht geeignet waren für ein Schiff, das hinausfährt in die zunehmenden Stürme dieser Zeit. Unsere Vorteile, der eigene Erfolg und vor allem unsere Bequemlichkeit waren wichtiger als das Reich Gottes. Das soll sich nun ändern!

Vor einiger Zeit habe ich in mein Tagebuch notiert:
*Das Volk Gottes muss in die Wüste zurück. Es muss arm und bedürftig werden, damit es ganz neu lernt, Gott zu vertrauen. Mit Gemeindepflanzungen, Gemeindeaufbau, Gemeindewachstum und unterschiedlichen Programmen der Erneuerung bemühen wir uns, das Bestehende zu erhalten oder bestenfalls zu beleben. Die Kirche darf ja nicht untergehen! Dabei täte uns der Blick auf Gott gut: Es ist ja **seine** Kirche und deshalb hat sie eine unverbrüchliche Verheißung: Sie wird nicht untergehen. Wir müssen nur diese Verheißung ernst nehmen und leben. Wir müssen nicht die Verheißung Gottes in die Tat umsetzen – das macht Gott allein. Wir müssen nicht dafür sorgen, dass Gott nicht ausstirbt oder der Glaube an ihn nicht verdampft – Gott könnte aus Steinen Kinder erwecken. Gott will uns ganz, wir sollen ihm gehören. Das genügt. Gott will Neues schaffen und nicht Geschaffenes erneuern. Er will immer ganz unmittelbar wirken, immer wieder ganz neu von vorn anfangen. Wir aber füllen alten Wein in neue Schläuche und erleben, dass die Schläuche zerreißen. Wir versuchen, das Alte in neue Strukturen zu füllen, und erleben, dass es nicht passt. Gott aber will neuen Wein und neue Schläuche. **Wir** sollen zu neuen Schläuchen werden, damit sich in uns die beständig neue und ursprüngliche Kraft Gottes entfalten kann.*

Dazu muss der alte Mensch sterben – und er stirbt in der Wüste. Deshalb werden unsere Gemeinden zur Wüste werden, damit wir uns ganz neu mit Gott verbinden: auf ihn schauen und ihn bitten, uns neues Leben zu schenken – das verheißene Land Gottes. Wir können das neue Land Gottes

*jedoch nur betreten, wenn wir neue Herzen haben, Herzen, die von Gott
erneuert wurden. Gott wird zulassen, dass Strukturen, Formen, Finanzen,
Traditionen und andere Sicherheiten zerbröckeln, damit wir uns allein auf
ihn verlassen und uns von ihm verwandeln lassen. Denn nur, was verwan-
delt wurde, hat Bestand vor Gott. Wir sind im Augenblick in allen unseren
Bemühungen um Gemeinde noch viel zu sehr selbst beschäftigt, das Land zu
erobern und gegen dicke Mauern zu rennen, die sich uns in den Weg stellen.
Wir rennen uns dabei die Köpfe ein und jammern: Das Land frisst seine
Bewohner, der Boden ist so hart, die Trends sind wie Riesen, wir sehen klein
und kümmerlich daneben aus. Statt zu sagen: Herr, du schaffst das neue
Leben für uns, du öffnest uns den Zugang in die Zukunft, du verwirklichst
deine Verheißungen, alle deine Versprechen machst du wahr!*

*Heute wäre ein neuer Johannes der Täufer nötig, der die Menschen aus
ihren normalen Bedingungen herausruft. Der sie in die Wüste lockt und
dort mit ihrer Unfähigkeit konfrontiert. Der dann zur Umkehr aufruft
und die Menschen auffordert, ihre Herzen am Herz Gottes zu erneuern.
Er tauft, damit der alte Adam stirbt, die Menschen neu werden durch die
Auferstehung – denn nur durch das Sterben kann Neues geboren werden.*

DEN ERSTEN SCHRITT WAGEN

Das Schiff Gemeinde hängt am dicken Tau der Oberflächlichkeit und
Harmlosigkeit fest. Die Grundvoraussetzung, damit das Schiff in Fahrt
kommen kann, ist das geistliche Leben des Einzelnen. Geistliches Leben bedeutet: Alles, was ich tue, vollziehe ich in der Gegenwart Gottes, mein ganzes Leben wird konsequent auf ihn bezogen. Gott ist die
Hauptsache, er ist mein Mittelpunkt – er ist mein Leben!

Dass Gott der Dreh- und Angelpunkt ist, gibt dem Leben Tiefgang,
das Lebensboot liegt auch bei Stürmen so gut im Wasser, dass es nicht
kentert, denn Gott ist mit im Boot.

Viele Menschen denken heute, dass ihr Besitz, Ansehen und die äußeren Werte eines komfortablen Alltages dem Leben Gewicht geben. Aber
im Grunde ist das alles Ballast, der bei hohem Wellengang eher hindert
als Sicherheit gibt – und im Notfall über Bord geworfen werden muss.

Es ist interessant zu beobachten, wie die Reisenden vor der Abfahrt
des Schiffes mit schweren Koffern ankommen. Bereits vor dem Ein-

checken wird ihnen das Gepäck abgenommen und von freundlichen Stewards an Deck gehievt. Sie finden es in ihrer Kabine wieder, wenn sie nach einer ersten Erkundung des Schiffes dort eintreten.

Für uns war es in diesem Moment einfach überwältigend, in die Kabine zu kommen und dort neben einem reich gefüllten Obstkorb eine Karte vorzufinden, auf der stand: „Herzlich willkommen an Bord – in Ihrem Zuhause!"

Da hatten wir uns monatelang vorbereitet, hatten alle Unwägbarkeiten geprüft und uns sorgfältig für alle Eventualitäten gerüstet, um dann endlich das Schiff zu betreten – und zu Hause anzukommen!

Gemeinde ist ein Zuhause für Menschen, die ihren Glauben leben wollen, hier bekommen sie Anregungen und Anleitung für ihr geistliches Leben. Hier werden sie immer wieder hinterfragt, ermutigt und gefördert. Gemeinde ist kein Ort der Bestätigung, kein Wohlfühlort, kein Zuhause der Bequemlichkeit, sondern ein Ort der Konsequenz und der Klarheit.

Das Ablegen des Schiffes Gemeinde beginnt mit einem Neuanfang: mit der Entscheidung, das Schiff betreten und mit ihm auf Fahrt gehen und das Eigene loslassen zu wollen. Das ist ein grundsätzlicher und wichtiger Moment: Ich verlasse den sicheren Boden der eigenen Sicherheit. Ich wage den Schritt ins Unbekannte. Ich lasse los. In die Gemeinde komme ich ohne alles Eigene, als ein armer, bedürftiger Mensch.

Loslassen ist der erste Schritt zu einem geistlichen Leben: Ich lasse mich selbst los, meinen gewohnten Standpunkt, meine Bequemlichkeit, die vertrauten Abläufe, den sicheren Rückzugsort. Ich liefere mich aus, mache mich verletzlich, ich begebe mich willentlich und bewusst in ein Abenteuer, dessen Ausgang ich nicht kenne. Ich kann über mich selbst nicht mehr verfügen, weil es ein anderer tut.

Ich verzichte auf meine eigenen Erwartungen, Wünsche, Vorstellungen, Bedürfnisse und Ansprüche, denn ich bin mir selbst nicht mehr der wichtigste Bezugspunkt.

Das klingt in dieser Ausschließlichkeit und Konsequenz unmöglich, wie zu viel verlangt! In der Tat ähnelt dieses Loslassen dem Sterben, ein Prozess, der endgültig und sehr schmerzhaft ist. Aber er ist die Grundvoraussetzung, damit der geistliche Mensch geboren werden kann, denn geistliches Leben verlangt den ganzen Menschen – nicht nur einen marginalen Teil seiner Existenz. Die Fahrt hinaus aufs Meer mit dem Schiff Gemeinde ist billiger nicht zu haben.

Für manche Leser klingen diese Worte nach unterdrückenden Einschränkungen. Sie haben in ihrem Leben diese Aufforderungen schon oft gehört – meistens in Verbindung mit der Ermahnung, sich einer Autorität zu unterwerfen: „Verzichte auf dein Recht, lasse dich los, gehe den unteren Weg, wähle die schmale Pforte, gib dich auf!" Sie sind viele Tausend Tode gestorben, weil das andere von ihnen verlangten, und haben dabei ihre Persönlichkeit verloren, ihr Wille wurde gebrochen, ihre Grenzen missachtet. Neulich sprach jemand von den vielen Christen, die „Stille-Zeit-geschädigt" seien, weil sie den Moment der Intimität mit Gott als zwangvollen Druck erfahren haben. Aber wie kann das sein? Das, was einen Menschen am meisten aufbaut, die intensive, regelmäßige Gemeinschaft mit Gott, wird zu etwas, was ihn begrenzt und ihm die Entfaltung raubt!

Eine falsche Lehre über Heiligung und das wahre geistliche Leben haben manche Christen eingeengt, autoritär bestimmt und klein gemacht. Als ihnen das klar wurde, haben sie sich von dieser missbrauchenden gesetzlichen Form des christlichen Glaubens abgewandt und beschlossen, nur noch sich selbst zu folgen und ein selbstbestimmtes Leben zu führen. Sie haben sich emanzipiert und befreit. Die Folge allerdings war ein Leben in Harmlosigkeit und Oberflächlichkeit. Mit den scheinbar krank machenden Regeln haben sie auch die Beziehung zu dem lebendigen Gott über Bord geworfen. Sie haben sich nicht nur von den einengenden Vorstellungen emanzipiert, sondern auch von dem lebenschaffenden Gott – das geistliche Leben blieb auf der Strecke.

So haben sich heute viele ehemals „fromme" Gemeinden aus der Einengung eines gesetzlichen Christentums gelöst, nun ist es aber schwierig geworden, verbindliche Aussagen über das geistliche Leben des Einzelnen zu machen. Jeder muss sich selbst darum kümmern und herausfinden, was zu ihm passt, alles ist in die Beliebigkeit eines privaten Glaubenslebens gestellt. Dabei geht die Kenntnis, wie geistliches Leben aussieht, immer mehr verloren und mit der Beliebigkeit des Glaubenslebens nehmen Verbindlichkeit und Konsequenz und damit der Tiefgang des geistlichen Lebens ab, der Glaube wird zunächst harmlos und dann bedeutungslos. Entsprechend wird das Gemeindeleben zum kulturellen Klub, der christliche Glaube zu einer Form abendländischer Tradition.

Der Fehler war nicht, *was* über Heiligung gelehrt wurde, sondern *wie*. Das, was ein Mensch freiwillig, gern und von sich aus tun sollte, wurde zum Gesetz erhoben. Aus der freiwilligen Hingabe wurde die Zuchtrute. Dabei ist die Hingabe an Gott eine natürliche, selbstverständliche Antwort – wenn sie aus einem erfüllten und frohen Herzen erfolgt. Geistliches Leben kann nicht gefordert werden, sondern ist ein freier Akt des einzelnen Menschen. Nachfolge beginnt mit einem persönlichen Entschluss und nicht mit dem Befehl, von nun an immer nur den „unteren Weg" gehen zu müssen. Loslassen kann nur jemand, der etwas Besseres bekommen hat, der erste Schritt in der Nachfolge gelingt dann, wenn er in die Arme eines liebevollen und erbarmenden Gottes führt.

GOTTES „JA!"

Die Fahrt mit dem Schiff Gemeinde beginnt mit einer überraschenden Erkenntnis: Die Passage mit dem Schiff wurde bereits bezahlt. Die aufwendige Fahrt mit dem noblen Luxusliner ist gratis, umsonst und kostenlos! Ich betrete das Schiff als freier Mensch, der mit allem beschenkt wurde, was er zum Leben auf hoher See braucht. Er muss sich nicht mit dem Gepäck seines Lebens mühsam abschleppen, es ist alles vorbereitet und steht in ausreichendem Maß zur Verfügung.

Das geistliche Leben beginnt mit den Geschenken Gottes. Ein erbarmender Gott überschüttet den Menschen mit Gnade: mit Leben, Zufriedenheit, Dankbarkeit, Freiheit, Sicherheit und noch viel mehr, ganz individuell, je nachdem, was der Einzelne vorrangig braucht. Am Anfang des geistlichen Lebens steht die Erfahrung der totalen Annahme durch Gott. Das Ja Gottes ist das Ticket für die Fahrt mit dem Schiff Gemeinde. Wer Gottes Ja zu sich gehört und seine Annahme erfahren hat, kann das Wagnis der Fahrt über die Tiefen des Meeres auf sich nehmen. Dieses Ja ist größer als die Angst, die Unsicherheit, die inneren Vorbehalte. Dieses Ja schenkt einen sicheren Boden (auch bei Stürmen) und eine innere Gewissheit bei Zweifeln, Anfragen, Kritik oder Selbstunsicherheit. Der christliche Glaube beruht nicht auf dogmatischen Richtigkeiten, sondern auf der Beziehung zu Gott. Gott lädt ein, in eine

Beziehung mit ihm zu kommen. Er möchte, dass wir, die Menschen, die er geschaffen hat und die er liebt, die Fahrt auf dem Schiff Gemeinde mit ihm machen. Er ist mit im Boot – und weil er Interesse an einer Beziehung zu uns hat, fordert er uns auf einzusteigen!

In der Seelsorge erleben meine Frau und ich oft Menschen, die Hilfe suchen, weil sie immer wieder erfahren, dass andere in ihrem Leben herumtrampeln und ihre Grenzen missachten. Sie fragen danach, wer sie sind, und können nur einen Schatten sehen, wo eigentlich ihre Persönlichkeit sein sollte. Sie klammern sich an andere Menschen und werden immer wieder enttäuscht. In ihrem Leben ist ein riesengroßer Schmerz, der sich in Wut, Depression oder Verweigerung äußert. Wenn wir diesem Schmerz nachgehen, finden wir meist ein großes Loch im Leben dieser Menschen. Der Weg zurück zu diesem Loch ist weit, es liegt oft sehr verborgen in der frühen Kindheit: Es fehlt ihnen das Ja ihrer Eltern. Sie waren nicht erwünscht, wurden abgelehnt oder ein halbes Ja wurde mit Bedingungen verknüpft: „Ich werde dich lieben, wenn du dich auf ganz bestimmte Weise verhältst …" Das Ja der Eltern musste über Leistung oder Wohlverhalten erkauft werden. Deshalb ist ihr ganzes Leben mühselig geworden, da sie alles durch harte Leistung erwerben müssen, nichts ist selbstverständlich, nichts umsonst. Sie kämpfen um die Anerkennung durch andere, sie mühen sich um ihre eigene Wertschätzung, sie rackern sich ab, um das Gefühl zu haben, richtig zu sein – aber sie haben immer die Angst, dass es nicht ausreicht. Denn es fehlt ihnen das grundsätzliche Ja in ihrem Leben.

Wenn diese Menschen dann das Schiff Gemeinde betreten, denken sie, sie müssten ihre Anwesenheit an Bord durch ihr Wohlverhalten, ihre Mitarbeit oder besondere Leistungen begründen. Sie wollen beweisen, wie nützlich sie sind. Statt die Reise zu genießen, fühlen sie sich für alles verantwortlich. Sie haben für die Passage sehr viel Geld bezahlt (so denken sie), aber sie halten sich nur im Maschinenraum auf – am vertrautesten ist es ihnen, wie die Galeerensklaven zu den Rudern zu greifen, um das Schiff mit ihren eigenen Anstrengungen voranzubringen.

Solche eifrigen Menschen sind zwar für eine Gemeinde sehr bequem, sie bringen sich überall ein und halten den Betrieb in Gang. Aber von ihnen geht eine zwanghafte Hektik aus, sie sind nicht entspannt, gelöst, heiter. Sie verbreiten eine unangenehme Stimmung und verlangen oft von den anderen ebenfalls ein Höchstmaß an Leistung.

Nein, es bleibt dabei: Niemand muss sich die Fahrt auf dem Schiff Gemeinde erarbeiten. Das Ticket für die Reise erhält jeder umsonst, weil Jesus dafür bezahlt hat. Es ist ein Geschenk Gottes für jeden ganz persönlich. Es ist alles vorbereitet, es sind keine Bedingungen zu erfüllen: Herzlich willkommen an Bord – herzlich willkommen zu Hause.

GOTTES GESCHENKE ANNEHMEN

Gott macht Geschenke, damit beginnt das geistliche Leben, damit beginnt Gemeinde. Am Anfang der Gemeinde steht Gott, der zu jedem Menschen ganz persönlich sagt: „Du bist mein Kind. Ich liebe dich. Ich nehme dich an. Von Anfang an wollte ich dich. Ich sage Ja zu dir, so wie du bist. Du bist wertvoll und bedeutend. Ich habe dich geschaffen als mein Geschenk an diese Welt."

Es fällt heute schwer, diese Sätze zu hören und anzunehmen in der Fülle der vielen Worte, die ähnlich klingen, es aber doch nur auf unsere Ausbeutung abgesehen haben.

Wir hören diese Worte Gottes am deutlichsten in Krisensituationen, wenn wir der lärmenden Alltagsmaschinerie entzogen sind. Wir vernehmen sie an den Grenzsituationen unseres Lebens, bei Krankheit, Tod, Verlust, Versagen, Scheitern, Burn-out, Scheidung.

Wir hören die liebevollen Worte Gottes nur, wenn wir selber still werden. Die Stille scheint uns bedrohlich zu sein, aber sie birgt letztlich Gottes Ja, wenn wir uns ganz auf sie einlassen. Die Stille braucht Zeit, Eigenes muss zur Ruhe kommen und schweigen. Das gelingt nicht im Trubel des Alltages, dazu braucht es den Rückzug von allem: sich einmal frei machen von allen Zwängen, Bedingungen, einkehren in die Ruhe und damit in die Freiheit und eintreten in die Unmittelbarkeit der Gegenwart Gottes, heimkehren zu sich selbst, die ureigensten Räume seines Inneren betreten und sich dabei selbst neu begegnen. All das sind wichtige Schritte hin zu Gott, um seine Annahme zu erfahren: Einkehrzeiten, Zeiten der Stille, Retraiten, Auszeiten … In diesen Augenblicken beginnt das Neue, wird die Saat gelegt für die Fahrt mit dem Schiff Gemeinde.

Nötig ist das eigene Wollen: „Ich will dir, Herr, begegnen! Ich komme zu dir!" Es braucht eine persönliche Entscheidung, sich von allem Ballast frei zu machen und die leeren Hände Gott hinzuhalten: „Hier bin ich vor dir, leer sind meine Hände. Herr, füll mich neu – mit dir!"

Wir dürfen gewiss sein, dass Gott uns die leeren Hände füllt – vielleicht anders, als wir es uns wünschen, denn er schenkt sich selbst. Vielleicht hindern uns auch immer wieder unsere frommen Erwartungen, wie Gott nun zu handeln hätte. Wir dürfen Gott nicht festlegen. Er schenkt sich freiwillig, wo wir uns ihm freiwillig zur Verfügung stellen. Es ist ein gegenseitiger Vorgang in großer Freiheit.

Das Ja Gottes hören wir in den Worten der Bibel, wenn sie unsere Ohren vernehmen können, weil sie sich geöffnet haben. Gott spricht und altbekannte Stellen in der Bibel werden zu persönlichen Worten für uns. Wir nehmen sie in unsere Hand und machen sie zu unserem Eigentum.

Gott spricht zu uns durch die Umstände: Türen gehen auf – oder zu. Wir erfahren die Bewahrung Gottes oder erleben, wie er sich uns in den Weg stellt. Er tut alles in Liebe zu uns. Er will uns zurechtbringen, bewahren, fördern, leiten. In allem, was mir geschieht, erfahre ich die Fürsorge Gottes, sein Interesse, sein Ja zu mir. Ich muss es nur verstehen wollen: „Herr, was willst du mir mit dieser Situation sagen?"

Gottes Ja begegnet uns auch im Ja anderer Menschen: in der Annahme durch jene, die mir nahe sind und mich lieben, im Lob und in der Anerkennung, die über meine Leistung hinausgeht, in der Höflichkeit auch fremder Menschen – es ist die Wertschätzung Gottes, die mir begegnet: Ich bin es wert, dass man mich zuvorkommend behandelt!

In der Seelsorge sprechen wir den Menschen, die das schmerzhafte Loch in ihrem Leben entdecken, das Ja zu. Es ist unser Ja zu diesen Menschen, aber es ist auch das Ja Gottes, das ihren Mangel ausfüllt. Manchmal braucht es eine lange Zeit, bis dieses Ja ankommt, und oft noch länger, bis eine Sättigung eintritt. Oft geht der Weg zu diesem Ja über einen langen Trauerprozess, in dem die Ansprüche auf das menschliche Ja der Eltern losgelassen werden. Die Eltern, die ja oft auch das Ja durch ihre Eltern vermissen mussten, denen Anerkennung, Liebe und Wertschätzung durch Kriegswirren versagt blieben oder die in einem Deutschland aufwuchsen, das vom kompromisslosen Leistungsdenken eines Neuanfangs nach dem totalen Ende geprägt war.

Gemeinde besteht aus Menschen, die Gottes Annahme erfahren haben. Sie haben eine neue Heimat gefunden. Sie gehören dazu, weil Gott ihnen den Zugang ermöglicht hat.

In der Gemeinde leben beschenkte Menschen, das prägt die Atmosphäre und den Umgang miteinander. Niemand muss Angst haben, zu kurz zu kommen. Niemand muss sich sorgen, dass andere bevorzugt oder besser behandelt werden. Niemand muss für sein Recht kämpfen, weil er sonst übervorteilt würde. Dankbarkeit gegenüber Gott prägt das Miteinander. Und wer dankbar ist, gibt gern und lässt dem anderen den Vortritt. Er ist nicht beleidigt und tief gekränkt, wenn er einmal nicht im Mittelpunkt steht und sich nicht alles um ihn dreht!

Allerdings ist es bei den Geschenken Gottes wie bei allen Geschenken: Man muss sie annehmen und auspacken. Ich erlebe immer wieder Menschen, die Gottes Geschenke unausgepackt ins Regal stellen. Dort stehen noch viele andere. Ihr Wohnzimmer ist mit der Zeit zu einem Archiv unausgewickelter Geschenke geworden. Diese Menschen sind arm – obwohl sie eigentlich reich sind.

Gottes Geschenke auspacken bedeutet: das Ticket für das Schiff Gemeinde einlösen. Es nicht einrahmen und aufhängen, sondern damit die Gangway hinaufgehen und das Schiff betreten, dem Sicherheitsoffizier am Eingang vorlegen und in eine Bordkarte umwandeln, die ganz persönlich mit Foto auf den eigenen Namen ausgestellt ist und jederzeit das Betreten des Schiffes ermöglicht. Damit bin ich im Besitz einer Aufenthaltsberechtigung – die Gemeinde ist zu meinem Schiff geworden.

Geduld haben

Das geistliche Leben beginnt mit der Hingabe an Gott und mit seinen Geschenken an mich. Es äußert sich in meinen Gebeten, im Vertrauen auf Gott, im Loslassen und Handeln in seinem Auftrag. Geistliches Leben ist der Ausdruck meiner Gottesbeziehung. So wie ich mit einem vertrauten Menschen umgehe, mit ihm rede, ihn teilhaben lasse an meinem Ergehen, so gestalte ich auch die vertraute Beziehung zu Gott. Zum geistlichen Leben gehört die Stille Zeit, in der ich mich Gott zuwende im Bibellesen und Hören, es wird konkret im Gehorsam, in der täglichen Nachfolge Jesu und im Gutes tun. Ich lebe nicht mehr mir selbst, sondern gehöre Gott.

Eine Gemeinde, in der der Einzelne zu Gott kommt, betet, die Bibel liest und sich von Gott in seinem Auftrag aussenden lässt, ist eine gesunde und lebendige Gemeinde mit Tiefgang. Gemeindeaufbau ohne Gottesbeziehung ist unmöglich, er gerät zum Menschenwerk. Denn Gott selbst baut seine Gemeinde, sie ist Gottes Schöpfung. *Wie* die Stille Zeit gestaltet wird, kann individuell unterschiedlich sein: in der Gemeinschaft mit anderen, beim Spaziergang, im stillen Kämmerlein.

Eine Gemeinde zu werden ist ein Prozess, der Geduld erfordert, denn er ist ein Wachstumsprozess. Wir sind heute sehr stark ergebnis-orientiert, wollen uns effektiv und effizient einsetzen. Ergebnisse sollen schnell, auf jeden Fall aber zeitnah erreicht werden. Unsere Mühen müssen mit sicherem Erfolg gekrönt sein, sonst lohnen sie sich nicht. Aber im geistlichen Leben sieht es anders aus – und das macht uns oft Probleme: Wir können nichts beschleunigen, wir müssen warten. Gott lässt sich nicht bestimmen, er ereignet sich! Das geistliche Begriff für Erfolg heißt „Frucht": Frucht können wir nicht machen, lediglich ermöglichen (oder verhindern). Bis die Frucht reif ist, braucht es eine ganz bestimmte Zeit, und unsere Geduld ist herausgefordert.

Die Schifffahrt ist auch hier ein gutes Beispiel für unsere Abhängigkeit: Bei schlechtem Wetter liegt das Schiff oft tagelang im Hafen fest. Starke Gegenwinde verlangsamen die Fahrt, heftige Wellen bringen es vom Kurs ab. Umwege müssen in Kauf genommen werden, die Umstände haben oft ein größeres Gewicht als der eigene Wille oder die sorgfältig ausgearbeiteten Pläne. Nur auf dem Schiff Gemeinde sieht es oft anders aus: Man will mit aller Macht voran. Man will mit eigenen Mitteln erreichen, dass die Gemeinde weiterkommt, und bemüht sich, das geistliche Leben zu beschleunigen. Man will ja eine gute Gemeinde sein.

Ich habe mich schon manchmal gefragt, ob das Wort „Gemeindewachstum" nicht auch problematisch ist. Wie kann denn eine Gemeinde wachsen? Wie soll das Wachstum angeregt werden? „Wachstum" ist für viele ein Begriff, an dem sich unsere Wirtschaft orientiert: Was nicht schnell wächst und sich weiterentwickelt, verliert seinen Platz auf dem Markt. Wachstum ist angesagt, möglichst schnell und nachhaltig. Aber ist dieser Vorgang auf die Gemeinde übertragbar?

Man kann sich selbstverständlich überlegen, welche Faktoren dazu beitragen, dass sich das Gemeindeleben entfalten kann. In der Natur wird Wachstum durch entsprechende Düngung unterstützt, aber das ist nur begrenzt möglich. Wenn zu viel gedüngt wird, kommt es zur Überdüngung, zu viel des Guten schlägt ins Gegenteil um. Auch viele Gemeinden erscheinen mir manchmal in der Fülle der Angebote, die sie voranbringen sollen, überdüngt. Zu schnelles Wachstum führt zur Kraftlosigkeit, zu dürren und blassen Stängeln, es fehlt die innere Substanz. Wo die ganz einfachen Vollzüge des geistlichen Lebens verloren gingen, ist viel Aufwand nötig, um Gemeinde am Laufen zu halten, eine steigende Anzahl von Veranstaltungen ist oft die Folge. Wir brauchen langsames und stetiges Wachstum wie in der Natur.

Eine Gemeinde wächst und entwickelt sich, weil Gottes Wachstumskräfte in ihr stecken. Sie wird wachsen, wenn der Einzelne sich festmacht am Weinstock Jesus. Auf diese Verbindung kommt es an, nicht auf künstliche Mittel zur „Wachstumsbeschleunigung". Wir würden ja auch bei unseren Kindern, die in den Entwicklungsjahren sind, nicht versuchen wollen, ihre Entwicklung zu beschleunigen – auch wenn wir es uns noch so sehr wünschten. Wir wissen: Die Entwicklung geht ihren Gang, sie kommt zu ihrem Ziel, plötzlich ist aus dem kratzbürstigen Teenager ein höflicher und selbstbewusster junger Mensch geworden. Lediglich im Falle einer Entwicklungsstörung ist es nötig einzugreifen – und auch das wird sehr behutsam und höchstens unterstützend geschehen.

Das geistliche Leben in der Gemeinde kann nicht künstlich beschleunigt werden. Geistliches Leben widersetzt sich dem Machen-Wollen von Menschen. Es bedeutet vielmehr, stillzuhalten und zu warten, bis Gott handelt: auf ihn zu schauen, abhängig zu sein von ihm und alles von ihm zu erhoffen. Das schließt die eigenen Schwächen mit ein: sich selbst akzeptieren, sich an dem Punkt ertragen, wo man den Eindruck hat, es geht nichts voran. Wer es nicht gelernt hat, in der Gegenwart Gottes Stillstand auszuhalten, wird auf dem Schiff Gemeinde leicht zum Antreiber der anderen, dem es zu langsam geht, der mehr will. Aber wie will er das Schiff Gemeinde voranbringen? Es bewegt sich allein durch Gottes Geist voran – und der weht, wo und wann er will. Deshalb heißt die erste Lektion für Menschen im Schiff Gemeinde:

geduldig werden, warten können, stillhalten, auf Gott hoffen, sich ihm zuwenden – nicht selber machen. Gott hat sein eigenes Tempo mit jeder Gemeinde – und sein Tempo ist das richtige. Wer mit dieser Geschwindigkeit nicht einverstanden ist, dem wird es immer zu langsam gehen, der wird unzufrieden sein, auch wenn die Fahrt durch herrliche Gegenden führt. Wer Wachstum um jeden Preis will, pfuscht Gott ins Handwerk. In seinem Bemühen um mehr übersieht er, was Gott bereits tut, achtet nicht auf die kleinen Zeichen von Veränderungen – und macht sie dabei vielleicht sogar zunichte. Das ist die Sünde des Anfangs: „Adam wollte von sich aus werden, was er von Gott her schon war", sagt Dietrich Bonhoeffer (Nachfolge, Gütersloh, 1992, Seite 298). Ab diesem Augenblick war die Zeit des unschuldigen (und natürlichen) Wachstums im Paradies vorbei.

Halten wir fest: Das Tempo des Schiffes Gemeinde bestimmen nicht die Gemeindeglieder, sondern Gott. Und je langsamer es vorangeht, umso größer kann die Sehnsucht sein voranzukommen – und vielleicht wird genau dadurch die größte Wachstumsenergie freigesetzt. Eine Sequenz aus einem Lied von Paul Gerhardt lässt darauf schließen: „Was langsam schleicht, fasst man gewisser, und was verzieht, ist desto süßer. Gib dich zufrieden!" (Aus dem Lied „Gib dich zufrieden und sei stille…" nach Paul Gerhardt, Wach auf mein Herz und singe, Wuppertal, 2004, Seite 280 – geringfügig verändert.)

Aus meinem Tagebuch:
Am Wochenende war ich mit einer Gemeinde zusammen, die „gemeinsam wachsen" wollte.

Die Erwartungen im Blick auf dieses Wochenende waren vielfältig und ungenau: Auf der einen Seite wollten sie Ziele entwickeln, die nun die Richtung bestimmen, auf der anderen aber signalisierten sie: „Aber bitte im Rahmen des Möglichen!" Sie hatten vor ein paar Jahren ein ähnliches Wochenende erlebt und waren total überfordert und erschöpft mit vielen Zielvorgaben heimgekehrt – nichts war daraus geworden.

Wir haben im Laufe des Wochenendes drei (ganz einfache) Ansatzpunkte für das Wachstum der Gemeinde gefunden, aber zuletzt sagte ich:

„Wenn ihr als Gemeinde wachsen wollt, dann seid ganz einfach Gemeinde. Lebt als Gemeinde mit Hingabe und tut, was ihr tut, mit Eifer. Jeder

stelle sich so, wie er kann, ganz zur Verfügung. Nehmt einander an und habt euch lieb – in aller Unterschiedlichkeit. Geht immer wieder aufeinander zu, sprecht euch an, fragt euch, redet Wesentliches. Bleibt zusammen, so gut es geht, und nehmt jede Gelegenheit wahr, einander Gutes zu tun, den anderen zu ehren und zu fördern. Ehrt Gott in eurer Mitte als den gegenwärtigen Gott. Kommt zu ihm und schaut auf ihn: Er ist ganz nahe, mitten unter euch.

Empfangt seinen Segen – und dann segnet die Menschen. Seid Priester in dieser Welt und teilt den Segen Gottes großzügig aus. Sprecht von Gott her Gutes in die Welt hinein, tragt seinen Frieden in eure Nachbarschaft. Seid ehrlich und treu, so seid ihr ein gutes Zeugnis der Herrschaft Gottes. Wollt nicht mehr, aber tut das, was ihr tut, in Liebe zu Gott und den Menschen. Dann werdet ihr als Gemeinde wachsen, denn dann werden die Menschen an eurem Ort auf euch aufmerksam. Sie werden zu euch kommen – weil sie bei euch das Leben spüren: faszinierend und schön, anziehend und verlockend für die Menschen, die nach einer Heimat suchen, die kein vorübergehendes Zuhause ist, sondern eine Heimat auf ewig. "

1. LEINE LOS: ZU GOTT KOMMEN

Der Weg zur Mitte muss für alle offen sein, jeder weiß, wie dieser Weg verläuft. Es genügt nicht, über „Bekehrung" zu predigen, man muss genau erklären, wie Bekehrung geschieht: Was muss ich tun, um mein Leben Gott zu übergeben? Was bedeutet es, wenn ich mein Leben Gott gegeben habe? Dieser Schritt darf nicht nur theoretisch gelehrt werden, sondern muss praktisch nachvollziehbar sein. Erst durch die Konsequenz der Nachfolge gewinnt das Leben Tiefgang – nicht durch die Annahme theoretischer Richtigkeiten. Aber die Menschen wissen heute nicht, was sie tun müssen, wenn sie Gott gehören wollen. Wir müssen ihnen den Weg zur Mitte zeigen, genau erklären und vielleicht sogar Schritt für Schritt mitgehen.

In einem Glaubenskurs zum Beispiel werden die Grundlagen der Nachfolge Jesu erklärt: Was bedeutet es, Christ zu sein? Wie lebe ich als Christ? Das Ziel ist, dass jeder ein eigenes, ganz persönliches Glaubensbekenntnis formulieren kann: sein Ja zu Jesus Christus, der für ihn gestorben ist, der ihm neues Leben geschenkt hat, der ihn liebt und für ihn lebt.

Dann erfolgt ein Bibeltraining: Die Gemeindeglieder lernen ihre Bibel kennen. Sie entdecken dabei den roten Faden der Heilsgeschichte Gottes, der sich von den ersten Sätzen der Schöpfungsgeschichte bis zu den letzten Verheißungen zieht: „Ich bin der Herr der Geschichte!"

Die zentralen Aussagen der Bibel werden ausgiebig betrachtet und teilweise auswendig gelernt. Am Ende dieser beiden Einheiten kann jedes Gemeindeglied erklären, was der Inhalt seines Glaubensbekenntnisses ist und was in der Bibel steht – und wie beides zusammengehört. Denn es wird nicht nur Theorie vermittelt, sondern gleichzeitig auch herausgearbeitet, welche Auswirkungen Glaube und Bibel im Alltag des Christen haben: Wie lebe ich als Christ?

Nun wird es spannend, denn nun wird es konkret: Was muss ich in meinem Leben verändern? Wie bin ich mit meiner inneren Überzeugung glaubwürdig? Die Schulung der Gemeinde hört nicht bei der Theorie auf, sondern wird praktisch. Denn jeder muss genau wissen, wie er sich als Mitarbeiter und Teil des Schiffes Gemeinde verhält, wenn es auf Fahrt geht und vielleicht auf dem weiten Ozean in kritische Situationen gerät. Jeder Handgriff wird eingeübt, das richtige Verhalten erprobt und bewährt.

Nach der gründlichen Ausbildung der Gemeindeglieder in geistlichem Leben kommt ein besonderer Moment: Alle werden zu einer Einkehrzeit eingeladen. Die Gemeindeglieder brechen zu Tagen der Stille auf, sie wählen einen abgelegenen Ort, wo sie einmal dem Getriebe des Alltags enthoben sind. Hier haben sie Zeit, auf Gottes Stimme zu hören.

Der erste Teil der Einkehrtage sind dem Hören vorbehalten: Was sagt Gott zu uns? Jeder für sich und alle miteinander konzentrieren sich auf das Reden Gottes. Schweigen prägt das Zusammensein: „Herr, rede zu uns, wir wollen auf dich hören!" Einen ganzen Tag lang währt das Schweigen, jeder schreibt für sich auf, was er hört. Am Abend treffen sich die Gemeindeglieder und teilen sich mit, was sie gehört haben: Zusagen der Nähe Gottes, ermutigende Verheißungen und ganz persönliche Liebeserklärungen: „Ich bin bei dir! Ich verlasse dich nicht! Ich habe dich erwählt! Du bist mein Kind! Ich sage Ja zu dir …"

Die Gemeindeglieder danken Gott für sein Reden mit einem fröhlichen Lobpreis: „Danke Gott, dass du uns liebst!"

Am anderen Tag ist wieder Schweigen angesagt: Jeder soll sich eine Antwort auf Gottes Reden überlegen und ihm einen Brief schreiben: „Weil du mich liebst, will ich dir gehören. Ich will dir nachfolgen und mich dir ganz zur Verfügung stellen!"

Am Nachmittag treffen sich die Gemeindeglieder in kleinen Gruppen. Sie lesen sich ganz (oder teilweise) den Brief an Gott vor. Andere sollen die Antwort an Gott kennen, das verleiht ihr umso größeren Nachdruck. Über die einzelnen Briefe wird nicht diskutiert, die anderen Teilnehmer der Kleingruppe stellen sich hinter die Vorhaben des Einzelnen, indem sie für ihn beten und ihn segnend der Hilfe Gottes anbefehlen.

Am Abend kommen wieder alle zusammen. Sie fragen sich nun gemeinsam: Was wollen wir tun? Wie wollen wir als Christen leben? Welche Auswirkungen haben das Reden Gottes zu uns und unsere Antwort an ihn auf unser Miteinander in der Gemeinschaft? Welche Konsequenzen ergeben sich daraus, dass wir als Gemeindeglieder Gott gehören? Richtlinien werden erarbeitet. Es sind Regeln für das Verhalten in der Gemeinde von der Mitte her: So wollen wir leben! Die Gemeindeglieder stehen zusammen und verbünden sich: Wir dienen gemeinsam einem Herrn! Sie wissen, wer sie sind, wo sie hingehören und wohin die Reise geht. Wir gehören zur Gemeinde nicht aus eigener Lust und Laune, sondern weil uns Gott berufen hat, zu ihr zu gehören.[3]

Zu Gott und seiner Gemeinde gehören – wie das aussehen kann, auch in stürmischen Zeiten – beschreibt der Liederdichter Gerhard Tersteegen in einem Brief an einen Freund. „Du schreibst an Bruder H., dass du nicht wüsstest, wo ich sei? Nun aber wirst du hieraus leicht sehen können, dass ich durch die Bewahrung Gottes bis hierher noch auf der Reise nach der stillen Ewigkeit bin, wohin ich noch in der Zeit zu gelangen hoffe. Gleichwie man aber auf dem großen Weltmeer, wenn bei ungestümem Wetter weder Sonne noch Gestirn erscheinen, nicht wissen kann, wo man ist, ebenso wenig kann ich es dir auch sagen. Ich wollte es oft selbst so gerne wissen, hoffe aber, mein Jesus wird am Ruder sitzen und sein Geist werde mein Schifflein treiben. Weil ich nun dem Winde nicht entgegenrudern will noch kann, so gebe ich demsel-

---

3 Ich habe vor vielen Jahren bei Einkehrtagen den Auftrag Gottes für mich aufgeschrieben: siehe Anhang 5.

ben, mit Paulus und seinen Gefährten (Apostelgeschichte 27,15) mein Schifflein hin. Wenn ich nur auf keiner Sandbank der Eigenheit sitzen bleibe, dann mag es gehen wie es will; leide ich dann auch Schiffbruch, so wird es nur in dem Meer der Gottheit sein, dessen Abgrund mir so gut ist als der beste Hafen. Aber, lieber Bruder, wie schwerlich will die Natur daran, einen heldenmütigen Ausgang aus uns selbst zu tun! Wären wir aber weise und würden wir uns selber gründlich verlieren mit zugeschlossenen Augen, so hätten wir dabei gar keine Gefahr, und es würde uns kein Übel widerfahren, sondern wir würden uns nach der teuren Zusage unsres Jesus in Gott desto reichlicher wiederfinden; wer es nur ausüben möchte!" (Gerhard Tersteegen: Wider die Melancholie, Wuppertal, 1985, Seite 87.)

Am anderen Morgen werden die Einkehrtage beendet mit einem Sendungswort. In einer kräftigen Predigt wird es ausgelegt – und dabei wird allen deutlich: Wir unternehmen die Fahrt mit dem Schiff Gemeinde nicht aus eigener Lust und Laune, sondern weil uns Gott hinausschickt. Und alle haben das Gefühl: Wir sind vorbereitet, wir sind ausgerüstet, wir wissen wer wir sind und was wir tun können! Wir sind Gott begegnet, das zeichnet uns aus, das erfüllt uns mit Kraft. Auf unserem Gesicht ist der Widerschein der Liebe Gottes zu sehen, er hat uns bereit gemacht, uns ganz zur Verfügung zu stellen! Wir sind bereit, das Schiff zu betreten.

Wir warten auf den Befehl zum Ablegen: Leinen los!

Praxis: Schritte zur geistlichen Vertiefung

1. Suchen Sie sich einen Rückzugsort vom Alltag. Gehen Sie in die Stille: zwei Stunden, einen halben Tag, einen ganzen Tag oder ein Wochenende.
Breiten Sie vor Gott Ihr ganzes Leben aus. Geben Sie Gott Ihr Leben: Ihre ganze Existenz mit allem, was dazugehört. Stellen Sie sich Gott zur Verfügung.

2. Überprüfen Sie anhand der Zehn Gebote, wie es mit Ihrem Leben aussieht:

Ist Gott Ihr Herr – oder gibt es noch andere Götter neben ihm? An was hängt Ihr Herz?
Ehren Sie Gott – oder reden Sie oberflächlich von ihm? Wie ist Ihre Beziehung zu Gott?
Halten Sie den Feiertag – oder sind Sie ständig nur am Arbeiten? Welchen Stellenwert hat Gott in Ihrem Leben?
Ehren Sie Ihre Eltern – oder kümmern Sie sich nur um Ihre eigene Zukunft? Sind Sie dankbar für das, was Ihnen in die Wiege gelegt wurde?
Achten Sie Ihre Mitmenschen – oder sind Sie sich selbst der Nächste? Wie ist Ihre Beziehung zu anderen Menschen?
Lieben Sie Ihren Ehepartner – oder nutzen Sie ihn aus? Sind Sie zuverlässig, haben Sie einen eigenen Standpunkt?
Haben Sie Respekt vor anderen – auch vor deren Eigentum? Nach welchen Werten leben Sie?
Wie halten Sie es mit der Wahrheit – hat Ihr Wort Bestand? Wo fördern und unterstützen Sie andere Menschen?
Sind Sie mit sich, Ihrem Leben, Ihrem Besitz und Ihrer Biografie zufrieden? Können Sie sich mit dem begnügen, was Sie haben – oder wollen Sie immer mehr?

3. Suchen Sie einen verlässlichen Menschen, dem Sie als geistlichem Begleiter oder Seelsorger Rechenschaft über Ihr Leben geben können. Bekennen Sie ihm die Schuld Ihres Lebens. Bitten Sie in seiner Gegenwart Gott um Vergebung. Entschließen Sie sich vor Gottes Angesicht zu einem Neuanfang.

4. Warten Sie auf Gottes Geschenke. Nehmen Sie wahr, was Gott zu Ihnen sagt. Suchen Sie in der Bibel nach Worten, die Ihnen gelten. Bleiben Sie in Gottes Gegenwart, bis Sie sein Ja zu Ihnen hören können. Haben Sie Geduld und Ausdauer. Halten Sie Stille aus – auch wenn Sie das Gefühl haben, es geht nicht voran. Drängen Sie Gott nicht – aber teilen Sie ihm Ihre Sehnsucht mit. Geben Sie Ihre Bedürftigkeit und geistliche Armut zu.

5. Suchen Sie möglichst täglich nach einer Gelegenheit, um mit Gott ins Gespräch zu kommen.
Beten Sie das Vaterunser ganz bewusst als Ihr persönliches Glaubensbekenntnis und als Ausdruck Ihrer Beziehung zu Gott:
Gott, du bist mein Vater.
Weil du mein Vater bist, gehöre ich zu deiner Familie. Ich habe Geschwister.
Du bist im Himmel, aber auch hier bei mir. Du bist allmächtig und gegenwärtig.
Ich ehre dich und heilige deinen Namen. Du bist der Wichtigste in meinem Leben.
Lass mich jetzt in deiner Gegenwart sein.
Die ganze Erde soll sehen, dass du Gott bist – was kann ich dazu beitragen?
Du bist mein Versorger.
Du vergibst mir meine Schuld – wenn ich auch den Menschen vergebe, die mir Übles getan haben. Ich vergebe ihnen.
Alles, was mir gehört, mein Beruf, meine Familie, meinen Besitz gebe ich dir.
Ich gehöre dir bis in Ewigkeit.

6. Lesen Sie täglich einen Abschnitt in der Bibel. Ich empfehle Ihnen besonders die Psalmen: Suchen Sie sich einen Psalm, der zu Ihrer augenblicklichen Situation passt. Beginnen Sie mit Psalm 23. Beten Sie ihn so, dass es Ihre Worte sind: „Der Herr ist mein Hirte, mir wird nichts mangeln ..." Sprechen Sie diesen Psalm so oft, bis er Ihr persönliches Bekenntnis geworden ist und es sich Ihnen ganz tief eingeprägt hat: „Gott deckt mir einen Tisch ..." Lesen Sie genauso den Lobgesang der Maria (Lukas 1,46-55), den Lobgesang des Zacharias (Lukas 1,67-79) und den Christus-Hymnus (Philipper 2,5-11). Beschäftigen Sie sich Abschnitt für Abschnitt mit einem der vier Evangelien (vielleicht zuerst mit dem Markusevangelium). Benutzen Sie eine Bibellesehilfe (erhalten Sie in der Buchhandlung).

7. Suchen Sie sich Menschen, mit denen Sie sich über Ihre Glaubenserfahrungen austauschen können. Treffen Sie sich mit anderen zum Gebet. Wählen Sie einen Menschen für eine „Zweierschaft", tauschen Sie sich regelmäßig über Ihre Fragen, Zweifel, Erkenntnisse aus.
Machen Sie sich klar: Gott ist gegenwärtig in jeder Situation. Leben Sie so, dass es Gott entspricht.
Wiederholen Sie für sich oder vor anderen immer wieder Ihr grundsätzliches Ja zu Gott.

2. Leine: Gemeinde verstehen

DIE KÜNSTLICHE GEMEINDE

Das zweite dicke Tau, das das Schiff Gemeinde festhalten kann, ist die ungeklärte Frage nach ihrer Identität: Wer sind wir als Gemeinde? Gemeinden überlegen sich, was sie tun sollen, sie intensivieren ihre Bemühungen und ergehen sich in Aktivitäten – aber die Frage nach ihrer Identität ist nicht geklärt: Wer sind wir als Gemeinde? Das kann nicht gut gehen: Wenn man nicht weiß, wer man ist, kann alles, was man unternimmt, ins Leere laufen!

Neulich fragte ein Pfarrer in der Mitarbeiterrunde: „Welche Kirche wollen wir?" Die Antwort war ratloses Schweigen, denn die Fragestellung war falsch. Die Mitarbeiter waren mit ihr überfordert, sie müssten sich gleichsam selbst erschaffen. Es wäre so, wie wenn die Mitarbeiter einer Firma in einer Betriebsversammlung gefragt würden: „Was für eine Firma wollen wir sein?"

Die Unklarheit vieler Gemeindeglieder in Blick auf die Frage nach dem Gemeindeverständnis führt zu Unsicherheit oder sogar Unstimmigkeiten bis hin zu massivem Streit. Jeder denkt sich seine eigene Gemeinde zurecht, jeder pflegt die eigenen Erwartungen und Vorstellungen. Wenn man zusammenkommt, ist man verwundert, dass die Einzelteile nicht zusammenpassen.

Viele Gemeindeglieder vermuten, Gemeinde finge mit ihnen an, sie müssten die Gemeinde erst erfinden. Sie machen Pläne, gründen Gemeinden (oder Gemeindegruppen) und schaffen sich die Gemeinde nach ihrem Bilde – oder nach Vorbildern, die ihnen in unterschiedlichen Kongressen in glühenden Farben vor Augen gemalt werden. Sie beachten nicht, dass Gemeinde niemals Menschenwerk ist und dass Gemeinde gar nicht das Ziel ihrer Bemühungen sein kann. Nicht die Menschen bauen Gott ein Haus, in dem er wohnen kann – die Gemeinde –, sondern Gott baut sich aus Menschen ein Haus, in dem er angebetet und verherrlicht wird. Wir können nicht Gemeinde werden – wir sind es, weil uns Gott dazu gemacht hat. Das bedeutet aber, dass wir das Eigene loslassen müssen, um das ergreifen zu können, was uns von Gott geschenkt wird. Das Entscheidende ist: „Erkennet, dass der Herr Gott ist! **Er** hat uns gemacht und nicht wir selbst zu seinem Volk und zu Schafen seiner Weide" (Psalm 100,3).

Gemeinde ist etwas Zweitrangiges, sie ist ein Werkzeug. Gemeinde ist ein schwimmendes Gehäuse, ein Transportmittel – eben wie ein Schiff. Gemeinde hat ein Ziel, einen Auftrag, der über sie selbst hinausgeht. Dazu ist sie gebaut. Sie ist eine Schöpfung Gottes, sie muss nicht künstlich erzeugt werden – Gott ruft Menschen zusammen, damit sie in seinem Auftrag in dieser Welt etwas bewirken können. Die Fragestellung heißt deshalb nicht: „Welche Kirche wollen wir?", sondern: „Welche Menschen braucht Gott? Wozu hat uns Gott zusammengeholt? Was sollen wir in seinem Auftrag tun?"

Wenn das nicht klar ist, wird die Gemeinde zum Selbstzweck. Es wird alle Energie in den Gemeindeaufbau gesteckt, man will eine gute Gemeinde sein, in der man sich wohlfühlen soll. Gemeinde wird zum Nest, zur Nische, zur Familie – ein Ort der Geborgenheit in einer ungeborgenen Welt. Die Menschen, die zu ihr gehören, definieren ihre Zugehörigkeit durch den Nutzen, den *sie* von der Gemeinde haben und von den Beziehungen, die ihnen einen Wert vermitteln. Deshalb wollen sie oft auch keine Veränderungen, weil sie damit das Gewohnte verlassen und sich selbst hinterfragen müssten.

Um beim Bild vom Schiff Gemeinde zu bleiben: Das wäre so, wie wenn eine Schiffmannschaft eine Gesellschaft zum Erhalt des Schiffes bildet, die das Ziel hat, das Schiff gut auszustatten, wohnlich einzurichten und in Schuss zu halten – aber an eine Fahrt auf das Meer wird nicht mehr gedacht.

Da werden dann Gottesdienste zu Großveranstaltungen, die von Menschen eines weiten Einzugsbereichs besucht werden. Man hüpft von Veranstaltung zu Veranstaltung und ist immer dort, wo gerade am meisten los ist. In der Gemeinde besteht das Gefühl, ein gutes, aktives, interessantes Gemeindeleben zu präsentieren – aber Gemeinde im ursprünglichen Sinn ist das nicht. Man ist nur für einen Event zusammen, man konsumiert, man trennt sich wieder, ohne sich wirklich tief begegnet zu sein. Man wurde von Gott berührt und hat sein Wort gehört, aber man bleibt bei sich. Die persönliche Erbauung zählt bestenfalls mehr als der konkrete Impuls einer herausfordernden Veränderung.

An einem trüben Novembertag schreibe ich in mein Tagebuch:

Manchmal scheint mir das Gemeindeleben eine Show zu sein, nicht echt. Ich erlebe Predigten, die beruhigen, und Leitungskreise, die sich und der Gemeinde ihre Wichtigkeit beweisen – um ihrer selbst willen. Viele Worte, aber hohl, große Vorhaben, aber letztlich selbstsüchtig, großartige Gelegenheiten ohne Hunger, aber mit einer großen Gier nach mehr, Gebete für die Ohren der Menschen statt für Gottes Herz.

Wir spielen Gemeinde, meinen es aber nicht ernst. Wir sind nicht ganz dabei. Ich frage mich: Was erscheint, wenn nichts mehr von dem Drumherum da ist, wenn das Gewohnte abfällt: Bleibt dann nur eine allgemeine Kirchlichkeit? Ich sehe die Gefahr, dass wir ein Bild von Kirche lieben statt den Herrn der Kirche, dass wir eine Gemeindeidentität schaffen durch Worte, Strukturen und Veranstaltungen, aber nicht durch eine persönliche Beziehung zu Jesus Christus.

Wir meinen, es gehe um Gemeindeaufbau – aber es geht um Gottes Reich und seine Herrlichkeit, das ist ein Unterschied! Wir nehmen uns vor, zuerst Gemeinde zu bauen, um dann zu missionieren – aber wir werden nicht fertig mit dem Gemeindebau, deshalb bleibt die Mission auf der Strecke. Es wird am Schiff gebastelt, das nie schwimmfähig wird – denn dann müssten wir uns ja auf Fahrt begeben.

Irgendwann müssen wir erkennen: Gemeinde ist Gottes Werk, deshalb kommen wir nie mit ihr zu dem Punkt, wo wir sagen können: Wir sind fertig, jetzt sind wir so weit, dass wir Gott in dieser Welt dienen können. Sie wird immer im Werden sein, sie wird sich immer im Prozess der Erneuerung, der Umgestaltung, des Wachstums befinden.

Als unfertige, werdende Gemeinde dient sie Gott. Sie bleibt in der Abhängigkeit zu ihrem Herrn. Sie wird, indem sie sich verströmt. Sie findet sich, indem sie sich hergibt. Sie baut sich auf, indem sie austeilt. In dem Augenblick, wo sie fertig ist, muss sie neu anfangen. Wenn sie sich gefunden hat, wird sie sich verlieren.

Wenn es nicht so ist, haben wir es immer mit einer Schein-Gemeinde zu tun, mit der Verwirklichung eigener Vorstellungen. Die Gemeindeidentität ist oft bestimmt von Zugehörigkeit (vielleicht schon seit vielen Generationen), von Besitz (Räumlichkeiten, Gebäude, Pfründe, Besitzstandswahrung), Strukturen (die gewohnten und lieb gewordenen Abläufe), Macht (wir dürfen unser Terrain nicht einfach hergeben). Dort wird die Bezie-

hung zu Gott ersetzt durch gegenseitige Gemeinschaft, Dogmatik gerät an die Stelle des Leben schaffenden Inhalts, und zuletzt ersetzt die Form die Gemeinschaft und die Tradition die geglaubten Werte.

DIE PERFEKTE GEMEINDE

Identität kommt von innen, wer ich bin, sagt mir mein Herz. Das bedeutet, dass es in der Frage nach dem Selbstverständnis um die Mitte geht: Was bestimmt mich zutiefst?

Um im Bild zu bleiben: Schiffe können eingeordnet werden in Dampfer, Turbinen- oder Motorschiffe oder Segelboote. Die Zuordnung erfolgt also über die Antriebsart, die Möglichkeit der Fortbewegung schafft ein Selbstverständnis.

Für die Gemeinde heißt dies: Was bewegt die Gemeinde? Wodurch kommt sie voran? Welchen Antrieb hat sie, was motiviert die Gemeindeglieder? Gemeinde lebt davon, dass Jesus ihre Mitte ist, er ist der Antrieb, der Motor, das Herz. Von hier gehen die Impulse aus, verströmt sich das Leben in alle Bereiche der Gemeinde. Die Motivation der Gemeindeglieder ist, dass sie zu Jesus gehören, das gibt ihnen einen gemeinsamen, übergeordneten Sinn, fügt sie zusammen zu einer Körperschaft, zu einem Leib (Römer 12, 1. Korinther 12).

Je näher sie bei Jesus sind, desto vitaler ist ihre Energie. Sie kommen zur Mitte, werden erneuert und zueinandergefügt. Die Gemeinde entsteht von der Mitte her. Das heißt: Die Gemeinde findet ihre Identität, wenn sie zu Jesus findet. Indem sich Einzelne um Jesus versammeln, formt sich Gemeinde. Der Einzelne bekommt eine Bedeutung, die über sein kleines privates Leben hinausgeht.

Es gibt deshalb keine Gemeinde ohne den Gottesdienst. Die gemeinsame Hinwendung zu Jesus vermittelt immer wieder neu den Blick über sich selbst hinaus. Erst dort, wo Menschen sich in der Gegenwart Gottes erkennen, beginnt Gemeinde. Nicht die Gründungsurkunde oder die Eintragung ins Vereinsregister setzt den Anfang einer Gemeinde. Dies sind lediglich die Auswirkungen und die Festschreibung eines bereits vollzogenen Geschehens: Die erste, grundsätzliche, gemeindeschaffende Aktion ist Gottes Ruf. Er ruft die Gemeinde ins Leben, indem er Menschen beruft. Das erste hauptsächliche und grundsätzliche Verständnis von Gottesdienst bedeutet: Gott dient uns!

Durch Gottes Handeln werden aus einzelnen Menschen Gemeinde: „Wir gehen nicht in die Kirche, wir *sind* Kirche." Gemeinde ist also ein Geschenk Gottes, das wir nur begeistert und dankbar annehmen – aber nicht machen – können. Dieses Geschenk Gottes wird konkret durch leibhaftige Menschen. Gott schenkt uns einander. Wir sollen dieses Geschenk annehmen, auch wenn wir uns die Sache vielleicht ganz anders vorgestellt haben. Die Menschen, die uns Gott zur Seite stellt, gilt es zu akzeptieren, auch wenn sie mir nicht liegen. Gott möchte, dass wir einander ergänzen – auch indem wir einander zur Herausforderung werden. Wir lernen aneinander, vor allem dort, wo wir ganz unterschiedlich sind. Es dient uns, wenn der andere an unserer Seite uns immer wieder infrage stellt. Wir werden dadurch mit uns selbst konfrontiert und herausgefordert, uns in den großen Zusammenhängen unseres Lebens zu verstehen: Jeder ist nur ein kleiner Teil des Ganzen.

Gemeinde suchen wir uns nicht in einem großen Selbstbedienungsladen aus, wo wir genau nach der Form suchen können, die uns optimal entspricht. Wir haben keine Wahl, wir gehören zusammen!

Wer lange seine Gemeinde auswählt und alle Möglichkeiten erwägt, weil er die optimale, zu ihm passende finden möchte, ist auf dem falschen Weg, denn er geht von sich und seinen eigenen Bedürfnissen aus, nicht von Gottes herausfordernden Möglichkeiten. Wer dagegen erkennt, dass er zu den Christen gehört, die wie er in seiner Nähe leben, und mit ihnen Gemeinschaft lebt, hat mehr vom Reich Gottes verstanden. Das Reich Gottes ist nah, unmittelbar in der eigenen Umgebung. Man muss es nicht erst durch lange Autofahrten erreichen. Es sind die Menschen des Alltags, denen man auch normalerweise begegnet. Am besten lebt man mit denen Gemeinde, die in der unmittelbaren Nachbarschaft wohnen. Was wäre zum Beispiel, wenn ein Notfall eintritt und man unbedingt sofort jemand braucht, mit dem man reden und beten kann? Was passiert, wenn einmal der Benzinpreis oder wirtschaftliche Zusammenbrüche eine Autofahrt unmöglich machen? Deshalb sollte auch der, der zu einer Gemeinde gehört, die weiter entfernt ist, die Christen in seiner nächsten Umgebung kennen und den ständigen Kontakt mit ihnen halten (auch wenn sie anders denken und glauben als er).

Das Gemeindeprinzip Gottes ist der Ort, die Nachbarschaft. Unsere Nächsten können wir uns nicht aussuchen – genauso wenig wie unsere Geschwister. Erst wenn hier keine gläubige, lebendige Gemeinde besteht, kommt die weitere Umgebung in den Bereich der Möglichkeiten. Wer sich einmal verbindlich auf eine Gemeinde eingelassen hat, sollte in ihr bleiben und die anderen Gemeindeglieder als von Gott geschenkt (oder notfalls: von Gott verordnet) ansehen. Ein Wechsel, nur weil es Schwierigkeiten gibt oder ich mich mit Einzelnen nicht mehr verstehe, ist nicht im Sinne Gottes, der möchte, dass wir uns vorbehaltlos annehmen (siehe z.B. 1. Johannes 4,20). Ich würde nach der perfekten Gemeinde (so wie ich sie brauche) suchen. Die gibt es aber nicht – und ich zerbreche an der Diskrepanz zwischen meinem eigenen Traumbild von Gemeinde und der Wirklichkeit. Denn Menschen, die geblendet sind von den eigenen Vorstellungen einer vollkommenen Gemeinde, scheitern letztlich an der Spannung zu ihrer *eigenen* Unfertigkeit. Für sie gilt der Satz: „Die Gemeinde war so lange perfekt, bis ich in sie eintrat."

Deshalb: Wenn wir nach der Identität der Gemeinde fragen, geht es nicht darum, ein überhöhtes Bild einer Super-Gemeinde zu zeichnen. Gemeinde als Zusammenfügung von unvollkommenen Menschen ist immer ein unvollkommenes Konglomerat, sie ist immer eine Gemeinschaft der Bedürftigen. Alle sind gleich, niemand ist besser.

Vielleicht spielt deshalb das gemeinsame Essen auf dem Schiff Gemeinde eine so große Rolle: Das Essen verbindet mit dem Schöpfer, dem Geber der Gaben und mit den anderen Geschöpfen, macht aus einzelnen Menschen eine Tischgemeinschaft. Das ist bei jeder Mahlzeit der Fall, aber ganz besonders beim Abendmahl: Wer miteinander isst, ist gleich: gleich bedürftig, gleich abhängig vom Geber der Nahrung und gleich berechtigt, die Gaben zu empfangen zum Erhalt des menschlichen Lebens. Ich bin ein bedürftiger Mensch – wie viele andere auch! Und da ist Jesus, der sich austeilt: an jeden – gleichmäßig und ohne jemand zu übervorteilen oder zu bevorzugen. Dadurch wird aus vielen unterschiedlichen Menschen eine Gemeinde. Und diese Gemeinde ist der Ort der Gegenwart Gottes in dieser Welt, das gibt ihr Identität und Selbstsicherheit! Gemeinde muss nicht die perfekte Gemeinschaft der Gläubigen sein, sie darf sein, was sie von Gott her ist und was er ihr immer wieder zuspricht.

Mein Fazit: Wir sollten in unseren Gemeinden öfter das Abendmahl miteinander feiern, weil dadurch sichtbar wird: Wir sind das, was wir sind, nicht aus uns selbst heraus. Wir sind darauf angewiesen, dass Gott uns versorgt und aus vielen individuellen Einzelteilen eine Gemeinde zusammenfügt.

BEIM NAMEN GERUFEN

Wenn die Identität der Gemeinde nicht aus der Mitte kommt und sich nicht im Ruf Gottes an den Einzelnen begründet, werden Ersatz-Identitäten gesucht. Man definiert sich z.B. über eine besonders starke, charismatische Persönlichkeit, macht einen besonderen Lehraspekt zur gemeindebildenden Mitte oder begründet sich in einer besonderen Geschichte. Weil diese Gründe letztlich alle nicht ausreichend Identität stiften und vor allem in der Krise an gemeinschaftsbildender Kraft verlieren, wählt man ein Image, das durch Abgrenzung einen besonderen Wert verheißt.

Ich habe im Lauf meiner Arbeit als Gemeindeberater eine Liste von identitätsstiftenden Aussagen über Gemeinde notiert, die eher in einem negativen Gewand daherkommen, aber trotzdem (oder vielleicht gerade deswegen?) eine Gemeinde zusammenhalten:

Jammertal-Gemeinde, kleine Herde, der Rest, das Häuflein der Aufrechten, Mühsal-Gemeinschaft, Chaoten-Gruppe, Absplitterung, Verzweiflungsteam, Scherzbolde.
Ohne Hoffnung, aber trotzdem stark.
Wir wissen nicht, was wir wollen, aber das mit aller Kraft.
Als wir das Ziel aus den Augen verloren, erhöhten wir das Tempo.
Wir haben zwar keine Perspektive, aber wir haben uns.
Wenn wir uns auf uns selber konzentrieren, dann wissen wir, was wir haben.

Das alles sind Bezeichnungen, die sich Gemeinden gegeben haben, manchmal selbstkritisch mit einem Augenzwinkern, aber manchmal auch ganz ernst. Diese Sicht prägte unterschwellig das Gemeindeverständnis. Aber gerade das, was unerkannt im Untergrund als normative

Festlegung läuft, hat umso mehr Auswirkung auf das Verhalten der Gemeindeglieder zueinander und die Atmosphäre des Miteinanders.

Aus dem Selbstverständnis erwächst Leben – oder es legt fest, entweder es öffnet oder es begrenzt. Ein *geschlossenes* Selbstverständnis lässt keine Entwicklung zu, alles muss so bleiben, wie es ist. Die Gemeinde ist festgelegt in ihrer Form und tradiert sich selbst: „Wir sind die Gemeinde der Unerschütterlichen! Auch wenn um uns herum die Welt untergeht, wir bleiben!" In einer geschlossenen Gemeinde sind Regeln wichtiger als die Menschen. Da Gott einmal gesprochen hat, geht es heute darum, dieses Wort zu behalten, um es möglichst unverändert der nächsten Generation zu vermitteln. Gott war gestern lebendig, heute ist lediglich sein Echo zu hören, die Gemeinde lebt mehr in der Vergangenheit als im Heute. Sie traut Gott nicht zu, dass er zu jeder Zeit neu redet und neu seine Gemeinde formt.

Eine *offene* Gemeinde stellt sich dagegen der Herausforderung des Heute. Sie sieht ihre Armut und Bedürftigkeit – aber noch mehr erkennt sie, was diese Welt braucht, die noch viel schlimmer dran ist als sie selbst. Sie streckt sich aus nach dem Leben in ihrer Mitte und will es weitergeben. Die Kraft, die aus ihrer Mitte kommt, schweißt sie zusammen, wird aber dann nach außen getragen und nicht selbst verbraucht. Ihre Identität in Jesus macht sie fähig, sich zu verströmen, ohne sich zu verlieren. Sie weiß, wer sie ist, deshalb kann sie sich in die Auseinandersetzung wagen. Umgekehrt ist eine Gemeinde, die ihre geistlichen Ressourcen ganz für sich selbst verbraucht, in Wirklichkeit tot, denn sie benötigt alle Lebenskräfte nur für sich. Sie zweifelt an dem, was sie von Gott empfängt, und fürchtet, dass es nicht ausreicht, um auch andere Menschen satt zu machen. Sie hält fest, was sie bekommen hat, und deshalb ist es zu wenig. Sie teilt nicht aus, deshalb ist sie arm.

Eine *festgelegte* Gemeinde lädt zu *sich* ein, sie freut sich, wenn sie zahlenmäßig wächst. Zu Beginn des Gottesdienstes wird gesagt: „Herzlich willkommen bei uns …", und am Ende des Gottesdienstes werden die Besucher aufgefordert: „… bleiben Sie uns treu!"

Eine *offene* Gemeinde, die aus einer Beziehung zum lebendigen Gott lebt, lädt die Menschen uneigennützig zu Gott ein – um ihn geht es! Sie begrüßt die Gottesdienstgemeinde mit: „Im Namen des Vaters und des

Sohnes und des Heiligen Geistes …" und schließt ihn mit dem Segen: „…. er lasse sein Angesicht leuchten über dir und sei dir gnädig."

In der Gemeinde leuchtet etwas ganz anderes auf – etwas, was ihre eigenen Möglichkeiten weit überschreitet, und gibt ihr Bedeutung: das Angesicht Gottes. Gott ist gegenwärtig und er spricht zu den Menschen. Und so wie Gott einen Menschen bei seinem Namen gerufen hat, so ruft er auch die Gemeinde und gibt ihr einen Namen. In diesem Namen steckt das andere, das die eigene Begrenztheit überschreitet: eine Zielrichtung, eine unverwechselbare Identität. Namen sind mehr als Schall und Rauch, sie haben eine tiefe Bedeutung. In ihnen wird der Ruf Gottes sichtbar.

Viele Schiffe haben stolze Namen bekommen: Sturmvogel, Windkämpfer, Wellenbrecher, Eishacker, Morgenröte oder Titanic. Entsprechend ihrem Namen bewegten sie sich auf den Weltmeeren.

Welcher Name steht auf Ihrem Schiff Gemeinde? Es ist spannend, das gemeinsam in der Gemeinde herauszufinden: Mit welchem Namen hat Gott unsere Gemeinde gerufen? Was ist unsere unverwechselbare Identität?

Der Ruf Gottes gibt der Gemeinde einen Namen, verleiht der Gemeinde an erster Stelle ihre Identität. Der Ruf Gottes öffnet eine verschlossene Gemeinde: In ihm steckt eine Be-Rufung, Gottes Absicht mit dieser Gemeinde. Sie hat einen Auftrag und dadurch auch eine Bedeutung. Eine Gemeinde, die nicht tut, was Gott von ihr möchte, ist bedeutungslos, denn sie ist nur Selbstzweck. Gemeinde aber hat einen Zweck, der über sie selbst hinausgeht.

GEMEINDE IST MEHR

Jetzt sind wir mit unseren Überlegungen über das Selbstverständnis der Gemeinde an einem heiklen Punkt angekommen. Viele Gemeinden haben verstanden, dass es um ihren Auftrag geht. Sie formulieren ein Gemeindeleitbild und formulieren ein „Mission-Statement". Sie schreiben fest, was ihr Anliegen ist, und erstellen Pläne, wie sie es erreichen können. Die ganze Gemeinde wird mobilisiert und für das gemeinsame Ziel sensibilisiert.

Der Zweck heiligt die Gemeinde, das gemeinsame Anliegen fügt sie zusammen, sie nimmt ihre Identität aus dem, was sie leistet. Ihr Erfolg gibt ihr Berechtigung, ihre effektive Auftragsorientierung vermittelt, wie vital und geistlich die Gemeinde ist.

Falsch! Unmerklich rutscht das gute Anliegen, eine Gemeinde zu sein, die Gottes Auftrag ausführt, doch wieder in eine leistungsorientierte, selbstbezogene Gemeinde ab. Das ist tragisch! Denn wenn der Erfolg und die messbare Leistung das Kriterium für eine gesunde Gemeinde sind, entsteht Druck, den Gemeindegliedern werden Lasten aufgebürdet, unter denen sie zusammenbrechen. Es herrscht nicht mehr die fröhliche Leichtigkeit einer Gemeinde, die sich als Gottes Schöpfung versteht.

Genau das beobachte ich in vielen Gemeinden: Sie haben mit einem ehrgeizigen Programm angefangen, waren stolz darauf, dass sie sich und ihre Bedeutung gefunden hatten. Sie setzten alles daran, ihre Pläne umzusetzen – und erlebten doch nach einiger Zeit Abbrüche, Frust und Müdigkeit. Da werden die Programme von wachsenden Gemeinden studiert und fasziniert auf die Zahlen gestarrt, die die rasante Entwicklung markieren. Wachstumsbedingungen und Entwicklungsprinzipien werden durchforscht und obwohl sie nicht kopiert, sondern kapiert werden sollten, werden sie doch in die eigene Situation adaptiert. Warum soll das, was anderswo zu einem so enormen Erfolg geführt hat, nicht auch bei uns funktionieren? Mit deutscher Gründlichkeit werden amerikanische Methoden oder sogar komplette Gemeindekonzepte übernommen. Die Identität der Gemeinde formt sich aus dem, was sie macht.

Sie ist zu einer Willow-Creek-Gemeinde geworden oder zu einer Gemeinde nach dem Vorbild von Saddleback. Aber was ist sie wirklich? Wo ist ihre eigene Identität geblieben? Sie hat sich einen Mantel umgehängt, der ihr nicht passt. Sie hat sich von einem kleinen Kutter zum Überseedampfer umgerüstet. Kein Wunder, wenn es zum Schiffbruch kommt!

Ich sehe zwei gravierende Probleme bei der Übernahme fremder Konzepte, vor allem von Übersee: Einmal ist unsere deutsche Schwerfälligkeit im Wege. Es scheint so, dass wir alles, was wir machen, mit sehr viel Nachdruck tun. In USA werden die Programme mit einer auffälligen Heiterkeit und Gelassenheit durchgeführt. Sie formen offensichtlich nicht die Identität, sondern sie entspringen einem sehr eigenen, starken Selbstbewusstsein. In „Old Germany" wirken die gleichen Methoden oft künstlich und sehr gewollt. Ein Zweitgottesdienst wird zur verkrampften Veranstaltung, der man das Bemühen um Perfektionismus abspürt. Die Leichtigkeit fehlt, die Bereitschaft, Fehler zu machen, die unbeschwerte Offenheit und Selbstverständlichkeit.

Entsprechend sind die Mitarbeiter des Zweitgottesdienstes nach kurzer Zeit ausgebrannt. Sie wollten zu viel und sind mit dem Anspruch, den man an diese Sache stellte, gescheitert. Da der Erfolg in dem erwarteten Maß ausblieb, zieht man sich enttäuscht und frustriert zurück.

Den anderen Unterschied zu den amerikanischen Vorbildern sehe ich darin, dass dort jedes Gemeindeglied eine freiwillige Entscheidung für seine Gemeinde getroffen hat. Jeder Einzelne weiß, was er will und warum er zu dieser Gemeinde gehört. Wer Mitglied ist, hat ein entsprechendes Bekenntnis unterschrieben – ein Bekenntnis zu Jesus und zur Gemeinde. Die Grundlage ist klar – und entsprechend auch die Motivation. Wenn nun die gleichen Ideen in Deutschland auf eine volkskirchliche Situation treffen, passt es oft nicht. Der Weg der einzelnen Gemeindeglieder ist zu lang, um einen normalen Zugang zu diesen Aktionen zu finden. Deswegen ist der Pastor stark gefordert, seine Mitarbeiter zu motivieren und den Karren zu ziehen. Oder es finden sich Mitarbeiter mit einem eher freikirchlichen Gemeindeverständnis, um die Programme und Konzepte angelsächsischer Gemeinden aufzugreifen, aber sie kommen dabei oft auf Kollisionskurs zu Gemeindegliedern, die eher volkskirchlich denken. Konflikte sind vorprogrammiert – und in vielen Fällen hat es ja genau an dieser Stelle geknallt, hat das Schiff Gemeinde einen Eisberg gerammt.

Es gibt einen sehr feinen, aber entscheidenden Unterschied, der immer wieder übersehen wird: Die Gemeinde hat einen Zweck, aber sie ist nicht der Zweck. Sie hat einen Auftrag, aber ihre Identität ergibt sich nicht primär aus dem Auftrag. Gemeinde ist mehr, als man sieht, sie ist mehr, als sie tut – wie bei einem Eisberg liegt der größte und entscheidende Teil der Gemeinde verborgen unter der Oberfläche: Der verborgene, unergründliche, geheimnisvolle Teil der Gemeinde sorgt für Tiefgang.

Halten wir fest: Gemeinde ist kein Verein. Ein Verein ist ein Zusammenschluss von Menschen mit einem gemeinsamen Ziel. In der Vereinssatzung ist festgelegt, welche Absicht der Verein hat, welche gemeinsamen Interessen verfolgt werden sollen.

Auch in einer Gemeinde gibt es gemeinsame Interessen, eine Absicht, die alle Gemeindeglieder miteinander verfolgen. Aber Gemeinde ist mehr. Der Zweck ist nicht der Grund des Zusammenschlusses der Christen. Die Begründung für die Gemeinde ist ihre Mitte: Jesus. Um ihn versammeln sich die Gläubigen.

Gemeinde ist auch keine Organisation – auch wenn sie sich als Organisationsform darstellt. Eine Organisation hat immer das Ziel zu wachsen oder sich wenigstens zu erhalten. Bestenfalls sollen Gewinne gemacht und eine innere oder äußere Expansion angesteuert werden. Auch in einer Gemeinde geht es um Wachstum und Gewinn: Menschen sollen gewonnen werden, der Einzelne soll in die Tiefe wachsen und die Herrlichkeit Gottes soll groß werden. Aber diese Ziele begründen die Gemeinde nicht, sie sind die Folge dessen, dass Gott Menschen zusammengerufen, bevollmächtigt und ausgerüstet hat, damit sie in seinem Namen handeln können. Auch wenn sie keinen sichtbaren Erfolg haben und die Gemeinde nicht wächst, haben sie die Berechtigung, Gemeinde zu sein – weil Gott sie organisiert.

Wäre es anders, dann hätten Gemeinden im Untergrund oder in einer Verfolgungssituation keine Existenzberechtigung. Und das Erstaunliche ist ja, dass gerade dort, wo es für die Christen keine Möglichkeit gibt, sich effektiv zu organisieren, die Gemeinde wächst. Man weiß nicht wie, aber es kommen Menschen dazu.

So war es ja auch bei der ersten Gemeinde in Jerusalem. Sie folgten keiner erklärten Absicht, sie hatten keine planvolle Strategie, sie waren nicht strukturiert und organisiert – sie waren einfach Gemeinde. Sie trafen sich hin und her in den Häusern, sie hielten an im Gebet, sie taten Gutes und redeten von ihrem Glauben an Jesus. Ihre Überzeugung war ihnen anzuspüren, sie strahlten etwas Besonderes aus – das bewirkte, dass die Gemeinde zunahm: an Zahl und an Ansehen. Und auch als die Urgemeinde in der ersten Verfolgung der Christen zerschlagen und zerstreut wurde, hörte sie nicht auf, Gemeinde zu sein, sondern multiplizierte sich in tausendfacher Weise – bis heute.

GEMEINDE ALS LEIB

Aber wenn es nicht um die Ziele in der Gemeinde geht und wenn nicht der Zweck einer Gemeinde ihr die nötige Identität verleiht – was dann? Ist dann die Gemeinde doch wieder nur auf sich selbst geworfen und geht es doch primär um die Gemeinde als Selbstzweck?

Nein, es bleibt: Gemeinde hat einen Zweck, weil sie Gott berufen hat. Das Schiff Gemeinde wird von Gott in Dienst genommen, es fährt in seinem Auftrag. Von daher bekommt jede Gemeinde ihre ganz besondere Bedeutung. Aber ihre Identität hat sie von Gott, dem sie gehört.

So hat jedes Schiff, das sich auf den Weltmeeren bewegt, seinen klaren Zweck: Da gibt es Containerschiffe, Frachter, Kutter für die Fischerei, Kreuzfahrtschiffe, Seenotkreuzer oder Kriegsschiffe. Es kann passieren, dass sich die Zweckbestimmung ändert und ein Kutter aufgerüstet wird zum Ausflugsschiff oder ein Frachter Kabinen für Reisende erhält. Aber so wie es für jede Schiffsbesatzung eindeutig klar ist, welcher Reederei das Schiff gehört – denn von dort werden sie angestellt und bezahlt, so wissen sie auch, was der Zweck ihrer Reise ist, wenn sie den Hafen verlassen und die ungewisse Weite der Ozeane befahren.

Bei vielen Gemeinden ist das nicht der Fall. Sie wissen nicht, warum sie ein Schiff sind, sie haben die Frachträume, die Kabinen und die leistungsstarken Motoren an Bord noch nicht entdeckt. Deshalb bleiben sie lieber im sicheren Hafen – was für ein Schiff eigentlich eine Unmöglichkeit darstellt: Ein Schiff, das sich weigert ein Schiff zu sein, ist ein Ding ohne Funktion, ein Fahrzeug ohne Ambitionen, sich zu bewegen!

Hier stoßen wir auf das andere Extrem: Auf der einen Seite steht die leistungsorientierte Zweck-Gemeinde, die sich von ihrem Auftrag her definiert. Auf der anderen die Wohlfühl-Gemeinde, in der es um die Gemeinde „an sich" geht, die sich ganz um sich kümmert und sich in ihren eigenen Beziehungen erschöpft. Ich nenne das die „WIR-Gemeinde". In ihr ist es warm und gemütlich. Die Gemeindeglieder kennen und schätzen sich. Man verbringt viel Zeit zusammen und hat sich lieb. Aber alle Energie geht nach innen. Man ist sich gut genug, man genügt sich. Das Gemeindeleben wird aufrechterhalten, damit etwas los ist, jeder Termin zeigt: Es gibt uns noch, solange wir uns treffen und etwas unternehmen, existieren wir als Gemeinde. Und weil man ja genügsam ist, reicht ein Minimalprogramm. Was man tut, geschieht, um die Gemeinde zu erhalten und zu unterhalten.

Ich weiß, dass das böse klingt und auch sicherlich so eine Übertreibung darstellt. Aber die Selbstgenügsamkeit und die Selbstbezogenheit vieler Gemeinden sind genauso ein Problem wie die Leistungsorientierung anderer Gemeinden.

Es fällt mir immer wieder seltsam auf, dass es in der christlichen Gemeinde Erwachsene gibt, die im Alltag ihren Mann (oder ihre Frau) stehen, in der Gemeinde aber unmündig und klein werden. Wie Kinder lassen sie sich versorgen. Sie konsumieren schweigend, was man ihnen vorsetzt. Sie sind mit allem zufrieden. Sie lassen sich betreuen, als wären sie dazu selbst nicht in der Lage. Sie sind mit wenig zufrieden – vielleicht möchten sie gar nicht mehr geistliche Kost, weil es sie innerlich beunruhigen könnte? Wenn es ihnen dann doch einmal nicht reicht, beschweren sie sich und verlangen vom Pfarrer mehr – sie haben ja einen Anspruch darauf. Werden sie nicht ausreichend und umfassend bedient, mäkeln sie herum oder wechseln verärgert die Versorgungsstation. Sie verhalten sich nach den Trends der Zeit als Konsumenten: Ich habe bezahlt, also habe ich auch einen Anspruch auf Leistung. Jeder möchte teilhaben an einem großen, schönen, sinnstiftenden WIR, das das eigene Leben bereichert und verschönert – aber das ohne jegliche eigene Verbindlichkeit. Aber das Gemeindeleben ist anders. Jesus hat bezahlt, er ist der Einzige, der einen Anspruch hätte!

Wenn die einzelnen Gemeindeglieder ihre Identität aus ihrer Zugehörigkeit zu einer Gemeinde beziehen, wird die Gemeinde ausgesaugt und ist irgendwann leer. Es muss umgekehrt sein: Der Einzelne stellt sich der Gemeinde zur Verfügung und daraus gewinnt sie ihre Identität. Gemeinde lebt davon, dass jeder sich einbringt mit seinen Gaben und Möglichkeiten, dass sich keiner zurückhält. Daraus wächst die gemeinsame Identität – wie bei einem Puzzle, wo das einzelne Teil nichts für sich ist, aber zusammengesetzt ergibt es ein komplettes Bild. Und umgekehrt ist das Ganze auf jedes einzelne Teilchen angewiesen. Das Bild von der Gemeinde als Leib, das der Apostel Paulus gebraucht (1. Korinther 12, Römer 12), drückt genau das Gleiche aus: Der Leib funktioniert nur durch seine Glieder, jedes hat seinen ganz bestimmten Platz.

Jeder in der Gemeinde kann sich deshalb sagen: Ich bin zwar hier nicht die Hauptperson, aber ich bin wichtig! Jeder bringt sich auf erwachsene Weise ein und entwickelt seine Gaben und Fähigkeiten, um noch besser dem Ganzen dienen zu können. Niemand dreht sich nur um sich selbst und um seine eigenen Bedürfnisse, sondern gibt, was er hat, versteht sich als soziales Wesen, eingebunden in soziale Zusammenhänge, nimmt und gibt. Echte Gemeinschaft entsteht nur, wo man sich aufeinander einlässt, hergibt, zur Verfügung stellt. Verbindlichkeit heißt, verlässlich sein: Man kann sich auf mich verlassen, ich bin ein sicherer Teil des Ganzen! Verlässlich aber ist der Mensch, der sich auf Gott verlässt, der seine eigene Existenz auf dem sicheren Boden der Beziehung zu Gott begründet.

Wenn im Gegensatz dazu das WIR in der Gemeinde die Hauptsache ist und die Identität bestimmt, wenn mehr genommen als gegeben wird, implodiert die Gemeinde über kurz oder lang. Sie kann dann zwar noch eine Zeit lang mithilfe externer Hilfeleistung überleben, aber die Gemeinde ist kein lebendiger Leib mehr. Ein WIR ohne Verbindlichkeit gibt es nicht, und das bedeutet: Ich stelle mich zur Verfügung. Man kann nicht auf der einen Seite verlangen, dass die Gemeinde eine starke Gemeinschaft ist, aber gleichzeitig schwach sein in den gegenseitigen Beziehungen – aber genauso leben viele Gemeinden: Sie tun so, als wären sie eine starke Gemeinschaft, sind aber in Wirklichkeit nur ein äußeres, künstliches Gebilde ohne echte Nähe.

Das WIR, das sich selbst genügt, stößt die Fremdkörper ab, die Gemeinde wird zur exklusiven Gemeinschaft. Das geschlossene WIR muss aufgebrochen werden, damit neues Leben möglich wird. Denn das künstliche, unechte WIR schreibt lediglich einen unfertigen Zustand fest, es will das Heute festhalten und ist damit gehindert, die Zukunft zu gewinnen, es lebt nicht wirklich, sondern nur scheinbar. Eine solche Gemeinde ist mehr Schein als Sein, ihre Identität ist ein äußeres, aufgeblasenes Image ohne Inhalt.

Im Blick auf die Gemeinde als Leib habe ich in mein Tagebuch notiert: *Der Leib baut sich selbst auf, steuert sich von innen – es sei denn, er wäre krank, behindert oder er schläft. Einheit und Pluralität sind keine Gegensätze – wenn die einzelnen Teile aufeinander bezogen sind und in eine lebendige Beziehung zueinander treten. Der Gegensatz von Einheit ist entweder uniforme Gleichheit oder Selbstbezogenheit und Verabsolutierung dessen, was eigentlich nur partiell ist. Der Gegensatz von Pluralismus ist nicht Einheit, sondern Egoismus (wie Immanuel Kant sagt). Vielfalt verlangt nach Kommunikation und Austausch. Das geht nur, wenn die Beziehungen stimmen. Die Kirche marschiert nicht im Gleichschritt der Gleichgesinnten, sondern lebt von der Verschiedenartigkeit der Geistesgaben, die im Leib Christi aufeinander verwiesen sind.*

Einheit ist somit keine geschlossene Ganzheit, sondern ein spannungsreiches Gefüge aus vielen selbstständigen Einzelteilen, keine zu sichernde Stabilität, sondern ein labiles Fließgleichgewicht, keine statische Figur, sondern ein dynamischer Prozess, an dem jeder beteiligt ist. Ein Leib besteht aus vielen komplexen Vorgängen, die aber alle zusammenwirken und sich miteinander in einem Bewegungsablauf befinden (voran, nach innen, wachsend). Ein Eingriff an einer Stelle hat immer Auswirkungen auf das Ganze. Leib ist vergänglich! Es geht nicht um eine Idealgestalt (Schönheitswettbewerb der Gemeinden), kein Muskeldoping (künstliches Wachstum). Die Gemeinde als Leib dient nicht sich allein und ist nicht abgeschlossen für solche, die nicht dazugehören. Der Leib Gemeinde ist ein Organismus, der vorläufig ist – mit einem eindeutigen Daseinszweck.

GEMEINDE FÜR SICH UND GEMEINDE FÜR ANDERE

Ich erlebe es immer wieder, wenn ich Gemeinden der unterschiedlichsten Couleur kennenlerne: Eine Gemeinde, die weiß, wer sie ist und das auch ausstrahlt, ist attraktiv. Was sie tut, tut sie mit Überzeugung. Sie sieht sich selbst und weiß, was sie braucht. Deshalb investiert sie in Gemeinschaftspflege. Es gibt Angebote für Mitarbeiter, interne Veranstaltungen und Gottesdienste, wo die Gemeinde ganz für sich sein kann, und es gibt Angebote für die Menschen, die noch nicht zu ihr gehören. Sie nimmt ihren Auftrag in dieser Welt ernst und konzentriert sich auf ein bis zwei Bereiche, wo sie als Gemeinde den Menschen dient.

Die Arbeit nach innen (Sammlung) und die Arbeit nach außen (Sendung) steht in einem ausgewogenen Verhältnis zueinander. Die Gemeinde ruht in sich, sie hat einen lebendigen Zugang zur Mitte. Von dort her erneuert sie sich ständig. Die Gemeindeglieder haben keine Berührungsängste im Knüpfen von Kontakten in die Welt hinein.

Es werden zwei unterschiedliche Gottesdienste angeboten: Da die Gemeinde ihren Standort in der Welt ernst nimmt, hat der Hauptgottesdienst am Sonntagmorgen den Schwerpunkt bekommen, ein Gottesdienst für suchende Menschen zu sein. Zu ihm sind alle Menschen eingeladen, die sich über den christlichen Glauben informieren wollen und die einen Zugang zu Jesus Christus suchen. Dieser Gottesdienst macht es den entkirchlichten Menschen unserer Tage leicht, einen Zugang zu finden. Es wird alles getan, um diesen Zeitgenossen entgegenzukommen, deshalb ist er an ihren Bedürfnissen ausgerichtet. Hier ist Anonymität möglich, niemand wird gezwungen, man kann ganz unverbindlich dabei sein. Weil die Gemeindeglieder wissen, dass es sich bei diesem Hauptgottesdienst um den Außenbereich der Gemeinde handelt, die Öffnung nach außen, den Vorposten in die Welt hinein, erwarten sie nichts für sich selbst. Sie nehmen an diesem Gottesdienst teil, weil das Anliegen der Gemeinde, die Menschen auf jede mögliche Weise zu gewinnen, auch ihr eigenes Anliegen ist. In diesem Auftrag stehen alle zusammen.

Das Ziel ist, die Menschen abzuholen und hereinzuholen in die Gemeinde. Hier werden weite und kreative Wege in Kauf genommen. Aber alle sind mit beteiligt, dass dieses Ziel erreicht werden kann.

Für die Glieder der Gemeinde gibt es aber noch einen zweiten Gottesdienst, den internen Gemeinde-Gottesdienst. Hier bekommen sie das, was sie für sich brauchen. Hier wird Verbindlichkeit gelebt, hier begegnen sich die Einzelnen in verlässlicher Weise, kümmern sich umeinander und sind für die eigenen Probleme da. Dieser interne Gottesdienst kann am Sonntag vor dem Hauptgottesdienst stattfinden, verbunden mit einem intensiven Gemeindegebet für die Menschen, die man anschließend erwartet. Oder er kann an einem Abend unter der Woche die Gemeinde zusammenrufen zu einem intensiven Bibelstudium, zu Austausch und Gebet.

Beide Gottesdienstformen beziehen sich aufeinander, brauchen sich gegenseitig, dürfen nicht gegeneinander ausgespielt werden. Ich sehe es als ein großes Leiden an, wenn diese beiden so unterschiedlichen Zielrichtungen und Formen vermischt werden. Beide Bereiche brauchen ihren eigenen Schwerpunkt und haben ihre eigene unabdingbare Bedeutung. Eine Vermischung lähmt die Gemeinde und schwächt ihre Überzeugungskraft, weil es nicht klar ist: Sind wir jetzt für uns da oder für die anderen? Wenn es schlecht läuft: weder für die einen noch für die anderen.

Es ist kontraproduktiv und zeugt nicht von viel Selbstbewusstsein, wenn zum Beispiel in einem Gottesdienst öffentlich in der Einleitung zu den Konfirmanden (die in erstaunlich großer Zahl anwesend sind) gesagt wird: „Wir wissen, das ist nicht euer Gottesdienst. Wir arbeiten an einer Veränderung." Die Jugendlichen fragen sich dann: „Warum sind wir hier? Was sollen wir hier?" Besser wäre es, den Gottesdienst tatsächlich so zu gestalten, dass sich die Konfirmanden wohlfühlen und spüren, dass sie angenommen sind.

Umgekehrt ist es kontraproduktiv für den inneren Aufbau einer Gemeinde, wenn die Gottesdienste sämtlich auf die jüngeren Besucher ausgerichtet werden, mit entsprechender Musik und einer Sprache, die bei älteren Gemeindegliedern Anstoß erregt.

Beide Bereiche haben ihre Berechtigung, können aber nicht zusammengemixt werden, ohne dass es zu Konflikten, Abbrüchen oder Verärgerung kommt. An dieser Stelle haben viele Gemeinden noch einiges zu lernen: Wer sind wir für uns und wer sind wir für andere?

DIE VERGANGENHEIT ERNEUERN

Die Antworten auf beide Fragen verknüpfen sich in der Frage nach der eigenen Geschichte – wir müssen ja nicht erst bei null anfangen!

Über den einen Teil der Geschichte haben wir bereits nachgedacht: Wir alle sind von Gott gerufen. Jesus hat uns neues Leben geschenkt. Wir sind wiedergeboren. Der Neuanfang Gottes markiert unsere geistliche Herkunft: Wir sind Kinder Gottes.

Wie das im Leben des Einzelnen aussieht, muss jeder für sich beschreiben: Jeder hat seine eigene, persönliche Geschichte. Jeder ist einen eigenen Glaubensweg gegangen und hat eigene, ganz persönliche Erfahrungen gemacht. Jeder kann sich überlegen: Was war für mich der entscheidende Impuls, mein Leben Gott zu geben? Wie bin ich zum Glauben gekommen? Wie habe ich laufen gelernt und die ersten Schritte gemacht? Von hier aus ist es nicht weit zu den Überlegungen, wie ich nun auch anderen helfen kann, ihren Glaubensweg zu finden, meinen Beitrag zu entdecken, damit andere Christen laufen lernen.

In der Gemeinde verknüpfen sich die vielfältigen Geschichten des Einzelnen zu einer gemeinsamen Geschichte. Jeder sieht: Alle stehen sie miteinander unter einem höheren Befehl und haben einen klaren Auftrag. Der Einzelne muss sich nicht profilieren, nicht für sich kämpfen, sondern kann sich ganz der Sache Jesu zur Verfügung stellen.

Die unterschiedlichen Geschichten, die zu einer gemeinsamen wurden, fokussieren sich in den Fragen: Was ergibt sich aus unserer Erfahrung? Warum sind wir diese Wege gegangen? Warum haben wir uns getroffen? War es nur Zufall? Oder hatte Gott eine Absicht, dass er gerade uns zusammengefügt hat? Zu welchen Menschen sind wir gesandt? Wem sollen wir als Gemeinde dienen? Welche Zielgruppe, welche Notlage, welche aktuelle Fragestellung wird für uns durch Gottes Berufung zum Auftrag?

Eine befriedigende Antwort auf all diese Fragen gelingt nur, wenn man sich verdeutlicht: Was für eine Gemeinde sind wir eigentlich? Wie sieht die lange Geschichte unserer Gemeinde aus? Wo sind unsere Wurzeln? Wie hat alles begonnen? Denn wir haben uns ja mit unseren unterschiedlichen Erfahrungen und Prägungen in einem Raum getroffen, der nicht erst seit heute besteht. Dieser Raum, wo aus unseren unterschiedlichen Geschichten eine wurde, hat selbst eine lange Geschichte hinter sich. Das Schiff Gemeinde, zu dem wir jetzt gehören, hat schon viele Fahrten unternommen und einen großen Schatz an Erfahrungen gesammelt. Hier ist ein Potenzial an Wissen, Kenntnissen – das Schiff kennt sich aus in vielfältigen Gewässern. Die spannende Frage ist: In welchen? Von welchen Erfahrungen können wir profitieren, wo können wir heute anknüpfen? Weil wir zu dieser Gemeinde gehören, müssen wir nicht erst auf Entdeckungsfahrt gehen, um die Passagen und Durchfahrten zu erschließen. Es hat eine Bedeutung, dass wir uns in diesem Raum der Gemeinde aufhalten und ihre Geschichte fortführen können. Die Identität der Gemeinde heute speist sich aus dem Reichtum von gestern!

In den ursprünglichen Impulsen von damals steckt die Zielrichtung für heute.

Damals hat die Gemeinde eine Antwort auf die für sie aktuellen Fragestellungen versucht. Wie sehen diese Herausforderungen heute aus? Gibt es ähnliche Situationen wie damals?

Wie müssten die Antworten heute aussehen? Vielleicht gelingt es, die Ansätze von damals ins Heute zu übertragen, die Wurzeln neu beleben, sodass sie in der Gegenwart Frucht bringen können. Wenn wir die Anliegen unserer Vorfahren verstehen, können wir versuchen, sie in unsere Zeit zu übertragen, um unsere eigenen Antworten zu finden.

In welchen sozialen Herausforderungen standen unsere Vorfahren und wie haben sie darauf reagiert? Welche geistlichen Inhalte haben sie beschäftigt? Wie könnte das heute aussehen (zum Beispiel: die Frage nach der Heiligung)? Aus welchen Gründen hat die Gemeinde früher evangelisiert? Wie haben sie es gemacht? Wie könnte das heute geschehen? In welchen politischen Umständen mussten sich die Christen früher bewähren? Gibt das einen Hinweis auf unser gesellschaftliches Engagement heute?

Wir leben geschichtslos, als ob es keine früheren Erfahrungen gäbe. Dabei könnte es erhellend sein in der Frage nach der Gemeindeidentität den roten Faden aus der Vergangenheit zu entdecken. Wenn wir daran ziehen und ihn verfolgen, bekommen wir unter Umständen wertvolle Hinweise auf uns selbst, auf das, was uns ausmacht – finden wir Antworten auf die Frage, wer wir sind. „Unsere Kirche braucht ständig Vergewisserung über ihren Ursprung und ihr Ziel. Sie braucht Reflexion und eine Selbstgewissheit, die in Gottesgewissheit ankert." (Friedrich Schorlemmer in: Woran du dein Herz hängst, Freiburg, 2006, Seite 157.)

Die Achtung vor denen, die vor uns waren, die uns die Verheißung Gottes übermittelt haben, gibt dem eigenen Leben einen tiefen Wert. Wir erkennen, dass wir als Christen in einer Kette des Lebens stehen, die bis zum Kreuz auf Golgatha zurückgeht und die Erfahrungen aller Generationen vor uns einschließt. Wir haben eine reiche Geschichte! Wir sind nicht arm, wir haben einen reichen Schatz durch die Menschen, die vor uns die gleiche Frage gestellt haben: Wer sind wir als Gemeinde? Wie leben wir als Leib Christi? Wir finden uns selbst in ihrem Ringen und entdecken in ihren Antworten Hinweise für unsere Suche. Wir bauen unsere Existenz als Gemeinde auf ihren Grundlagen.

Deshalb: Nur wer die Altvorderen ehrt, kann erkennen, dass er heute Verantwortung dafür hat, Gottes Geschichte der kommenden Generation zu vermitteln.

Wir haben den Auftrag, das Leben, das uns gegeben wurde, den Menschen, die nach uns kommen, weiterzugeben. Das ist unsere Verantwortung: Den Generationen nach uns die Zukunft zu ermöglichen. Die Geschichte Gottes mit dieser Welt darf nicht mit uns aufhören. Wir sind ein kleines Rädchen in der Geschichte Gottes mit dieser Welt, aber an uns liegt es, ob sich auch die nächsten noch drehen werden. Gerade in einer Zeit, in der sich viele Menschen dem Leben verweigern und nicht mehr bereit sind, das kommende Leben zu gestalten, weil sie nur noch sich selbst sehen wollen, ist die Gemeinde aufgefordert, Anwalt des Lebens zu sein, das von Gott kommt und zu Gott hinführt.

An der Nahtstelle zwischen gestern und morgen hat heute die Gemeinde der Christen eine eminent wichtige Bedeutung. Das gibt ihr einen tiefen Wert, das formt ihre Identität: Sie sind Bewahrer des Lebens in einer Welt des Todes. Ihr Selbstverständnis ist geprägt vom Ja Gottes, das fügt sie zusammen zu einem neuen, lebendigen Leib, der so anders ist als alles in dieser Welt. Hier lebt Gott! Hier ist das Leben in seiner vitalsten Form. Aber die Gemeinde bewahrt nicht nur das Leben für sich, erhält es als verborgenen Schatz, sondern sie gibt es weiter und opfert es in diese Welt hinein. Das ist der Schlüssel zu einem tiefen Verständnis von Gemeinde!

2. LEINE LOS: DIE HERAUSFORDERUNG ANNEHMEN

Verstehen wir nun Gemeinde? Vielleicht ein bisschen mehr. Aber vieles bleibt rätselhaft. Gemeinde ist letztlich nicht verstehbar – sie ist eine Zumutung Gottes (wie das Leben überhaupt). Die Frage nach der Identität wird uns immer wieder neu beschäftigen müssen – aber das ist gut so, denn wüssten wir genau, wie Gemeinde ist und wie das Gen gebaut ist, aus dem sie besteht, wir würden sie von Gott losgelöst in unsere Hand nehmen und bestimmen wollen. Wir würden vielleicht sogar wie die Menschen in Babel einen Turm bauen, um Gott zu erreichen oder sogar noch größer zu sein als er (1. Mose 11,1-9). Gemeinde ist nicht ein Zweckverein, aber auch keine WIR-Gemeinschaft. Beides kommt zwar in der Gemeinde vor, aber sie ist an erster Stelle Gottes Reich in dieser Welt, Gottes Haus, ein Tempel, um ihm zu begegnen – es geht um Gott selbst, Gott ist Sinn und Zweck der Gemeinde, Ausgangspunkt und Zielpunkt. Jesus ist die Mitte, um ihn versammelt sich die Gemeinde. Dadurch bildet sich ein Raum der Gegenwart Gottes. Wo sich die Gemeinde versammelt, handelt Gott. Die Gemeinde ist der Tempel Gottes in dieser Welt und jedes Gemeindeglied ein Priester Gottes in diesem Tempel. Sie hat einen Dienst der Fürbitte für diese Welt und sie trägt den Segen Gottes in die Welt hinein.

Das zeigt auch die Geschichte der christlichen Gemeinde: Weltreiche gingen unter, die Zeiten änderten sich – aber die Gemeinde blieb. Als Gottes Schöpfung hat sie Bestand, denn sie hütet ein Geheimnis: Gott ist unter uns! Zu allen Zeiten gibt sie das Zeugnis, dass Gott in Jesus Christus in diese Welt gekommen ist. Gott ist nah – spürbar, erfahrbar – in seiner Gemeinde. Sie lebt mit der Verheißung: „Ich bin bei euch alle Tage bis an der Welt Ende" (Matthäus 28,20). Das macht sie aus, das gibt ihr ihre Identität. Es ist die Identität des lebendigen, gegenwärtigen Gottes.

Deshalb ist Gemeinde nichts Technisches, Funktionales (was man reparieren könnte, wenn es kaputt ist), keine Organisation, sondern ein Organismus, etwas Lebendiges. Das Leben aber ist nicht zu beschreiben, es bleibt ein Geheimnis. Es ist das Wesen des Geheimnisses, dass es sich verschließt. Es verweist auf den, der das Geheimnis gestiftet hat. Ein Rätsel möchte gelöst werden, es fordert heraus, immer mehr Details zu verstehen, bis es enthüllt wird. Das Rätsel Gemeinde wird erst in der Ewigkeit aufgelöst werden. Solange sind wir damit beschäftigt, es zu ergründen, ihm fragend nachzuspüren, suchend auf der Spur zu bleiben, behutsam, aufmerksam, wachsam …

Gemeinde bleibt immer ein Stück im Verborgenen, ein Geheimnis. Gemeinde ist unfassbar und unfasslich. Wir können nur ein Stück mehr von ihr begreifen. Aber im Ganzen entzieht sie sich unserer Vorstellung und dadurch auch unserer Einflussnahme. Denn Gemeinde ist eine Schöpfung Gottes, mit ihm verbunden, an ihn geknüpft. Und wie wir Gott nie komplett verstehen werden, so ist es auch mit seiner Gemeinde, die schließlich ein Teil von ihm ist. Denn Jesus ist das Haupt des Leibes der Gemeinde. Die Gemeinde ist Gottes Körperschaft in dieser

Welt, sein Arm, sein Bein. Sein Herz schlägt in der Mitte der Gemeinde – und wer wollte Gottes Herz ergründen?

In der Abendmahlsliturgie leuchtet das Geheimnis der Gemeinde auf: „Wie aus vielen Körnern das Mehl gemahlen und ein Brot daraus gebacken wird und wie aus vielen Beeren zusammengekeltert Wein und Trank fließen, so lass uns in diesem Mahl ein Leib und Brot und Trank werden, dass wir uns einander schenken und hingeben." Hier verbindet sich auf eigenartige, unfassliche Weise Jesus selbst mit seiner Gemeinde und wird sein Tod zum Ferment des Leibes der Auferstehung, zum neuen Leben, das die Gemeinde zu allen Zeiten repräsentiert. Wir können nur immer wieder dieses Geheimnis Gemeinde annehmen als ein Geschenk Gottes, das uns mit ihm verbindet, und auch wenn wir nicht alles verstehen, dieses Geheimnis miteinander leben – mit Freude, Begeisterung und Mut.

Wir können dieses zweite Kapitel mit einem Rätsel abschließen:

Es hat keine Balken und schwimmt doch,

keinen Antrieb und fährt doch,

keine Kabinen und bietet doch Heimat,

keine Besatzung und doch viele Mitarbeiter,

kein Vergnügungsprogramm und doch langweilt sich niemand,

kein Ziel und hält doch Kurs,

keinen Zweck und verfolgt doch eine Absicht,

keinen Heimathafen und doch fährt es unter einer Flagge.

Es ist zeitlos und kommt doch rechtzeitig an,

es ist verletzlich und gefährdet und trotzdem geht es nicht unter.

Es schwimmt schon seit vielen hundert Jahren und ist doch nicht alt.

Was ist das?

Antwort: Das Schiff Gemeinde.

Wir werden das Rätsel Gemeinde nie endgültig lösen. Alles Rätselhafte in ihr verbindet uns nur immer wieder stärker mit Gott, der alles durchblickt und kennt. Die Gemeinde ist Gottes Schiff: Deshalb schwimmt sie auf den Wellen, deshalb ist sie unsinkbar. Gemeinde ist auch auf hoher See in Gott verankert: „Ein Anker, den man sieht, nützt zu nichts, aber ausgeworfen und wie verloren in den Abgrund des Meers hält er das Schiff, wenngleich wir das Tau noch sehen; ich meine damit die innere Neigung und das innige Streben unsres Gemütes, die in die

Tiefe gehen, um sich zu vereinigen mit und zu verlieren in Gott, unserer einzigen Zuflucht, Stütze und unserem einzigen Heil in Zeit und Ewigkeit." (Gerhard Tersteegen in: Wider die Melancholie, Wuppertal, 1985, Seite 37.)

Weil wir das ganz sicher wissen, weil wir unseren Halt kennen und als Gemeinde unsere Identität in Jesus Christus gefunden haben, kann die Reise losgehen: Leinen los!

PRAXIS: SCHRITTE ZUR GEMEINDE

1. Malen Sie in Ihrer Gemeinde oder Mitarbeitergruppe, Ihrem Hauskreis oder Leitungsteam ein Bild von Ihrem Gemeindeschiff: Wie sieht es aus? Beschreiben Sie dieses Schiff: Wer befindet sich an Bord? Wohin geht die Reise? Wo kommt es her? Wo wurde es gebaut? Wie ist seine Geschichte? Wo war es schon unterwegs? Überlegen Sie sich einen Namen für dieses Schiff: Was steht an seinem Bug?

2. Kommen Sie ganz bewusst als Gemeindegruppe vor Gott. Nehmen Sie sich Zeit, um gemeinsam auf Gott zu hören (30 Minuten). Halten Sie die Stille miteinander aus. Was sagt Gott zu Ihnen? Jeder teilt mit, was er in der Stille gehört hat. Das wird nicht kommentiert, sondern nur wahrgenommen. Hat jeder gesagt, was er gehört hat, überlegen Sie: Gibt es einen roten Faden? Wie verbinden sich die einzelnen Beiträge?
Wenn es keine Verbindung gibt, lassen Sie es stehen, suchen Sie keine eigenen Interpretationen.
Suchen Sie eine Antwort auf die Frage: Was sagt Gott uns gemeinsam?

3. Legen Sie Ihr Idealbild und Ihre Wunschvorstellung von Gemeinde ab. Wenn es geht, dann tun Sie es vor den Ohren andrer. Verzichten Sie bewusst auf die Erfüllung Ihres Gemeinde-Bildes.
Hören Sie als Gemeinde auf das Ja Gottes zu Ihrer Gemeinde. Geben Sie Ihre Antwort auf Gottes Ja, indem Sie immer wieder neu Ja zu Ihrer Gemeinde sagen, wie sie ist. Es ist auch das Ja zum Nächsten, zu den Gemeindegliedern, die Ihnen Mühe machen. Sprechen Sie dieses Ja vor Zeugen aus. Wenn möglich, führen Sie einmal im Jahr einen Gemeindegottesdienst durch, in der jedes Gemeindeglied laut und für alle anderen vernehmlich sein Ja zu dieser Gemeinde sagt.

4. Sammeln Sie alle Stärken Ihrer Gemeinde: Wo sind Sie als Gemeinde gut? Gibt es in Ihrer Gemeinde zwei bis drei Hauptstärken? Überlegen Sie sich: Wie setzen Sie diese Stärken ein?

5. Beschäftigen Sie sich mit der Geschichte Ihrer Gemeinde. Wann wurde sie gegründet? Wer hat die Gemeinde geprägt? Durch welche Krisen ist sie gegangen? Welche Antworten hat sie auf die ihr gestellten Herausforderungen gefunden? Dokumentieren Sie diese Geschichte für die nächsten Generationen.

6. Führen Sie in Ihrer Gemeinde immer wieder einen Abend durch, in dem Sie den gegenwärtigen Standort der Gemeinde markieren: Wo kommen wir her? Wo stehen wir gerade?
Halten Sie mit Dankbarkeit fest, was die Gemeinde im letzten Jahr erlebt, erlitten oder gearbeitet hat. Bringen Sie die Früchte, die durch das Leben der Gemeinde gewachsen sind, vor Gott. Sie gehören ihm!
Feiern Sie Gemeinde, nutzen Sie alle Gelegenheiten, um miteinander ein Fest zu gestalten. Wecken Sie immer wieder die Freude über Ihre Gemeinde in sich und anderen, indem Sie das Positive Ihrer Gemeinde hervorheben.
Reden Sie gut über Ihre Gemeinde, sie ist Gottes Schöpfung! Schauen Sie auf das, was in Ihrer Gemeinde gut läuft, und nicht auf das, was nicht funktioniert.
Wehren Sie allem Verächtlichmachen der Gemeinde.

7. Bleiben Sie in Ihrer Gemeinde – auch wenn es Schwierigkeiten gibt. Üben Sie Verbindlichkeit, seien Sie selbst verlässlich. Halten Sie an Ihrer Gemeinde fest: Sie ist das Geschenk Gottes für Sie – und gleichzeitig das ideale Trainingsfeld für Ihren Glauben!
Nehmen Sie den schwierigen Bruder, die schwierige Schwester als Gottes Übungsfeld von Liebe und Annahme – bei jemand, der Ihnen liegt, ist es ja keine Kunst.

8. Finden Sie die Mitchristen in Ihrer nächsten Nähe. Nehmen Sie Kontakt zu ihnen auf – auch über Gemeindegrenzen hinweg. Beschließen Sie, füreinander einzustehen, praktisch und im Gebet. Seien Sie füreinander da, informieren Sie sich über alles, halten Sie einen kurzen Draht zueinander, es könnte sich einmal auszahlen!

9. Seien Sie ein glaubwürdiges Zeugnis für die Liebe Gottes in Ihrer Nachbarschaft.
Suchen Sie Kontakt zu Nichtchristen. Sprechen Sie mit ihnen ganz natürlich, wo es geht, über Ihren Glauben. Seien Sie selbstbewusste Christen – nicht aufdringlich, aber ohne Minderwertigkeitsgefühle: Sie gehören zu einer Gemeinde, die aus Gottes geliebten Einzelteilen besteht und die er handverlesen zusammengefügt hat. Eine solche Gemeinde ist sicher auch interessant für Ihre Mitmenschen.

3. Leine: Ziele finden

ZIELORIENTIERTE GEMEINDEARBEIT

Nur die Mannschaft, die weiß, wo die Fahrt hingeht, wird den Hafen verlassen. Solange die Ziele nicht klar sind, bleibt das Schiff fest vertäut an der Hafenmole. Ist das der Grund, warum so manches Gemeindeschiff schon seit Langem unbeweglich an seinem Platz verharrt? Denken manche Gemeinden, sie müssten das Geheimnis Gottes hüten, indem sie es abschotten von der Welt und sich von ihr zurückziehen? Man will so viel, aber es passiert nichts. Jeder will etwas Eigenes – und deshalb blockieren sich die unterschiedlichen Absichten. Wo der Eigenwille zum allgemeingültigen Gesetz wird, läuft nichts mehr gemeinsam, kann das Schiff nicht auslaufen – jeder macht sich auf eigene Faust auf den Weg.

Ziele kann nur der entwickeln, der weiß, wer er ist. Wer zu seiner Identität gefunden hat, muss sich einbringen, er darf sich nicht zurückhalten! Die Ressourcen, die er in den Tiefen seines Wesens entdeckt hat, gehören eingesetzt, sonst würden sie verkümmern.

Aber wo sollen sie eingesetzt werden? Wie kann die Koordination der verschiedenen Gaben und Fähigkeiten gelingen, wie kann die Gemeinde als geschlossene Körperschaft agieren? Wie findet die Gemeinde ihre Zielrichtung, die zur gemeinsamen Stoßrichtung für alle wird?

Als Gemeindeberater beobachte ich einen Trend zur *zielorientierten* Gemeinde. Ich werde immer wieder eingeladen, um mit der Gemeinde Ziele zu entwickeln. Oft stelle ich dabei fest, dass die Frage nach den Zielen einer allgemeinen Unsicherheit entspringt, die den Zielfindungsprozess eigentlich unmöglich macht. Viele Gemeindeglieder erleben ihre Gemeinde als sehr komplex und unübersichtlich. Wenn man nun Ziele finden könnte, die für alle gelten würden, könnte man eine Schneise durch die verwirrende Vielfalt der Gemeinde schlagen. Die Ziele würden das Durcheinander ordnen und könnten eine Richtung geben. Man wüsste endlich, an was man sich zu halten hätte. Man müsste sich nicht orientierungslos im Kreis drehen, sondern hätte die Richtung vorgegeben, in die man gehen möchte. Deshalb wünschen sie sich eindeutige

Ziele, die möglichst vom Leitungskreis festgelegt der Gemeinde präsentiert werden.

Aber wer Ziele möchte, muss die Richtung bestimmen, und das bedeutet: sich entscheiden. Es ist nicht eindeutig, wer man als Gemeinde ist. Jeder sieht es anders. Alles ist möglich, niemand möchte sich festlegen. Wir leben in einer Multioptionsgesellschaft, das wird auch im Gemeindeleben spürbar. Aber das heißt: Es ist unmöglich, *eine* Richtung für *alle* vorzugeben. Damit hat sich der Zielfindungsprozess bereits im Vorstadium festgefressen.

In anderen Gemeinden wurden zwar Ziele formuliert, aber der erhoffte Motivationsschub blieb aus, die Gemeinde dümpelt nach wie vor vor sich hin.

In dieser Situation frage ich mich manchmal: Ist die Suche nach Zielen vielleicht eine Ausflucht? Wird deshalb so händeringend nach Zielen gesucht, um in Wirklichkeit nichts tun zu müssen? Denn trotz aller Entwicklung von Zielen beobachte ich selten, dass das Schiff Gemeinde in Fahrt kommt. Im Gegenteil, die sauber formulierten Gemeindeziele, die in einem Gemeindeleitbild verankert wurden oder in großen Plakaten (schon seit Längerem) im Gemeindesaal hängen, stumpfen eher ab. „Ziele", so wird müde abgewinkt, „haben wir bereits entwickelt. Aber niemand hält sich dran. Es haben sich zwar einige mit viel Energie in ihre Umsetzung investiert – aber dann sind auch die Eifrigsten erlahmt. Sie wollten nicht dauernd die sein, die auf die Ziele hinweisen." Ziele haben nur dann eine Wirkung, wenn der Großteil der Gemeindeglieder bereit ist, sie umzusetzen. Sind Ziele nur die Sache von ein paar wenigen Gemeindespezialisten, werden sie kaum eine große Auswirkung auf die Gemeindearbeit haben. Es wird dann doch jeder nur das tun, was er für richtig hält.

Wird die Gemeindeleitung ungeduldig, weil nichts vorangeht, werden Ziele zum Druckmittel: „Wir müssen tun, was wir beschlossen haben!" Die Zielerreichung wird wichtiger als das Miteinander auf dem Weg. Man kontrolliert sich gegenseitig und fordert vom anderen den nötigen Einsatz. Bringt er ihn nicht, wird der Druck erhöht. Entsprechend schlecht ist die Stimmung. Ziele müssen unter allen Umständen verfolgt werden – aber wie wird der Erfolg gemessen? Wann kann man sagen, dass die Zielgerade erreicht wurde? Welche Messzahlen zeigen an, ob man auf dem richtigen Weg ist? Wenn sich der Gottesdienstbesuch um 10% erhöht, wenn der Spendeneingang zunimmt (allgemein oder pro Kopf?), wenn die Mitarbeiterzahl steigt, die Hauskreisdichte größer wird oder der Liebesquotient wächst?

Weil sich Gemeinde nicht messen lässt, bleibt man lieber bei eher allgemeinen, übergeordneten Zielen:

Wir wollen missionarisch sein. Wir wollen geistlich wachsen! Wir nehmen unseren Platz in der Gesellschaft ein!

Solche Ziele lassen sich gut vermitteln, sie tun keinem weh, jeder kann sich ein Stück weit damit identifizieren. Aber es sind mehr Absichtserklärungen denn eindeutige Zielvorgaben. Es muss nicht wundern, wenn diese Ziele nichts bewegen. Alle nicken diese Ergebnisse ab und finden es gut, dass endlich klar ist, was Sache sein soll – aber in Wirklichkeit ist jeder froh, dass alles so bleiben kann, wie es ist, denn man muss keine Konsequenzen befürchten und vor allem nicht: selbst etwas tun.

Nicht nur, dass solche Ziele viel zu unkonkret und allgemein sind, sie haben auch keine ausrichtende und verbindende Wirkung, weil sie nicht aus der Mitte kommen. Sie sind beliebig wie alles andere auch. Ziele sind aber nur dann motivierend und fordern heraus, wenn sie sich mit dem Kern, der eigenen Identität verbinden. Es muss klar werden: Wir haben einen Auftrag! Gott sendet uns aus! Was wir tun, ist ein Ausdruck unseres inneren Selbstverständnisses. Wir können ja nicht anders: Wir müssen etwas tun! Was Gott uns zur Verfügung gestellt hat an Lebenskraft, Ideen, Kreativität, Wissen und innerer Stärke, muss eingesetzt werden – sonst werden wir uns selber untreu. Weil wir die Gemeinde Gottes sind, in der Gott selbst lebt, in die hinein er seinen ganzen Reichtum gelegt hat, legen wir ab und verlassen den sicheren Hafen mit Kurs auf das offene Meer. Als Gemeinde sind wir Abenteurer auf der Suche nach neuem Land. Wir brechen auf – und unsere Zelte ab, wir wagen das Ungewöhnliche! Unser Ziel ist, Gott dorthin zu bringen, wo er bisher noch nicht wahrgenommen wurde und wo Gottes Leben dringend nötig ist. Der Mensch muss wieder ins Blickfeld rücken, der bedürftige, verlorene Mensch ist das Ziel aller Bemühungen des christlichen Handelns! *Wie* wir als Gemeinde den Menschen das Leben Gottes vermitteln, das ist nun die Frage, die in

einem gemeinsamen kreativen Prozess der ganzen Gemeinde beant-
wortet wird.

RICHTUNGSSTREIT

Steigen wir dann schließlich in der Gemeinde in den Prozess um die
Zielfindung ein, dann erleben wir die ganze breite Vielfalt der Gemeinde. Es scheint kaum möglich, sich auf eine Richtung zu einigen. Jeder
hat seinen Blickwinkel und von daher auch seine Zieloption. Die Gemeinde fürchtet, in diesem Prozess um eine gemeinsame Sichtweise zu
zerbrechen. Weil die Gefahr besteht, dass die Frage nach einem gemeinsamen Ziel zu einer Zersplitterung der Gemeinde führt, wenn deutlich
wird, welche unterschiedlichen Ansätze bestehen, riskieren manche Gemeinden diesen Prozess erst gar nicht.

Es hilft nichts, hier zu beschönigen: Die Frage nach den Zielen in der
Gemeinde führt automatisch zu Konflikten – aber diese Auseinandersetzungen sind unbedingt nötig. Sie zu vermeiden, nimmt der Gemeinde die Chance, in die Tiefe zu wachsen. Die Gemeindeglieder müssen
ihre Unterschiedlichkeit erkennen, die Vielfalt muss sichtbar werden.
Das ist ein wichtiger Schritt zur Wahrheit – und erst diese Wahrheit
schafft die Voraussetzung, um voranzukommen. Man würde sich sonst
in einem Status quo einrichten, den gegenwärtigen Zustand festschrei-
ben und sich nicht trauen, daran zu rühren, um „keine schlafenden
Hunde zu wecken". Die Gemeinde wäre dann aber nur ein harmloser
Zusammenschluss von unterschiedlichen Menschen, die alle nur so tun,
als wären sie gleich und hätten die gleichen Ziele – sie wäre in ihrem
Handeln blockiert.

Die Gemeindeglieder müssen die Unmöglichkeit erkennen, mit ihren
Mitteln Gemeinde zu bauen. Sie müssen sehen, dass sie in ihren Un-
terschiedlichkeiten nicht zusammenpassen. Die speziellen Eigenarten,
Vorlieben und Wünsche der Einzelnen lassen sich – menschlich gesehen
– nicht zu einem Ganzen verbinden. Die vielfältigen Teile können nicht
harmonisch zusammengefügt werden. Gemeindebau ist ein unmögli-
ches Werk, es muss scheitern! Der eigene Versuch, alles „unter einen
Hut zu bekommen", gelingt niemals.

Je schneller eine Gemeinde das erkennt, desto besser. Die Gemeindeglieder schauen sich an und erkennen sich als konträre Wesen, die nicht miteinander können. Sie leiden unter diesem Zustand und verzagen, weil es ihnen nicht gelingt, dass aus vielen ein Ganzes wird. Genau das ist der Beginn eines neuen Anfangs: Das Eigene wird zerbrochen, damit das Gemeinsame wachsen kann. Das Samenkorn fällt in die Erde und stirbt, damit etwas anderes beginnt: Es wächst der Halm, an dem viele neue Samenkörner sitzen (Johannes 12,24). Aus dem Sterben des einen erwächst das Viele. Nur so kann der Zielfindungsprozess gelingen: Jeder gibt sich auf und stellt sich zur Verfügung für den neuen Anfang. Ziele erwachsen aus dem Sterben, dem Ende der eigenen Möglichkeiten – damit Gottes Möglichkeiten beginnen können.

Ziele legen fest oder es bleibt doch wieder alles offen. Es werden Entscheidungen getroffen, wohin es gehen soll. Wird die eine Richtung gewählt, sind die Gemeindeglieder verletzt, die in die andere Richtung gehen wollen. Wird aber umgekehrt entschieden, zieht sich die andere Gruppe beleidigt zurück. Wie auch entschieden wird, es gibt Leidtragende. Man wird schuldig aneinander – auch wenn man das eigentlich gar nicht möchte.

Diesem Dilemma auszuweichen und keine Entscheidung zu treffen und alles offen zu lassen würde ebenfalls bedeuten, dass sich die Gemeinde schuldig macht, denn dann würde das Gemeindeleben stagnieren – und Stagnation bedeutet Tod.

Wie man die Sache auch dreht und wendet: In der Frage nach den Zielen werden die Gemeindeglieder schuldig aneinander, erkennen sie ihre menschliche Unmöglichkeit.

Ziele haben mit der Frage nach der Schuld zu tun, denn Zielverfehlung ist die Grundwurzel der Schuld: Wenn wir als Einzelne und als Gemeinde das Ziel verfehlen, das Gott uns gesetzt hat, werden wir schuldig aneinander – und an ihm. Schuld bedeutet, dass man in der Macht eines anderen ist (Elias Canetti), man ist nicht mehr bei sich und geht nicht in der eigenen Richtung, man verliert das eigene, ursprüngliche Ziel aus den Augen, tut, was ein anderer will, und wird sich seiner Grundberufung untreu.

Es ist die große Angst des heutigen Menschen, die falsche Wahl zu treffen, das Richtige zu versäumen und den entscheidenden Moment zu verfehlen – also ins Nichts oder doch wenigstens ins Abseits zu geraten.

Eine Gemeinde aber, die in der Frage nach ihren Zielen ihre Schuld-
haftigkeit und Begrenztheit entdeckt, wird weise – denn sie findet zurück zu sich, zu ihren Wurzeln, zu dem, was Gott von ihr möchte. Sie
legt die Zwänge ab, die sie bestimmen wollen. Wer erkennt, dass er
Fehler macht, egal, was er auch tut, findet zur Demut, wird einfach, be-
scheiden und gibt sich zufrieden. Wer seine eigenen Ziele durchsetzt –
notfalls gegen die anderen –, wird stolz und verhält sich unbarmherzig.
Wer aber den anderen höher achtet als sich selbst und nach dem sucht,
was auch dem anderen dient (Philipper 2,3-4), handelt uneigennützig
und verhält sich barmherzig. Aber genau dieser Mensch befindet sich
auf der Zielgeraden Gottes, er verfehlt sein Ziel nicht – auch wenn es
den Anschein hat, dass er sich nicht durchgesetzt hat und er mit seinen
Vorstellungen gescheitert ist. Eine Gemeinde, die sich im Zielfindungsprozess klein, arm und bedürftig macht, indem sie alles Eigene ablegt,
ist dem Ziel Gottes sehr nahe.

Umgekehrt wäre es wie beim Turmbau von Babel (1. Mose 11,1-9):
Da sind Menschen, die sich das ehrgeizige Ziel gesetzt haben, einen
Turm zu bauen, der bis an den Himmel reicht. Sie wollen sich einen
Namen machen, darin sind sie sich einig. Mit ihren Zielen wollen sie
Gott erreichen, ihre menschlichen Leistungen erfüllen sie mit Stolz.
Aber Gott zerschlägt ihr Vorhaben und zerstreut sie. Er zerbricht ihre
Einmütigkeit und verwehrt ihnen die Erreichung ihrer eigenmächtigen
Ziele.

STRUKTUR UND EINHEIT

Um Ziele umsetzen zu können, braucht es Strukturen. Strukturen fördern, wenn es gut geht, die Abläufe des Lebens, in ihnen pulsiert die
Energie Gottes auf eine Weise, dass das Leben der Gemeinde jeden erreicht. Wenn es schlecht läuft, hindern die Strukturen das Leben, weil
sie es einengen oder sogar abwürgen. Aber Strukturen sind nötig, in
ihnen wird das Wesen der Gemeinde sichtbar. Sie sind der äußere, sichtbare Teil der Identität.

Früher war die Struktur der Gemeinde klarer: Es gab den Gottesdienst als die Hauptsache der Gemeinde, der Pastor kümmerte sich um
seine Schäfchen, die Christen hatten einen klar definierten Platz in der

Gesellschaft. Was hätten die Christen vor hundert Jahren wohl gesagt, wenn wir sie nach ihren Zielen gefragt hätten?

Nicht die Ziele und die dafür notwendige Struktur waren für sie wichtig, sondern der Glaube. Der Glaube des Einzelnen und der Glaube der gesamten Gemeinde spielten die größte Rolle. Die Gemeinde wollte (weitgehend) als die Schar der Gläubigen erkannt werden. Dieses Selbstverständnis hat sie verbunden und sie in ihrer Umgebung positioniert.

Normalerweise erleben wir aber heute, dass Strukturen spalten, indem sie differenzieren. Sie bilden zunehmend ein kompliziertes Gebilde aus Rollen, Aufgaben, Kompetenzbereichen, Informationskanälen, Kommunikationswegen, Entscheidungsrichtlinien, Zuständigkeiten, Funktionen und Verantwortungsträgern. Die Form siegt über den Inhalt, der Erhalt der Struktur nimmt mehr Kraft in Anspruch als das, was durch sie erreicht werden soll.

Die Ziele, die man ansteuert, setzen einen Apparat in Gang, der viel von der Kraft schluckt, die eigentlich in die Schritte zum Ziel gesteckt werden müsste.

Absprachen, neue Abklärung, gegenseitige Information, Überprüfung, Evaluation, Rückmeldung. Die gegenseitige Abstimmung, um auf Kurs zu bleiben und niemand in die Quere zu kommen, ist schwieriger geworden, weil hinter den Zielen sehr unterschiedliche Erwartungen und Vorstellungen stecken. Jeder hat seine eigene Definition, wie das jeweilige Ziel erreicht wird, jeder seinen eigenen Weg, um anzukommen. Immer wieder muss man sich neu verständigen: Haben wir eine gemeinsame Sicht? Wenn nein, beginnt die mühsame Klärung, um einander zu verstehen. Nichts ist eindeutig, nichts ist klar, alles braucht eine Vereinbarung. Arbeitskreise entstehen, um die Unterschiede im Zaum zu halten und koordinieren zu können.

Ist die Aufgabe des Koordinierungsausschusses erledigt, bleibt er bestehen, denn jetzt hat man sich ja gefunden, koppelt sich aber los vom ursprünglichen Anliegen und beschäftigt sich selbst. So reiht sich Ausschuss an Ausschuss, die Struktur wächst und wird immer unübersichtlicher. Viel Zeit und Kraft geht verloren und das eigentliche Ziel gerät aus dem Blick. Man trifft sich ja und redet miteinander, was will man mehr? Es war schwierig genug, sich zu einigen, freuen wir uns doch über die erreichte Gemeinsamkeit!

Findet man aber nicht zur Einheit, wirft man resigniert das Handtuch: „Bei uns geht das nicht!" Man wollte einheitliche Ziele für die Gemeindearbeit entwickeln und hat nun noch mehr das Gefühl, dass sich die Gemeinde in ganz unterschiedliche Zielrichtungen zersplittert.

Die Erkenntnis greift um sich: Die Sache mit den Zielen ist gar nicht so einfach. Eigentlich wollten wir, dass das Schiff Gemeinde endlich ablegt – und nun hat es sich noch mehr verhakt, und es sieht so aus, als würde es nie den Hafen verlassen können. Gibt es keine Lösung?

Nach einer komplizierten Beratung habe ich in mein Tagebuch notiert: *Einfach werden. Zurückkehren zum Anfang. Schauen, was wirklich wichtig ist. Alles beiseitelassen, was die Dinge so kompliziert macht. Einmal alle Aktenordner schließen und wegräumen. Sich an einem leeren Tisch gegenübersitzen. Sich anschauen, sich aushalten. Wahrnehmen, wer mein Gegenüber ist, hören, was er will. Jeder soll reden können: über seine eigenen Erwartungen und Vorstellungen. Sich verstehen: Warum siehst du das so? Warum bist du dieser Meinung? Was prägt dich?*

Jeder hat seine eigene Geschichte – und deswegen auch seine eigenen Wünsche. Daraus werden ganz persönliche Ziele.

Endlich einmal alle Erwartungen ablegen, leer werden. Ich habe alles gesagt. Ich weiß nichts mehr. Ich habe keine Vorstellung, wie es weitergeht. Ich habe keine eigenen Ziele mehr.

Ankommen bei sich selbst, ruhig werden. Nicht ständig mehr und anderes wollen. Zufrieden sein, wie es ist.

Was haben wir erreicht? Wer sind wir? Was hat uns Gott geschenkt?

Vor lauter Reden, Suchen, Differenzieren, Kooperieren, bei allen Kompromissen und mühsamen Ergebnissen haben wir übersehen, was Gott zur Verfügung stellt. Das ist viel! Das ist genug!

Miteinander eins werden. Die Vorbehalte ablegen. Nicht denken müssen: Ich muss mich durchsetzen. Eins werden zum Gebet. Gemeinsam die leeren Hände Gott hinhalten. Miteinander Gott fragen: Was willst du, Gott? Was willst du, was wir tun sollen? Was sollen wir mit dem tun, was du uns geschenkt hast?

Auf die Einheit kommt es an, auf die Einmütigkeit vor Gott: „Wenn zwei unter euch eins werden auf Erden, worum sie bitten wollen, so soll es ihnen widerfahren von meinem Vater im Himmel" (Matthäus 18,19).

VISIONEN

Wenn es um Ziele geht, ist es wichtig, wohin wir sehen: Sehen wir das halb leere oder das halb volle Glas? Schauen wir nach hinten oder nach vorn? Schauen wir auf unsere Möglichkeiten oder auf Gottes Geschenke? Was motiviert mehr, um in Bewegung zu kommen? Eine viel zitierte Weisheit lautet: „Wenn du ein Schiff bauen willst, so trommle nicht Leute zusammen, um Holz zu beschaffen, Werkzeuge vorzubereiten, Aufgaben zu vergeben und die Arbeit einzuteilen; sondern wecke in ihnen die Sehnsucht nach dem weiten, endlosen Meer" (Antoine de Saint-Exupéry). Tun wir das in der Gemeinde? Reden wir über die Weite des Meeres und den riesigen Horizont Gottes? Oder bleiben wir doch bei unserer eigenen kleinen Perspektive stecken, in den eigenen, begrenzten Möglichkeiten?

Wie können alle Gemeindeglieder zu einer gemeinsamen Sichtweise gelangen, vor allem dann, wenn jeder einen ganz eigenen Blickwinkel hat? Der Blick soll nach vorn gerichtet sein. Was ist dort zu sehen?

Das Wort von der „Vision" geistert seit einigen Jahren in den Köpfen von Gemeindeverantwortlichen. Ursprünglich bedeutet dieses Wort „sehen" – was sehen wir vor unserem inneren Auge, wenn wir uns die Gemeinde vorstellen? Ist es ein Traumbild oder Wirklichkeit? Wie stellen wir uns Gemeinde vor? Was soll Gemeinde sein? Wohin soll sie sich entwickeln?

Wird der Begriff „Vision" in Verbindung mit Zielen verwendet, rückt er in den Bereich von „visionären Eingebungen". Das Wort bekommt eine schillernde, geladene, problematische Sichtweise. Die Vision soll mich begeistern, aus dem Sessel reißen, mich so in Bewegung setzen, dass ich die Anstrengungen des Aufbruchs gar nicht spüre.

Jemand hat eine Vision – das bedeutet: Er hat eine prophetische Eingebung. So wird es sein! Das ist ultimativ, endgültig so! Eine Prophetie aber kommt von Gott – heißt das dann, dass dieses Bild von Gemeinde zugleich Gottes Vorstellung von ihr ist? „Visionäre Leitung" bedeutet: Die Leiter haben eine klare Zielvorstellung von dem, wohin die Gemeindearbeit laufen soll. Die Vorgaben sind eindeutig und unveränderlich. Visionen sind oft verschüttete Ziele, die in einem umfassenden Anspruch daherkommen – ohne dass sie genauer definiert werden. Wer eine Vision hat, sieht etwas, er zeigt den anderen das innere Bild – und verlangt von ihnen: „Ihr müsst das auch so sehen!" Nach meiner Beobachtung steckt hinter dem Begriff „Visionen" viel heiße Luft, denn fragt man nach, was damit gemeint ist, erhält man meistens allgemeine Plattitüden zur Antwort.

Bilder haben eine starke Wirkung, sie erreichen die innere Wahrnehmung, ohne durch die bewussten Filter des kognitiven Denkvermögens zu gehen. Deshalb baut die Werbung auf Bilder, sie will damit den unmittelbaren Zugriff zu unserem Verhalten bekommen. Bilder prägen sich ein, werden statisch, prägen unsre Vorstellungen. Man kann sich den Bildern, die auf uns einstürmen, nur schwer entziehen.

Der christliche Glaube dagegen ist ein Glaube des Wortes. Er beruft sich auf das Hören. Beim Hören können die Zwischentöne wahrgenommen werden, mehr als gesagt wird. Beim Sehen bleibt es meist bei den äußeren Formen. Wenn es etwas zu sehen und zu hören gibt, dann fordert das Sehen die ganze Aufmerksamkeit, die Zwischentöne werden nicht mehr wahrgenommen. Was gehört wird, muss verarbeitet und eingeordnet werden, hören ist mühsamer als sehen. Wer hört, muss eigene Bilder erzeugen und sich um ein inneres Verständnis bemühen. Damit ist Hören aber ein dynamischerer Vorgang, der den einzelnen Menschen stärker mit einbezieht. Wir wollen sehen – aber der christliche Glaube beruht auf dem festen Vertrauen auf Gott über alles Sichtbare hinaus (Römer 8,24-25, 2. Korinther 5,7). Wir wollen Erfahrungen machen, etwas fühlen – dabei ist eine tiefe innere Gewissheit nötig, die auf einer klaren Entscheidung beruht.

Verführerisch ist, dass Bilder eine uniformierende Eigenschaft haben. Wer Bilder sieht, will ihnen entsprechen, sich ihnen angleichen, sie nacherleben. In der Gemeinde kann das ja ein sehr erwünschter Effekt sein: Durch die gemeinsame Vision entsteht eine einheitliche Sichtweise, werden viele unterschiedliche Menschen gleichgeschaltet. Visionen stiften Einheit, weil alle das Gleiche sehen und sich nach dem gleichen Vorbild orientieren, ein faszinierendes Wir-Gefühl entsteht.

Aber ist das im Sinne Gottes?

Besteht nicht die Gefahr, den eigenen Traumbildern auf den Leim zu gehen? Sind Visionen nur der Ausdruck unserer inneren Zustände, sozusagen Seelenkino nach außen? Melden sich in den Visionen unsere

Wunschvorstellungen? „Wer Visionen hat, halluziniert", sagte der frühere Oberbürgermeister von Stuttgart, Manfred Rommel.

Visionen werden leicht zu Utopien – das sind losgelöste, nicht mehr realistische Vorstellungen von der Zukunft. Sie platzen, wenn sie in der Wirklichkeit ankommen oder etwas stärker hinterfragt werden.

Ich erlebe immer wieder, wie solche Seifenblasen platzen, manchmal mit einem Donnergetöse. Eine ganze Gemeinde hat sich auf eine Vision eingelassen, die ihr von außen angetragen wurde. Sie hat sie angenommen und ist in sie hineingekrochen wie in ein Gewand, das ihr viel zu groß war. Die Gemeindeglieder haben sich redlich bemüht, diese Vision zu erfüllen, also dem Bild zu entsprechen, das diese Vision vorgab. Aber sie sind daran müde geworden. Sie haben sich ein Image gegeben, das ihnen nicht entsprach, und sind daran gescheitert. Das ist frustrierend. Wer erlebt hat, wie große Worte auf einmal in der Wirklichkeit ganz klein und bedürftig aussehen, wird in Zukunft misstrauisch sein und eher vorsichtig oder zurückhaltend auf weitere Zielvorgaben reagieren.

Folgende Fragen habe ich mir vor einiger Zeit in mein Tagebuch notiert: *Warum muss sich jede Gemeinde in den letzten Jahren einen Beamer anschaffen? Kommt das alleinige Wort nicht mehr an? Die Predigt wird unterstützt mit Bildern, Grafiken, Cartoons, lustigen Animationen. Die wichtigsten Sätze werden auf die Leinwand projiziert, sie tanzen, drehen sich, federn ab oder rollen sich von hinten nach vorn. Was bleibt von einer solchen Predigt hängen, die mit vielen auflockernden Elementen gespickt ist? Hat das Wort dann noch Kraft, sich zu verankern – oder überdeckt die Ablenkung durch das Äußere den Inhalt?*

Die Zuhörer sind nicht mehr beim Prediger, sondern bei der Leinwand. Sie hören nicht mehr auf die Zwischentöne, sehen nicht mehr die Person, die Gottes Wort verkündigt – sondern sind mit dem grafischen Zierwerk beschäftigt. Natürlich hat es der heutige Mensch schwer im Zeitalter der visuellen Medien, sich auf das Wort zu konzentrieren. Er braucht Bilder, einfache, gängige Schlagzeilen, die sich einprägen. Aber reicht das für das Wort Gottes? Müssten wir nicht wieder lernen zuzuhören, aufmerksam zu lauschen – nicht nur auf das, was von der Kanzel verkündigt wird, sondern vielmehr auf das, was Gott uns sagen möchte? Ist Gottes Stimme auf diese Weise zu vernehmen?

Oft erlebe ich auch, dass die Technik nicht richtig funktioniert und viel Zeit benötigt wird, um Beamer und Computer zu vernetzen. Statt zum gemeinsamen Gebet vor einem Vortrag wird die Zeit dafür verwendet. Fällt die Technik während des Vortrages aus, muss sich der Redner entscheiden, ob er abbricht oder ob er sich ganz auf seine Worte verlassen kann.

Damit wir uns nicht falsch verstehen: Ich habe nichts gegen Visionen. Ich arbeite in der Gemeindeberatung selbst sehr viel mit Bildern. Aber ich sehe dabei immer wieder: Bilder müssen interpretiert und verstanden werden. Über Bilder muss man reden. Jeder sagt, was er bei dem jeweiligen Bild sieht. Nur gemeinsam gibt es einen Gesamteindruck. Visionen sind zunächst nichts weiter als Impulse, die zum Nachdenken anregen. Sie müssen aufgenommen, rezipiert und etwas Eigenes werden, dann erst gewinnen sie ihre eigene Kraft.

Leitbilder

Und das ist der Haken an der Sache: Die Bilder gewinnen ihre eigene Kraft. Sollen Bilder ein Ersatz sein für die Kraft Gottes? Braucht die Gemeinde, die Gott verloren hat, ein Bild, um sich orientieren zu können? Weisen die Bilder darauf hin, dass Gott in den Hintergrund geraten ist?

Im Volk Israel war es auffällig, dass es sich immer dann, wenn es sich von Gott entfernte, eigene Gottesbilder zimmerte. Es machte sich ein Vor-Bild nach seinem Herzen und seinen Vorstellungen und entfernte sich dabei noch weiter von Gott. Weil es etwas Gegenständliches vor Augen haben wollte, gestaltete es sich einen Götzen.

Sind unsere Vorbilder zu Götzen gewordene Figuren an der Stelle Gottes? Soll die Kraft von diesen inneren oder äußeren Bildern ausgehen statt vom lebendigen Gott?

Diese Fragen kommen mir, wenn ich mit Leitbildentwicklungen in den Gemeinden zu tun habe. Denn hier passiert das Gleiche: Die Menschen schaffen sich ihr Bild von der Gemeinde. Die Form bekommt eine übergroße Bedeutung, sie muss auffällig, besonders, interessant sein: „Wir wollen eine attraktive Gemeinde sein", ist das Motto, „Wir wollen auffallen im Grau der Masse." Es ist verständlich: Der religiöse Mensch sucht sich Konkretionen, weil er das Unfassliche anschauen und anfassen will. Das gibt Bestätigung und Gewissheit. Aus dem Vorbild wird ein Leitbild, dem man hinterhergehen kann, es gibt die Richtung an. Aber ist es die richtige Richtung? Tragen wir dann nicht unsere eigene Vorstellung, unsere Wünsche und Bedürfnisse als Götzen vor uns her und sagen zu ihnen: „Das ist unser Gott, so wollen wir sein"?

Die Gefahr bei Leitbildern ist die, sich eine eigene, willfährige Zukunft zu erschaffen, die dem Zweck dient, der tatsächlichen Zukunft nicht ins Auge schauen zu müssen. Sie werden zum Schutzschild vor der Angst vor dem Ungewissen, das unberechenbar vor einem liegt, eine Abwehr unliebsamer Befürchtungen. Denn es ist mir lieber, ich erfinde meine Zukunft selbst und weiß damit genau, was auf mich zukommt – denn was ich selber gestalte, habe ich im Griff, da werde ich nicht überrascht. Ich erfinde die Zukunft, um ihr Lizenzgeber zu sein, ich kann dann nach meinem Belieben und Vermögen über sie verfügen. Aber eines vergesse ich dabei: Ich pfusche Gott ins Handwerk, ihm allein gehört die Zukunft.

„Ein Leitbild ist eine Grundorientierung, ein Entwurf für die Zukunft, der seine Wurzeln in unserer Herkunftsgeschichte hat. Zukunft hat und braucht Herkunft." (Friedrich Schorlemmer in: Woran du dein Herz hängst, Freiburg, 2006, Seite 28.) Manche Gemeinden sind so sehr mit ihrer Zukunft beschäftigt, mit den Leitbildern, die sie dorthin führen sollen, wo sie sich die Zukunft vorstellen, dass sie gar nicht mehr im Hier und Jetzt sind. Im Hier und Jetzt ankommen bedeutet: sich sehen, wie man ist. Sich keinen rosigen Anstrich geben, wie man einmal sein möchte, sondern sich der gegenwärtigen Bedürftigkeit und Armut stellen. Bei Gott ankommen, der immer ein Gott des Heute ist, und ihm vertrauen, dass er in die Zukunft führt. Er hat das getan beim Volk Israel in den langen Jahren der Wüstenwanderung: Er ging ihnen voran bei Tag in einer Wolkensäule und bei Nacht im Feuerschein. Er war verborgen, unerkannt, verdeckt unter ihnen im Allerheiligsten der Stiftshütte. Es war dem Volk Gottes nicht erlaubt, sich ein Vorbild zu schnitzen, denn sie hatten den lebendigen Gott. Für uns heute ist es Jesus: Er ist der Mensch, Sohn Gottes unter uns, in unserer Mitte. Er ist unser Vorbild, er ist das Leitbild. Ihm soll die Gemeinde nachfolgen. Er führt in die Zukunft, die Ewigkeit heißt. Jesus ist für uns heute die Vergegenständlichung des Glaubens, mehr braucht es nicht. Unsere Aufgabe ist es lediglich, an jedem Tag aufs Neue auf seine Stimme zu hören und ihr heute zu gehorchen – das Morgen liegt in seiner Hand. „Heute, so ihr seine Stimme hören werdet, so verstocket eure Herzen nicht ..." (Hebräer 3,7) – die Zukunft beginnt, wenn wir unsere Herzen öffnen.

Auftragsorientierte Gemeinde

Wie kann Jesus das Leitbild für die Gemeinde sein? Welche Vision ergibt sich für die Gemeinde, die Jesus nachfolgt? Welche Ziele ergeben sich für die Gemeinde aus ihrem Vorbild Jesus?

Die Ziele, die sich aus dem Auftrag Jesu an seine Gemeinde entfalten, haben immer mit dem Leben zu tun: Es geht darum, das Leben zu fördern. Es geht nicht um den Erhalt von Strukturen, Besitzstandswahrung oder Organisationsaufbau – nicht der Bau des Schiffes ist das Wesentliche, sondern der weite Horizont Gottes.

Es kommt nicht an erster Stelle auf die Struktur der Gemeinde an, sondern auf ihren Inhalt. Der Inhalt ist der Auftrag Jesu an seine Gemeinde – und der steht unverrückbar fest. Es ist der Missionsauftrag, den Jesus kurz vor seiner Himmelfahrt den Jüngern gegeben hat: „Gehet hin in alle Welt und machet zu Jüngern alle Völker ..." (Matthäus 28,19).

Mit diesem Auftrag verbindet sich die Verheißung, dass Jesus seine Gemeinde in der Erfüllung dieser Aufgabe nicht allein lässt – weil ihm von seinem Vater alle Macht gegeben ist (Matthäus 28,18). Er hilft ihr dabei, er ist ihr unmittelbar nahe.

Der Auftrag ist unumstößlich klar und fest, die Ziele, die sich daraus ergeben, müssen sich immer wieder verändern, weil die Umsetzung des Auftrags eine Anpassung an die jeweilige Situation benötigt. Trotzdem sind die Ziele nichts ohne den Grundauftrag, an ihm orientieren sie sich. Der Grundauftrag ist bekannt, ihm ordnet sich jeder in der Gemeinde unter und jeder fragt sich: Was ist mein Beitrag, damit dieser Auftrag ausgeführt werden kann?

Die Ziele, die aus dem Grundauftrag erfolgen, sind messbar, überprüfbar, terminierbar, es sind konkrete Schritte, die jeder mitgehen kann. Besser ist es dabei, kleine Schritte zu gehen als so große, dass doch die meisten nicht mitkönnen und auf der Strecke bleiben: „Eigentlich habe ich mir ja eine konkrete Sache vorgenommen – aber ich habe es doch nicht geschafft!" Dann war der Schritt zu groß und ich muss kleinere Brötchen backen – Hauptsache, ich mache überhaupt einen Schritt nach vorn!

Der Missionsauftrag sendet die Gemeinde in die Welt, aus dieser Sendung ergibt sich alles andere: Die Gemeinde hat das Ziel, dass Menschen zu Jesus finden, dass Reich Gottes gebaut wird und Gottes lebendige Gegenwart bezeugt wird.

Das heißt, dass es in der Arbeit nicht um schöne Gottesdienste geht, um Gemeindeaufbau, um erbauliche Predigten, um eine aktive Gemeindearbeit, um gesunde Strukturen oder intensive Kleingruppen. Das alles sind lediglich sekundäre Ziele, die sich aus dem Hauptziel ergeben, Menschen mit dem Leben Gottes in Kontakt zu bringen. Darum gibt es die schönen Gottesdienste, den Gemeindeaufbau, die erbaulichen Predigten, die aktive Gemeindearbeit, die gesunden Strukturen, die intensiven Kleingruppen. Es geht um den Menschen, der Gott braucht! Wir verwechseln in unserer Gemeindearbeit das Unmittelbare mit dem Mittelbaren, das Zweitrangige mit der Hauptsache, Ursache und Wirkung, Ziel und Methode. Das Ziel sind die Menschen, die verloren gehen, die Methoden sind alles, was dazu dient, die Menschen zu erreichen: Gottesdienste, Gemeindeaufbau, Predigt, Gemeindearbeit, Strukturen und Kleingruppen. Das eine sind die Ziele, das andere die konkreten Schritte, die zum Ziel führen – wir dürfen beides nicht verwechseln. Ziele sind fest, aber die Schritte dorthin können sich ändern – und die Ziele orientieren sich an dem grundsätzlichen Auftrag Gottes für seine Gemeinde.[4]

Wenn wir wissen, worauf es ankommt, dann können wir die Ziele, die wir uns vornehmen, mit Gottes Verheißungen verknüpfen. Weil es dann nicht mehr um uns selbst geht, sondern um den Auftrag, spüren wir Gottes Beistand, seinen Nachdruck, er unterstützt uns auf seine Weise. Als Jesus seinen Jüngern den grundsätzlichen Auftrag gegeben hat, verband er ihn mit der Zusage: „Ich bin bei euch alle Tage bis an der Welt Ende" (Matthäus 28,20).

Ohne Gottes Schubkraft sind die eigenen Ziele lediglich unsere Ab-

---

4 Wie eine Gemeinde ihren Auftrag herausfindet, ist in Anhang 3 ausführlicher beschrieben.

sichtserklärungen, verbunden mit Gottes Kraft entfalten sie ihre motivierende Perspektive. Wir müssen diese Ziele nicht aus eigener Kraft umsetzen! Wir arbeiten an Gottes Seite! Wir setzen *seine* Ziele um! Wir sind mit ihm zusammen an der Arbeit, diese Welt zu retten, eine Arbeit, die er vor langer Zeit begonnen hat, durch alle Zeiten fortführte und nun auch mit uns bewerkstelligt. Das zu wissen hilft, auch die größten Schwierigkeiten zu bewältigen.

Es ist ein feiner, aber entscheidender Unterschied, ob wir sagen: „Wir sind eine evangelistische Gemeinde" – und uns dann mühsam überlegen: „Wo? Wie? Warum?", oder ob wir sagen: „Wir bauen mit an Gottes Reich – wie schon viele Generationen vor uns. Wir handeln im Auftrag Gottes. Wir führen in seiner Vollmacht Menschen zu Jesus. Er ist bei uns, wenn wir seinen Auftrag umsetzen – wie er schon bei den Menschen vor uns war und nach uns sein wird."

Wenn der Auftrag klar ist, ergeben sich die Ziele daraus wie von selbst. Der Auftrag motiviert, denn wer beauftragt ist, hat auch Verantwortung. Er muss irgendwann Rechenschaft ablegen, was er getan, wie er ihn erfüllt hat. Der Auftrag verbindet mit dem Auftraggeber. Haben wir vielleicht in unseren Gemeinden den Auftraggeber aus dem Blickfeld verloren? Ist es deshalb so schwierig geworden, Ziele zu finden? Denken wir, wir müssten uns selber Zielvorgaben liefern, weil wir auf uns selbst geworfen sind? Aber Ziele, die wir uns selbst setzen, bleiben leicht unter unseren Möglichkeiten, zwingen uns nicht dazu, Grenzen zu überschreiten.

Denn ein Auftrag verpflichtet. Die Ausführung fordert uns heraus, sie verlangt unseren Einsatz – vielleicht bis über unsere Grenzen hinaus. Der Auftrag fordert alles von uns, den Einsatz unserer ganzen Existenz – das ist für manche zu viel.

Nur wenn wir uns persönlich zur Verfügung stellen und dazu bereit sind, uns als Teil des Ganzen zu sehen, kann der Auftrag erledigt werden. Wir dürfen uns nicht selbst zurückhalten und schonen! Ohne die innere Bereitschaft, alles zu geben, hat ein Zielfindungsprozess keine Chance, bleibt er immer in oberflächlichen Willensbekundungen hängen!

LERNENDE GEMEINSCHAFT

Um den Auftrag ausführen zu können, braucht die Gemeinde flexible Strukturen. Leitvorstellungen sind nötig, die sich der jeweiligen Situation anpassen. Gerade heute in unserer schnellen Zeit muss man sich immer wieder den sich verändernden Gegebenheiten anpassen. Nichts wäre kontraproduktiver zu dem Auftrag Gottes für seine Gemeinde, wenn wir in den Gemeinden nicht immer wieder neu nach den Bedürftigkeiten und Notlagen fragen würden. Festgeschriebene Ziele, starre Pläne, möglichst für eine lange Zeit fixiert, machen unbeweglich. Jesus macht das in einem Gleichnis deutlich: Da fällt ein Mensch unter die Räuber, er ist in einer akuten Notlage. Zwei Mitmenschen gehen an ihm vorbei. Sie haben ihre festgelegte Zielvorgabe: Sie wollen in den Tempel, um dort zu Gott zu beten und ihren vorgeschriebenen Dienst zu verrichten. Sie schauen nach vorn und nicht nach unten, wo der armselige Mensch zu finden wäre. Der Dritte (ein Ausländer) erkennt, dass er hier gefragt ist, er erkennt in dem Geschundenen seinen Auftrag zu helfen, er sieht die naheliegende Herausforderung und tut, was er kann (Lukas 10, 25-37).

Die Umsetzung des Auftrags in starren Plänen und festgelegten Vorgaben hindern das Leben, sie geben den Eindruck, beschäftigt zu sein, aber sie gehen an dem eigentlichen Sinn des Auftrags, das Leben zu fördern und Gottes Liebe zu leben, vorbei.

Die Konsequenzen, die sich aus Gottes Auftrag ergeben, müssen immer wieder angepasst werden: Sind wir noch auf dem richtigen Weg? Tun wir das Richtige? Erfüllen wir Gottes Auftrag – oder sind wir schon wieder bei unseren eigenen Plänen? Beschäftigen wir uns mit der Gemeindearbeit oder kümmern wir uns um die Menschen, die Gott uns vor die Füße legt?

Eine *offene* Struktur ermöglicht den Prozess des gemeinsamen Suchens und Fragens: „Was ist jetzt dran? Was sollen wir heute tun?" Die Gemeinde ist eine lernende Organisation, ein Zusammenschluss von Menschen, die sich gegenseitig helfen, auf dem Weg zu bleiben. Sie ermutigen sich gegenseitig, wachsam zu sein und mit offenen Augen durch die Welt zu gehen. Sie motivieren sich zum Risiko, fordern sich heraus und reizen sich gegenseitig an „zu allem guten Werk" (Hebräer

10,24). Jede Erfahrung lehrt sie, in jeder Erkenntnis steckt der Impuls für einen neuen Schritt. Das gemeinsame Gespräch ist fruchtbar und aufbauend, das Miteinander begeisternd. Sie ermutigen einander, Entscheidungen zu treffen, sie suchen Kompromisse, sind aber auch bereit, Beschlüsse zu fassen, die nicht von allen mitgetragen werden. Sie werden schuldig aneinander, deshalb sind sie jederzeit vergebungsbereit. Die Ziele, die sie festlegen, sind wie Wegmarkierungen, die dazu beitragen, dass jeder seine Spur finden kann. Jeder entdeckt seinen Beitrag zur Umsetzung der gemeinsamen Ziele, jeder kennt seinen Platz, wo er sich einbringen kann, sodass die Gemeinde insgesamt vorankommt auf ihrem Weg zum Ziel.

Im Gegensatz dazu sind *geschlossene* Strukturen starr und festlegend. Das Ziel wird zum Befehl, die gemeinsame Richtung zum Muss, zur Doktrin. Es geht nur um Richtig oder Falsch. Alle müssen in der Spur bleiben, sonst werden sie getadelt und beschämt. Wer ausbricht, gehört nicht mehr dazu.

Flexible, offene Leitvorstellungen von der Struktur der Gemeinde sind:

- Netzwerk
- Lerngemeinschaft
- Spannungsfeld
- Ort der Kommunikation und Kooperation (Gemeinwesen)
- wachsende Gemeinde (erwachsen werdende Gemeinde)
- Gemeinschaft der Befreiten, Erlösten
- Ort der versöhnten Vielfalt (die Einheit der versöhnten Verschiedenen oder die gelebte Verschiedenheit der Versöhnten)
- Ort der Angenommenen in ihrer Unterschiedlichkeit
- konziliare Weggemeinschaft
- Gemeinde als Lebensraum
- Heimat im Unbehaustsein
- Feld des Engagement (Herbert Lindner)
- Zufluchtsort ohne Sicherheitsgarantie
- Ausgelieferte und doch Bewahrte
- exterritoriales Gelände mitten in der Welt
- Sammlungsort mit Sendungsimpuls
- Raum der Freiheit inmitten einer Welt der Festlegungen

- Hausgenossenschaft mit offenen Türen
- Hilfs-, Lern- und Festgemeinschaft auf Gegenseitigkeit

Diese Leitvorstellungen helfen, wachsam zu sein, die aktuelle Notlage der Menschen zu erkennen, zu sehen, wo man heute und jetzt gefragt ist.

3. LEINE LOS: UNTERWEGS SEIN

Die Ziele sind klar, die Gemeinde geht los. Das Schiff Gemeinde legt ab. Wohin geht die Fahrt? Hinaus aufs Meer.

Die Gemeinde ist nicht zielorientiert, sondern auftragsorientiert. Es geht ihr nicht darum, Ziele zu erreichen, sondern den Auftrag auszuführen. Der Auftrag ist das Ziel! Er muss immer wieder neu entdeckt und für jede Generation erschlossen werden. Die Frage, die die Gemeinde zu allen Zeiten beschäftigt, heißt: Wie erledigen wir Gottes Auftrag?

Heute machen sich viele Menschen auf den Weg, um irgendwo anzukommen. Sie möchten so schnell wie möglich am Ziel sein. Der Zwischenraum zwischen dem Aufbruch und dem Ankommen ist wie eine Nicht-Zeit. Während sie unterwegs sind – oder auch schon lange vor dem Aufbruch – beschäftigen sie sich mit dem Ziel und stellen sich vor, wie es sein wird, wenn sie angekommen sind. Die Zeit dazwischen nehmen sie gar nicht richtig wahr, sie bemerken höchstens, wenn die Fortbewegung stockt, weil ein Hindernis auftaucht. Dann werden sie ärgerlich und ungeduldig, denn das passt nicht in ihre Pläne. In ihren Gedanken und Vorstellungen sind sie ja bereits angekommen. Am besten wäre es, man könnte sich vom Hier zum Dort beamen ohne einen Zeitverlust. Dabei ist gerade die Zeit des Unterwegsseins die wichtigste Zeit, in der viele Begegnungen und Erfahrungen möglich sind.

Als wir unsere Kreuzfahrt antraten, wollten wir an keinem Tag, dass das Ziel möglichst schnell erreicht würde. Wir wollten unterwegs sein und genossen die vielen Eindrücke auf der Strecke.

Die Gemeinde muss lernen, unterwegs zu sein. Es ist nicht gut, wenn sie sich zu viel mit dem Ziel beschäftigt und sich wünscht, sie wäre endlich dort. Denn sie wird ihr Ziel nie schnell erreichen. Ihr Auftrag ist es, unterwegs zu sein und zu bleiben. Wenn sie irgendwo ankommt, dann höchstens vorübergehend. Alle Hindernisse und Schwierigkeiten des Weges gehören zu ihrem Auftrag. Es geht nicht darum, sie möglichst schnell zu überwinden, die Widrigkeiten zu beseitigen, um endlich anzukommen.

Die Gemeinde ist nie am Ziel, das muss sie sich immer wieder klarmachen, denn ihr Ziel ist der Heimathafen in Gottes Ewigkeit. Erst wenn sie dort ist, ist sie angekommen. Vorher ist sie unterwegs.

Manchmal habe ich es als Gemeindeberater mit Gemeinden zu tun, die unzufrieden sind, obwohl sie alles erreicht haben, was sie sich vorgenommen haben. Ihnen versuche ich zu zeigen, dass sie niemals fertig sind, den Auftrag Gottes auszuführen.

Manchmal erlebe ich Gemeinden, die sehr zufrieden sind in dem Gefühl, genau im Plan ihrer Vorgaben zu sein. Sie möchte ich fragen, ob sie noch dabei sind, Gottes Auftrag auszuführen, oder ob sie ihren eigenen Zielen folgen.

Wieder andere Gemeinden haben sich auf den Weg gemacht und spüren, dass es noch ein weiter Weg ist bis zum Ziel. Sie sagen: „Wenn wir gewusst hätten, wie weit es bis zum Ziel ist, wären wir nie losgegangen." Ihnen sage ich, dass sie nicht nur dann eine gute Gemeinde sind, wenn sie pünktlich am Ziel ankommen, sondern dass sie eine gute Gemeinde sind, wenn sie aufmerksam und wach ihren Weg gehen: „Herr, was sollen wir jetzt als Nächstes für dich tun?"

Daneben gibt es Gemeinden, die sich so sehr mit der Zukunft beschäftigen, dass sie gar nicht mehr im Heute leben. In ihnen ist die Zukunft bereits angebrochen. In ihren Vorstellungen sind sie schon am Ziel, sie sind fast schon eine vollendete Gemeinde. Ihnen mache ich klar, dass das Heute wichtiger ist als das Morgen, sie sollen im Hier und Jetzt ankommen – aber ohne das „Noch-nicht" aus den Augen zu verlieren. Im „Noch-nicht" steckt die Sehnsucht nach dem Horizont, steckt der Antrieb zur Fahrt ins Ungewisse: „Wir haben hier keine bleibende Stadt, aber die zukünftige suchen wir" (Hebräer 13,14). Das Fernweh zeichnet die lebendige Gemeinde aus: „Wir wollen immer wieder aufbrechen zu neuen Horizonten. Wir wollen das Bestehende aufsprengen und hinausgehen. Wir wollen dorthin gehen, wo die Menschen sind, die unsere Hilfe brauchen!"

Und dann gibt es die Gemeinden, die lieber nicht Ausschau halten nach irgendwelchen Zielen, die lieber ganz im Hier und Jetzt bleiben, weil sie Angst vor einer ungewissen Zukunft haben. Sie fürchten, dass sie der Auftrag Gottes überfordern würde. Sie liegen im Hafen fest und warten darauf, bis sie irgendwann einmal in der Lage sein werden, die Fahrt zu wagen. Ihnen wäre ans Herz zu legen: „Schaut nicht auf eure Bedürftigkeit, auf eure kleine Kraft (Offenbarung 3,8). Tut, was ihr jetzt könnt, und macht dabei die Erfahrung, dass die Kräfte und der Mut zunehmen. Schaut auf den Auftrag, den Gott auch euch gegeben hat, er wird euch nicht überfordern – aber herausfordern. Ihr könnt es wagen, weil er euch helfen wird, seine Ziele für euch zu erreichen, denn Gottes Ziele sind sehr individuell – genau richtig für jeden." Vielleicht bekommt diese Gemeinde den Mut, wenigstens Hafenrundfahrten anzubieten – als Vorlauf für den Moment, wenn sie dann richtig auf große Fahrt geht.

Das Entscheidende ist: Gottes Auftrag bedeutet für die Gemeinde, dass es nicht um ihr *Tun*, sondern viel mehr um ihr *Sein* geht. Die Gemeinde ist Gottes Tempel in dieser Welt, hier ist Gott gegenwärtig. Die Gemeindeglieder sind die Priester Gottes in diesem Tempel. Ihr Auftrag ist der priesterliche Dienst vor Gott: Sie beten Gott an, sie bringen die Not und Schuld der Menschen vor Gott und sie teilen den schuldig Gewordenen die Versöhnung Gottes mit. Als Priester wenden sie sich der Welt zu und sprechen den Segen Gottes über ihr aus – das heißt: Sie legen Gottes Güte, seinen Frieden, seine Lebenskraft auf die Menschen. Sie können das im Auftrag Gottes tun, weil sie dazu berufen sind, königliche Priester zu sein, das auserwählte Geschlecht, das heilige Volk, das Volk des Eigentums … (1. Petrus 2,9).

So können sie es wagen, die Fahrt hinaus aufs offene Meer zu beginnen! Denn sie wissen: Wir sind berufen, ausgesandt und bevollmächtigt! Wir sind Boten des allmächtigen Gottes! Wir sind nicht im eigenen Namen unterwegs, sondern in dem Namen Gottes.

Dort draußen auf dem Meer findet die Gemeinde ihre Bestimmung. Dort sind die Menschen, zu denen sie gesandt ist: Verlorene, Heimatlose, abgetriebene, verzweifelte Menschen ohne festen Boden unter den Füßen und ohne ein klares Ziel. Dort draußen trifft die Gemeinde auf „Narrenschiffe", von denen der Philosoph Michel Foucault sagt: „Sie sind Orte ohne Ort, ganz auf sich angewiesen, in sich geschlossen und gleichzeitig dem unendlichen Meer ausgeliefert." (Michel Foucault: Von anderen Räumen, S. 942, zitiert nach Zygmunt Bauman, Verworfenes Leben, Hamburg, 2005, Seite 70.) Und dort draußen lauert der Tod, der letzte und stärkste Feind der Menschheit. Er ist noch unbesiegt – aber ihm gilt es den Sieg Jesu entgegenzusetzen, der zuletzt auch den Tod endgültig überwinden wird: Jesus ist Sieger! (1. Korinther 15,26)

Deshalb: Leinen los!

Praxis: Schritte zur Zielfindung

1. Reden Sie in Ihrer Gemeinde über Ihre Erwartungen, Vorstellungen und Prägungen.
   Sagen Sie einander, was Ihnen wichtig ist, und erklären Sie, warum.

2. Überlegen Sie sich gemeinsam: Was ist die Berufung Ihrer Gemeinde?
   Die Berufung sagt etwas aus über die Art des Schiffes Gemeinde: Zu was ist es gebaut, zu was ist es ausgerüstet?
   Suchen Sie nach Bibelstellen, die diese Berufung begründen: Gibt es ein biblisches Leitmotto für Ihre Gemeinde?

3. Welcher Auftrag ergibt sich aus dieser Berufung: Was will Gott von Ihnen als Gemeinde? Was sollen Sie tun?
   Der Auftrag beschreibt den Zweck der Fahrt des Schiffes Gemeinde: Warum legt es ab?
   Suchen Sie nach biblischen Verheißungen für Ihren Auftrag. Verheißungen sind Zusagen Gottes, die deutlich machen, dass Sie den Auftrag ausführen können.

4. Formulieren Sie die Ziele, die sich aus Ihrem Auftrag ergeben: Wie setzen Sie den Auftrag um?
   Die Ziele machen klar: In welcher Art und Weise Ihre Gemeinde dem Leben Gottes dient, für welche Menschen sie da sind und wie sie ihnen konkret helfen können.
   Ziele beschreiben, wie das Leben auf dem Schiff Gemeinde aussieht, welche Route es nimmt und wie die Etappen bezeichnet sind.
   Stellen Sie Gott im Gebet die Frage: Wer ist mein Nächster? Nehmen Sie wahr, was Gott Ihnen vor die Füße legt, und greifen Sie beherzt zu!

5. Überlegen Sie sich die Schritte, die sich aus Ihren Zielen ergeben: Was ist als Nächstes zu tun und was kommt dann?
Machen Sie konkrete Pläne, was Sie mit den Menschen, zu denen Sie gesandt sind, tun. Entwickeln Sie Strategien, wie die Hilfeleistung optimal ablaufen kann. Überprüfen Sie immer wieder Pläne und Strategien auf ihre Aktualität. Seien Sie bereit, sie zu verändern, wenn es nötig ist.
Seien Sie miteinander im Gespräch und überlegen Sie miteinander, ob es sinnvoll ist, was Sie tun, seien Sie selbstkritisch und ehrlich.

6. Überlegen Sie sich in der Gemeinde immer wieder: Was haben Sie von Gott bekommen – was geben Sie weiter?
Der gerechte Ausgleich ist ein geistliches Prinzip: Wer viel bekommen hat, gibt viel.
Behalten Sie nichts für sich, sondern setzen Sie die Pfunde ein, die Ihnen anvertraut sind (Matthäus 25,14-30).

7. Es muss nicht alles schnell gehen. Wartezeiten, Hindernisse auf dem Weg und Umwege sind von Gott vorgesehen und sinnvoll. In ihnen liegt die Chance einer Kurskorrektur oder die Möglichkeit, das Tempo zu drosseln, um bei sich selbst im Hier und Jetzt anzukommen.
Setzen Sie nicht alle Hebel in Bewegung, um wieder in Fahrt zu kommen, sondern schauen Sie sich um: Vielleicht liegt im gegenwärtigen Stopp eine großartige Herausforderung, den Auftrag Gottes auf ganz neue Weise zu begreifen.

8. Wählen Sie als Leitbild eine lebendige Struktur: Suchen Sie sich aus der Liste auf Seite 88f. das Leitbild aus, das Ihnen am ehesten entspricht. Malen Sie sich aus, was es bedeutet: Wie kann es gelebt werden?
Malen Sie ein Bild von Ihrer Gemeinde nach dieser Vorlage. Zeichnen Sie in dieses Bild auch Ihre Ziele mit ein: Wohin geht Ihre Gemeinde? Was ist Ihre Richtung?

9. Listen Sie alle Ziele auf, die Ihre Gemeinde hat.
   Entwickeln Sie für jedes dieser Ziele die nächsten Schritte zur Umsetzung. Überlegen Sie sich pro Ziel 3–5 Schritte.
   Notieren Sie zu jedem Schritt: Was brauchen Sie, um diesen Schritt zu tun? Wer ist dafür zuständig? Bis wann muss dieser Schritt getan werden? Wann ist dieser Schritt erledigt?

10. Wenn Sie die Ziele aus den Augen verloren haben: Gehen Sie zu dem Punkt zurück, wo Sie das letzte Mal über sie nachgedacht haben. Wenn Sie auch diesen Punkt nicht mehr finden: Gehen Sie zurück zum Anfang. Was war am Anfang? Wo hat Ihr Glaube, Ihre Gottesbeziehung begonnen? Was waren die ursprünglichen Impulse, als Sie den Weg mit Gott begonnen haben? Wo spürten Sie die Nähe zu Gott? Wo waren Sie in Berührung mit seinem Auftrag? Suchen Sie hier neue Ansatzpunkte zu finden!
    Es ist nicht schlimm zurückzugehen, wenn man die Orientierung verloren hat.
    Suchen Sie einen geistlichen Begleiter, mit dem Sie Ihren bisherigen Weg anschauen können, um daraus die Fortsetzung für die Zukunft zu entwickeln.

4. Leine: Leitungsprobleme

DIE GEMEINDE UND IHRE PFARRER[5]

Manche Gemeinden kommen deshalb nicht in Bewegung, weil sie unter dem Diktat vom Pastor und seiner Führungscrew festhängen. Es ist wie ein eisernes Seil, das das Schiff fest umklammert. Die Leitung hat alles im Griff und gibt keinen Bewegungsspielraum.

Stimmt das so? Kann man das so sagen? Ist nicht gerade heute eine starke Leitung das Gebot der Stunde? Braucht es nicht eine Leitung, die sehr bestimmt sagt, wohin es geht und was getan werden muss?

Egal, wie es aussieht: Eine starke, bestimmende Leitung auf der einen Seite oder schwache, zurückhaltende Leiter auf der anderen – für viele Gemeinden sind ihre Pfarrer das Problem und das Haupt-Hindernis, dass sich nichts bewegt. Die Querelen zwischen Pfarrer und Gemeindegliedern sind oft die Wurzel für Konflikte oder heftige Auseinandersetzungen. Ich will das an ein paar Beispielen schlaglichtartig verdeutlichen:

Da ist ein Pfarrer mit einer eher abwehrenden Persönlichkeitsstruktur. Vielleicht hat er auch im Lauf seiner Amtszeit viele negative Erfahrungen gemacht. Nun agiert er sehr vorsichtig und ängstlich. Entscheidungen weicht er am liebsten aus oder trifft sie erst nach langem ausführlichem Prüfen der Sachlage. Die Mitglieder im Leitungskreis seufzen über seiner Entscheidungsunfreudigkeit. Bei jedem Vorschlag, der gemacht wird, bringt er ein Gegenargument, überall sieht er die negativen Fußangeln. Er will alles richtig machen – vor Gott, vor den Menschen, vor der ganzen Gemeinde. Aber weil er nicht weiß, was letztlich richtig ist und er das Risiko scheut, Fehler zu begehen, geschieht gar nichts. Entscheidungen werden verschoben oder gar nicht getroffen. Was er sagt, sind nur abgesicherte Richtigkeiten – aber immer wieder

---

5 In diesem Kernbereich werden alle Führungspersönlichkeiten der Gemeinde angesprochen: landeskirchliche Pfarrer, freikirchliche Pastoren, Gemeinschaftspastoren, Diakone, Pastoralreferenten, ehrenamtliche und hauptamtliche Leiter und Leiterinnen. Da es unterschiedliche Bezeichnungen für diese Funktionen gibt, verwende ich hauptsächlich den Begriff „Pfarrer" – aber ich schließe ausdrücklich alle anderen Berufs- und Aufgabenbezeichnungen mit ein.

die gleichen. Persönlich hat er sich ganz hinter eine amtliche Fassade zurückgezogen, er versteckt sich hinter den Mauern von Unsicherheit und Angst. Obwohl er schon seit Längerem in der Gemeinde ist, sagen seine Schäfchen: „Wir kennen unseren Pfarrer überhaupt nicht persönlich, wir wissen nicht, wer er ist."

Daneben steht der Pfarrer, der betont jovial sagt: „Die Struktur der Gemeinde bin ich!" Das soll spaßig klingen, aber jeder weiß, dass es eigentlich ernst gemeint ist. Es gibt nichts, was nicht über seinen Schreibtisch läuft. Er bekommt alles mit, hat überall Ohren und im richtigen Moment greift er ein. Er bestimmt alles. Er kümmert sich um die Ausstattung des Gemeindehauses genauso wie um die Einstellung der Heizungsanlage der Kirche. Der Haushaltsplan wird von ihm erstellt und die Vorbereitung des Gemeindefestes überwacht. Er gibt an, was es beim Gemeindenachmittag zu essen gibt und wie viel ein Stück Kuchen kostet.

Erstaunlicherweise ist von seiner autoritären Dominanz nicht viel zu spüren, wenn er predigt, da wirkt er eher hilflos und unsicher. Erst wenn er wieder zur Liturgie am Altar steht und seine Anweisungen geben kann, fährt er wieder zur vollen Größe auf.

Ein anderer Pfarrer hat seine liebe Mühe mit den Beziehungen. Er kommuniziert am liebsten per Brief oder per E-Mail, nur wenn es sein muss, greift er zum Telefonhörer. Geht jemand auf ihn zu, tritt er erst einmal einen Schritt zurück. Gibt es Probleme, tut er sich furchtbar schwer und hofft, dass sie sich von selber lösen. Konflikte sind ihm ein Gräuel. Personalgespräche führt er nur, wenn es unbedingt sein muss. Dann schweigt er meistens und lässt die anderen reden. Als Chef wird er deswegen auch nicht ernst genommen.

Anders ist er nur, wenn er predigt, dann legt er mit wuchtigen Worten die Bibel aus, fordert die Gemeinde heraus, greift sie an und macht klare Aussagen. Alle sind erstaunt und getroffen. Wird er nach dem Gottesdienst darauf angesprochen, macht er eher einen Rückzieher.

Und dann die Pfarrerin, die bei ihrer Einstellung erklärt: „Ich will zuerst einmal sehen, wie es in der Gemeinde hier läuft. Ich brauche 1–2 Jahre, um mich mit allem vertraut zu machen."

Sie teilt mit, dass sie prozessorientiert arbeitet, ihr das Team wichtig ist und sie auf alle hören möchte, um dann integrativ die Positionen zu verbinden. Nach einem halben Jahr aber hat die Gemeinde den Eindruck, dass die Pfarrerin sehr wohl weiß, was sie will, und das auch durchsetzt – allerdings auf subtile und manipulierende Weise. Sie knüpft ihre Verbindungen, vereinnahmt Gemeindeglieder und bindet sie auf unterschwellige Weise an sich. Einige Mitglieder des Leitungskreises sagen: „Hinter der starken Fassade steckt ein schwaches Ich." Wird sie mit ihrem Verhalten konfrontiert und darauf hingewiesen, wo sie eigenmächtig handelt, zieht sie sich beleidigt zurück und ist tagelang nicht mehr ansprechbar.

Ich könnte diese Beispiele weiterführen:

Der Pfarrer, der sich sagt: „Wenn meine Gemeinde etwas will, dann soll sie doch auf mich zukommen" – und sich ein schlaues Leben macht.

Der Gemeinschaftspastor, der an seinen eigenen Ansprüchen, es allen recht machen zu wollen, fast zugrunde geht – bis er dann von heute auf morgen alles blockiert.

Der Pastor, der über aller Arbeit in der Gemeinde seine Familie vernachlässigt – und dann ein großes Problem in seiner Ehe bekommt.

Der Pfarrer, der wie ein Organisationsentwickler mehr als Eventmanager denn als Prediger in Erscheinung tritt, bis der Gemeinde die Menge der Veranstaltungen zu viel ist und sich verweigert.

Der Pastor, der sich als Gemeindeaufbauexperte und Sozialermöglicher sieht, aber dabei sein eigenes geistliches Leben vernachlässigt.

Eigentlich dürfte ich diese Geschichten gar nicht erwähnen, denn sie erhöhen die Spannung zwischen Pfarrer und Gemeinde, sie verstärken die beidseitige Unsicherheit, das Schiff Gemeinde bleibt fest im Hafen vertäut, weil niemand zum Aufbruch auffordert. Zuletzt treibt das Schiff führerlos auf dem Ozean, weil sich die Leitung beleidigt ins Spielcasino verabschiedet hat. Es ist riskant, sich mit den Pfarrern anzulegen! Gemeindeglieder sagen mir: „Unser Pastor teilt gern aus – aber einstecken kann er nicht. Er fordert dazu auf, ihm Feedback zu geben – aber wenn wir etwas Kritisches sagen, wird er wütend …" Umgekehrt genießt es diese Gemeinde, wenn der Pfarrer strauchelt und fällt, denn dann kann sie sagen: „Er ist auch nicht besser als wir!"

ROLLENSPIELE

Welche Funktion hat denn eigentlich der Pastor auf dem Schiff Gemeinde? An dieser entscheidenden Frage hängt alles Weitere. Aber genau diese Frage ist vielfach nicht geklärt – weder beim Pfarrer selbst, noch bei der Gemeinde. Das schafft eine beidseitige Unsicherheit. Unsicherheit aber macht empfindlich. Die kleinste Unstimmigkeit ist gleich Anlass für eine grundsätzliche Diskussion. Wo die Rollen nicht geklärt sind, weiß niemand, wer der andere ist – und deshalb weiß keiner, wie er mit ihm umgehen soll.

Ist der Pfarrer der Kapitän auf der Brücke, mit umfassender Vollmacht für alle Belange des Schiffes – bis hin zur Rechtsprechung an Bord?

Oder ist der Pfarrer der Steuermann, der das Schiff auf Kurs hält? Mit seiner Verkündigung hat er ja das Steuerruder in der Hand und kann entsprechend seiner theologischen Ansicht die Richtung bestimmen.

Oder ist der Pfarrer für das Unterhaltungsprogramm zuständig, ist es seine Aufgabe, Menschen zu beschäftigen und für ausgewogene Veranstaltungen zu sorgen: Bildung, Kultur, Show, Unterhaltung, Besinnung, Freude – möglichst in bunter und interessanter Reihenfolge?

Ist der Pastor der Bordgeistliche, der täglich eine besinnliche halbe Stunde anbietet für alle, die kommen möchten (es sind relativ wenige) – und ansonsten gesprächsbereit in seiner Kabine wartet, bis jemand mit Problemen und Fragen an seine Tür klopft?

Oder ist der Pfarrer der Kreuzfahrtdirektor, der vor allem dann in Erscheinung tritt, wenn es Krisen gibt? Er muss sie so den Reisenden verkaufen, dass es keinen Unmut gibt und keine schlechte Stimmung auftritt.

Oder ist der Pfarrer von allem etwas?

Kein Wunder, wenn es aufgrund der unklaren Rolle des Pfarrers in der Gemeinde zu Spannungen kommt. Die Funktion des Pfarrers ist nicht definiert, und das erzeugt Unsicherheit – beim Pfarrer genauso wie in der Gemeinde.

Dabei sind die Erwartungen der Gemeinde an den Pfarrer riesengroß. Wenn ich in der Gemeindeberatung die Wünsche abfrage, die aufseiten des Leitungsteams einer Gemeinde an ihren Pfarrer bestehen, kommt vieles zusammen: starker Verkündiger, konfliktfähig, sozialkompetent, führungskräftig, entscheidungsfreudig, seelsorgerlich, offen, zielorientiert, gesprächsbereit, strukturiert, nahbar, Autorität, prägend, soll Visionen haben, kann gut organisieren, hat alles im Griff ... und noch vieles mehr wird genannt. Am Ende der langen Sammlung von den Eigenschaften eines idealen Pfarrers wird deutlich, dass es eine solche universalkompetente geistliche Fachkraft gar nicht geben kann – es sei denn, er wäre die berühmte „Eier legende Woll-Milch-Sau".

Wenn wir uns dann in diesem Klärungsprozess fragen, was denn eigentlich die wichtigste Erwartung an einen Pastor ist, dann gerate ich erstaunlicherweise immer wieder auf die gleichen Aussagen: „Wir wünschen uns einen Pfarrer, dem man seinen Glauben abspürt, einen Menschen, der zeigt, wie man heute als Christ leben kann. Er (oder sie) soll ein lebendiges Beispiel dafür sein, wie *wir* mit *unseren* Zweifeln und Fragen umgehen sollen, ein Apostel, der uns den Weg zum Himmel zeigt – sodass wir ihn gehen können." Der gläubige, normale Mensch im Talar ist gefragt, der Pfarrer als Persönlichkeit, als gläubiger Nachfolger Jesu.

Aber kann das ein Pfarrer tatsächlich sein? Er ist ja schließlich Amtsträger, Beamter mit sicherem Einkommen, den normalen Schwierigkeiten eines Lebens enthoben. Er wird versorgt, ist abgesichert. Wenn es schiefläuft, bekommt er eine neue Stelle inklusive Umzugshilfe. Wenn er nicht mehr kann, hat er Anspruch auf umfassende Hilfe.

Der Pfarrer lebt doch nicht wirklich in dieser Welt – auch wenn er das nicht so wahrhaben möchte. Außerdem: Ist es ratsam, als „öffentliche Person" so viel über sein Inneres preiszugeben? Ist es gut, wenn der Pfarrer mit möglichst vielen Gemeindegliedern per Du ist? Was tut er sich an, wenn er öffentlich über seine Glaubenszweifel spricht, kann er es riskieren zu zeigen, wer er *wirklich* ist?

Wenn er predigt, spricht er in ein Mikrofon. Was er sagt, wird so verstärkt, dass jeder Zuhörer an seinem Platz den Eindruck hat, der Pfarrer steht neben ihm und spricht nur zu ihm. Niemand muss sich anstrengen, um dem Pfarrer entgegenzukommen. Es wird das Gefühl von Nähe und Unmittelbarkeit erzeugt – aber das ist ein künstliches Gefühl. In Wirklichkeit ist der Pfarrer weit entfernt, lebt er auf einem anderen Stern, gibt es eine riesige Kluft zwischen ihm und der Gemeinde. Wer das nicht sehen möchte, fällt in diesen Abgrund und ist erstaunt, dass der vermeintlich kleine Schritt sich zu einer großen Entfernung ausweitet. Vielen ist dieser Weg zu weit, sie bleiben auf der Strecke – und dann ist es nicht verwunderlich, wenn sich nichts bewegt, weil niemand vorangeht. Fällt die Verstärkeranlage einmal aus, wird deutlich, wie weit da vorn oder weit da oben der Pfarrer ist, wie klein, kaum verstehbar, dann spürt man die Kluft, die zu überbrücken wäre, und erschauert. Auf einmal ist es sehr kalt in der großen Kirche.

Geistliche Kompetenz

Wer heute in der Öffentlichkeit steht, wird misstrauisch und kritisch beobachtet. Das ist sicherlich auch eine Folge der 68er-Umbrüche. Damals hieß der Spontispruch: „Unter den Talaren sitzt der Muff von tausend Jahren." Da auch der Pfarrer einen Talar anhat, war es naheliegend, dass er diesen Vorwurf auch auf sich bezog. Seither bemühen sich die kirchlichen Amtsträger, allen zu zeigen, dass es unter ihrem Talar keineswegs muffig ist. Sie geben sich persönlich, offenbaren, dass unter dem Talar ein Mensch wie du und ich steckt, alltäglich, in Turnschuhen und Alltagskleidung. Sie sind sehr bemüht zu zeigen, dass sie keineswegs etwas Besonderes sind – eher im Gegenteil: Sie versuchen deutlich zu machen, dass sie noch normaler sind als die normalen Menschen. Das geht manchmal bis zur Anbiederung und führt zur Aufgabe einer eigenen Berufsidentität.

Aber die werden sie trotz aller Bemühungen einfach nicht los. Sie klebt an ihnen wie eine zweite Haut. Nicht nur, dass man oft einem Menschen den Pfarrer von Weitem ansieht, sondern auch, weil die Öffentlichkeit den Pfarrer nicht aus ihrem Schema entlässt: Ein Pfarrer muss einfach anders sein, er ist „Hochwürden", Geistlicher, Seelsorger – ein weltferner Mensch, der Stellvertreter Gottes. So wünschen es sich auch heute noch viele, denn das beruhigt: Solange Gottes Bodenpersonal an Bord ist, kann das Schiff ja wohl nicht untergehen! Aber man erwartet von diesen Würdenträgern ein anderes Verhalten als von einem normalen Menschen und es fällt schwerer ins Gewicht, wenn er sich genauso verhält wie jeder andere auch.

Der Pfarrer kommt nicht aus der Schublade! Es hilft nichts: Er muss sein Amt annehmen, seine Funktion akzeptieren – und das Beste daraus machen. Erst dann kann er seine Position verändern.

Nun passiert häufig Folgendes: Pfarrer erkennen sich als Führungskräfte in der Gesellschaft. Sie nehmen den Anspruch an, der in dieser Aufgabe liegt, und qualifizieren sich im Bereich Führung. Sie lassen sich in Management schulen und kommen dann zurück in ihre Gemeinden, nun führungsstark ausgebildet. Sie wissen, was sie wollen und wie man das dann auch durchsetzt. Sie greifen ein und durch, sie steuern, sie sind Leiter, die vorangehen. Aber bei allen Führungsqualifikationen haben sie eines übersehen: die menschliche Komponente. Der Beruf des Pfarrers ist nicht zu trennen von der unmittelbaren menschlichen, persönlichen Beziehungsebene. Ein Pfarrer leitet seine Gemeinde nicht durch autoritäre Richtlinien, sondern aufgrund seiner persönlichen Autorität. Er setzt keine Regeln durch, sondern setzt sich ein für eine Sache – für das Evangelium. Der Pastor führt seine Schäfchen nicht, sondern weidet sie, er ist nicht Verwalter, sondern Ernährer. Er dient keiner Organisation, sondern dem Leben. Mehr als Reden zu halten, muss er zuhören können. Statt Führungskraft braucht er vielmehr diplomatische Weisheit, statt Anweisungen zu geben, muss er verstehen, statt Amtsträger ist er Nachfolger Jesu – und auf diesem Weg nimmt er die Menschen mit.

Die geistliche Kompetenz ist das Entscheidende seines Wirkens. Aber geistliche Kompetenz lernt man nicht auf Universitäten und in hoch bezahlten Schulungen, sondern indem man sich dem Leben stellt. Der geistliche Mensch rechnet in jeder Situation unbedingt und vorbehaltlos mit dem Wirken Gottes: Gott ist gegenwärtig! Geistliche Vertiefung entsteht gerade dort, wo man leidet, Krisen erlebt, Abbrüche, Scheitern, an Schwierigkeiten schier zugrunde geht – und trotzdem bei Gott bleibt, indem man alles in der Gegenwart Gottes betrachtet und dadurch auch bewältigt.

Nur der Pfarrer, der Tiefen erfahren hat, der die Notlagen des Lebens kennt und sich seinen eigenen Schwächen gestellt hat, ist glaubwürdig für andere. Wer selber schwere Wege gegangen ist, kann andere auf ihren Wegen begleiten.

Aber wie könnte man das einem Pfarrer vermitteln? Er hat einen Beruf, zu dem das Leiden, die Schwierigkeiten, die Schwere der Existenz unbedingt dazugehören. Das sind die Kernbereiche seiner Tätigkeit, hier ist er gefordert, hier an erster Stelle. Alles, was er selber erlebt und aushält, qualifiziert ihn für seinen Beruf. Wenn er ausweicht, den einfachen Weg geht, sich ein bequemes Leben sucht, wird er nie die geistliche Kompetenz gewinnen, die er für die Menschen benötigt, denen er dienen will. Nur dort, wo er sich selbst verliert, wird er die Menschen gewinnen, wo er von sich wegsieht, wird er zu einem glaubwürdigen Zeugen eines anderen, wo es nicht um ihn geht, kann er Gottes Kraft verkündigen.

DIENEN

Pfarrer müssen sich beständig darüber klar sein, warum sie diesen Beruf ausüben, denn ihr Beruf ist mehr als eine bezahlte Tätigkeit, es ist eine Berufung[6]. Sie müssen wissen, warum sie Pfarrer geworden sind, sie müssen ihren Auftrag kennen. Wer hat ihnen diesen Auftrag erteilt? Wem sind sie verantwortlich? Zu welchen Menschen sind sie gesandt? Was ist ihre Botschaft? Wer nur für sich selbst Pfarrer sein will – weil er es für sein eigenes Selbstwertgefühl braucht, weil er etwas darstellen will vor den Menschen – wer aus egoistischen Gründen diesen Beruf ergreift, wird unweigerlich Schiffbruch erleiden, denn er muss dann ständig darauf bedacht sein, dass er dem Image entspricht, das er zeigen und für das er geschätzt werden möchte. Das führt letztlich zum Zusammenbruch, denn ein solches Eigen-Bild lässt sich nicht ein ganzes Berufsleben aufrechterhalten. Irgendwann zeigt sich das wahre Gesicht und dann wird es schwierig!

Der Pastor muss sich über seine Rolle klar sein: Er ist ein Diener Gottes an den Menschen. Klingt das gut? Kann er das leben? *Wie* kann er das leben?

Ein Pfarrer ist für seine Gemeinde da – nicht umgekehrt. Das Ziel der Gemeindearbeit ist nicht der Pfarrer, sondern die Gemeinde – beziehungsweise darüber hinaus die Welt. Die Predigt muss die Menschen erreichen, nicht seinen eigenen Ansprüchen genügen. Das Gemeindefest muss den Gemeindegliedern gefallen. Die Mitarbeiter müssen das Gefühl haben, angenommen zu sein. Sie wollen nicht als die *Ehren*amtlichen dem *Haupt*amtlichen zugeordnet sein – für ein bisschen Ehre, das sie zuletzt als Ausgleich bekommen.

---

6 Jede Berufung braucht eine eindeutige, objektive Begründung und die Bestätigung durch unabhängige Personen (siehe Anhang 4)!

Das klingt alles selbstverständlich, aber genau hier liegt vieles im Argen. Diese unklare Rollenverteilung (wer ist für wen da? wer tut was?) ist der Wurzelgrund für viele Enttäuschungen, für Frust und Abbrüche. Der Pfarrer muss durch und durch ein geistlicher, frommer, gläubiger Mensch sein, der es gelernt hat, sich selber loszulassen. Er weiß, dass er sich nicht selbst versorgen muss, weil er von Gott versorgt wird. Er opfert sich, weil Jesus sein Vorbild ist. Er ist demütig genug anzuerkennen, dass nicht er das Entscheidende in der Gemeinde tut, sondern Gott. Gott ist der Herr der Gemeinde, nicht er. Er hat einen Beruf, in dem das Eigentliche von jemand anderem übernommen wird: von Gott selbst. Er weiß, dass er mit seiner Arbeit nie fertig ist, weil Gott mit seinen Menschen nie zu Ende kommt. Er sät auf Hoffnung – er sät sich selbst.

Das sind riesige, gewaltige Anforderungen, denen sich der ausgesetzt sieht, der diesen Beruf ergreift. Die Aufgabe ist viel zu groß, er ist damit überfordert. Deshalb ist er immer wieder auf die Hilfe Gottes angewiesen. Er ist der Erste, der in der Gemeinde mit leeren Händen zu Gott kommt: Der Pfarrer ist vor allem anderen ein Beter, der die Lasten der Gemeinde – und seine eigenen – zu Gott bringt. Er tritt als Priester für die Menschen ein, erwartet alles von Gott.

Ein solcher Pfarrer tritt vor seine Gemeinde und segnet sie mit dem Frieden Gottes und die Gemeinde spürt: In Vollmacht wird uns Gottes Gegenwart zugesprochen, das Angesicht Gottes leuchtet über uns. Ein solcher Pfarrer spricht Vergebung zu, wo Menschen in Schuld verstrickt sind und bußfertig zu ihm kommen. Wo sonst werden diese Menschen von ihren Lasten befreit? Ein solcher Pfarrer teilt Leib und Blut Jesu aus und die Gemeinde erfährt, dass sie Anteil hat am Tod und der Auferstehung Jesu. Freude ergreift die Beladenen. Ein solcher Pfarrer verkündet das Wort Gottes und die Menschen verstehen: Gott redet zu uns! Ich bin gemeint! Sie werden konfrontiert mit ihrer Schuld und kehren um. Solche Pfarrer gehen zu den Kranken, beten für sie, legen ihnen die Hände auf und es wird besser mit ihnen. Leidende Menschen erfahren die Liebe Gottes.

Noch einmal: Geistliche, betende, vertrauende Pfarrer sind nötig.

Lernen das die Studenten im Theologiestudium? Wenn nicht, wo lernen sie es dann?

Woche für Woche an den Sonntagen zu predigen ist eine große Herausforderung. Denn die „Diener des Wortes" halten keine Predigt, sondern verkünden das Leben. Wenn es ihnen gelingt, von Herz zu Herz zu sprechen, haben sie mehr für den Gemeindaufbau getan, als wenn sie viel Zeit in Sitzungen verbracht, große Events organisiert, das Gemeindeleben gemanagt, geplant und verwaltet haben.

Folgende Worte des früheren württembergischen Landesbischofs Theo Sorg haben mein Pfarrerbild sehr geprägt:

„Neues Leben entsteht aber nur, das ist ein Gesetz alles Lebendigen, wo Altes stirbt … Wenn neues Leben in der Gemeinde entstehen soll, muss viel Altes sterben. Beim Pfarrer zuerst. Es muss der Pfarrherr sterben, damit der Bruder geboren werden kann. Es muss der aktivistische Alleskönner sterben, damit der hörbereite Handlanger Gottes zum Leben findet. Es muss die amtliche Schlüsselfigur sterben, damit der gehorsame Diener Christi zum Leben erwacht. Es muss das pfarramtliche Ausdehnungs- und Perfektionsdenken sterben, damit der Weg frei wird zur Konzentration auf das Notwendige. Es muss unser empfindliches Wesen sterben, damit die Bruderschaftsfähigkeit neu aufbrechen kann. Wer geistliches Leben will, muss bereit sein, für sich selbst den Weg des Sterbens zu gehen. Nicht nur im Blick auf vieles im eigenen Leben, auf manches Gewohnte und Übliche und allseits anerkannte und theologisch Gängige. Auch im Blick auf ehrgeizige Pläne, auf große Zahlen, auf imponierende Statistiken, auf das Anerkanntsein bei den Menschen, nicht zuletzt bei den Amtsbrüdern.

Wer geistliches Leben will, muss aber auch den Mut haben, in der Gemeinde manches Alte, Gewohnte, ‚Bewährte' sterben zu lassen. Wie manche völlig sterilen und geistlich unansprechbaren Gemeindekreise, die nur um ihrer selbst willen zusammenkommen, die immer nur haben, aber nicht geben wollen, stehen einer neuen geistlichen Entwicklung im Weg … Manches Traditionelle, das früher einmal nötig und richtig war, kann aufgegeben werden, wenn es den Erfordernissen der Gegenwart nicht mehr entspricht und dem sich neu anbahnenden im Weg steht."

(Theo Sorg, Geistliches Leben in der Gemeinde, Missionarische Dienste Nr. 15, Stuttgart, 1976.)

LEITUNGSTEAMS

Der Pastor ist im Grunde ein einsamer Mensch. Er muss damit umgehen können, viel allein zu sein. Er ist in der Gemeinde, aber er gehört nicht zu ihr. Er steht der Gemeinde gegenüber, ist aber doch ein Teil des Reiches Gottes. Er hört auf die Menschen, aber noch mehr hört er auf Gott. Er verkündigt nicht sich selbst, sondern Gottes Herrschaft – und doch ist er persönlich gefragt.

In diesem Alleinsein ist der Pfarrer auf die Bruderschaft von Schwestern und Brüdern angewiesen. Diese wird er nicht mit allen leben können, aber doch mit einigen.

Er braucht Menschen, mit denen er vertraulich reden kann, die mit ihm beten, die sich mit unter seine Lasten stemmen.

Er benötigt einen Kreis von Beratern, die ihm bei Veränderungsprozessen zur Seite stehen, mit denen er sich absprechen kann und auf deren Meinung er hört. Gerade gravierende Neuerungen müssen gründlich bedacht werden – hier braucht der Pfarrer die Unterstützung von Menschen, die sich auskennen im Entwickeln von Strukturen, die die großen Zusammenhänge überblicken und dabei die Details nicht aus den Augen verlieren.

Im weiten Feld der Verwaltung benötigt der Pfarrer Menschen, die ihm konkrete Arbeit abnehmen, an die er Aufgabengebiete delegieren kann. Er kann und muss nicht alles allein machen! Bereiche, die ihm nicht liegen, gibt er an die ab, die hier ihre Gaben und Fähigkeiten in der Gemeinde einbringen können.

Der Pfarrer braucht Zeit, Kraft und Freiräume für das Eigentliche seines Dienstes: Verkündigung, Gebet und Hören auf Gott. Er ist allein, aber er muss nicht alles allein machen. Er muss nicht der Hans-Dampf-in-allen-Gassen sein, er muss nicht in allen Töpfen rühren. Er bildet ein Team von engen Mitarbeitern, die mit ihm zusammen die Gemeinde voranbringen.

Der Pfarrer sucht sich Menschen, die ihm brüderlich immer wieder rückmelden, wie er wirkt: die ihn behutsam korrigieren (das lässt er zu!) und die ihm auch mitteilen, wo er bei sich etwas ändern muss, die ihn auf seine blinden Flecken hinweisen (auch das dient zu seinem Nutzen!). Diese Menschen geben aber auch Bestätigung, loben ihn, sprechen ihre Anerkennung aus, vermitteln Wertschätzung. Auch das braucht der Pfarrer, um nicht auszubrennen! Denn wo bekommt der Pfarrer für sich die geistliche Nahrung, die ihn erfrischt? Wo wird er auferbaut, gestärkt und zugerüstet? Zeiten der Stille und Einkehr sind ein Muss für jeden Pfarrer. Fortbildungen, in denen er sein geistliches Leben schärfen und neu ausrichten kann, sind unbedingt nötig! Dazu sollte er sich auch immer wieder Zeit für ein gutes Buch gönnen oder eine Auszeit zur Regeneration und inneren Erholung. Wer einen geistlichen Beruf ausübt, ist herausgefordert, sich mit sich selbst zu beschäftigen. Mit offenen Augen und ehrlichem Herzen stellt er sich seinen Schwächen und Mängeln. Wo er feststellt, dass es in seinem Leben Löcher und Schwachstellen gibt, tut er etwas. Er kümmert sich um seine inneren Bedürfnisse – damit es nicht andere tun müssen.

Und dann gibt es ja auch noch das Leitungsteam: die Ältesten, der Kirchengemeinderat, der Gemeindevorstand, der Leitungskreis. In diesem Gremium wird offenbar, wer der Pfarrer ist, dort zeigt sich, wes Geistes Kind er ist: Stellt er sich den Fragen oder taucht er ab? Hört er zu, nimmt auf, versteht, was die anderen sagen? Sieht er nur sich selbst oder die Gemeinde? Ist er konfliktfähig oder selbstherrlich? Da hier die wichtigen Entscheidungen fallen, kann man sich nicht mehr verstecken.

Das ist der Grund, warum es vielen Leitungsgremien schwerfällt, Entscheidungen zu treffen. Weicht man deshalb den Entscheidungen aus und traut sich nicht, konsequent zu sein – weil man sich nicht offenbaren möchte? Entscheidungsfindung ist ein schmerzhafter Prozess, der Scheidung bewirkt. Die Möglichkeit, Fehler zu machen, ist relativ hoch. Wer sich aber nicht traut, Fehler zu machen, ist in seinem Handeln blockiert. Es gibt kein Leitungsgremium, das nicht ständig in der Gefahr stünde, schuldig zu werden. Aber auch hier gilt: Nichts zu tun ist ein größerer Fehler, als tapfer zu sündigen (Martin Luther).

Ich erlebe vielfach blockierte Leitungskreise. Jeder versteckt sich hinter dem anderen, der Pfarrer sitzt in ihrer Mitte, aber er duckt sich weg und fällt nicht auf. Die gewählten Mitglieder der Leitung fühlen sich überfordert mit den weitreichenden Beschlüssen. Lieber bleiben sie bei kleinen und überschaubaren Detailfragen. Da niemand die Leitung der Leitenden übernimmt, geht nichts voran, jeder wartet auf den anderen und hofft, dass er den Impuls zum Losgehen gibt. Wer es aber wagt, einen Vorstoß zu machen, sieht sich schnell im Kreuzfeuer der anderen. Es ist leichter gegen etwas zu sein und die Argumente zu finden, die dagegensprechen, als die Verantwortung mit zu übernehmen, sodass ein Projekt umgesetzt wird.

Wenn niemand den Vorsitz macht, wird keine Tagesordnung erstellt, nicht geklärt, was wichtig ist, werden Aufgaben nicht verteilt und die einzelnen Besprechungspunkte vorbereitet, erfolgt keine Gesprächsleitung. Es läuft alles vor sich hin oder endet im Chaos.

Wer hat den Vorsitz im Leitungsteam? Die einen sind der Meinung, das sei selbstverständlich die Aufgabe des Pastors. Der ist sich da aber nicht so sicher, ob das so sein muss. Aber darüber wird nicht geredet, es bleibt ungeklärt.

Auf der einen Seite sagt sich der Pfarrer: „Wir leiten miteinander die Gemeinde!" Er überlegt sich aber nicht konkret, wie dieses *Miteinander* aussehen kann. Im Notfall geht es dann so: Bei unangenehmen Punkten die anderen, bei wichtigen Fragen er.

Wichtige Fragen sind für den Pfarrer alle inhaltlichen Punkte. Da fährt er dann zur vollen Größe auf und zeigt, dass er Profi ist, und überrollt die anderen, ermüdet bleibt ihnen letztlich nur die Zustimmung.

Aber in der Gemeindeleitung hat alles *auch* mit einer inhaltlichen Ebene zu tun, es geht nie nur um Aspekte der Verwaltung. Trennen sich die beiden Bereiche, wird Leitung auf der einen Seite zum Debattierklub und auf der andern zum Organisationsausschuss. Beides bringt die Gemeinde nicht voran. Teamleitung ist nötig, die ergebnisorientiert tagt. Nach einer übersichtlichen Tagesordnung (die rechtzeitig verschickt den Mitgliedern des Gremiums die Möglichkeit bietet, sich vorzubereiten) werden die Punkte so abgearbeitet, dass für jeden ein Beschluss protokolliert werden kann. Zu jedem Beschluss wird ein Verantwortlicher bestimmt. Da die Ziele für die Gemeindearbeit lang- oder wenigstens mittelfristig klar sind, können anhand dieser Vorgaben die Schritte beraten, beschlossen oder immer wieder der veränderten Situation angepasst werden. Um die Ziele abzusprechen, trifft sich der Leitungskreis (vielleicht zusammen mit weiteren verantwortlichen Mitarbeitern) zu einer ganztägigen Klausur. In außerordentlichen Sitzungen wird immer wieder überprüft: Sind wir noch auf der richtigen Spur? Alle Mitglieder des Leitungskreises haben das Ziel, mit allem, was sie tun, klären oder entscheiden, der Gemeinde zu dienen – und mit der Sitzung bis spätestens 23 Uhr fertig zu sein. Deshalb strengt sich jeder an, seinen Beitrag nicht zu einem langen Monolog werden zu lassen. Wenn bereits alles gesagt ist, kann die Debatte abgeschlossen werden – auch wenn nicht jeder etwas dazu beigetragen hat. Am besten ist es, das Gremium wählt einen Sitzungsleiter, der die Autorität hat (oder bekommt), mit einer straffen Gesprächsleitung für den effektiven Rahmen einer erfolgreichen Sitzung zu sorgen.

Da ich als Gemeindeberater viele Leitungskreise erlebe, kann ich sagen: An diesem Punkt geht vieles schief! Wir haben im kirchlichen Umfeld keine Sitzungskultur – und wenn, dann wird darunter die autoritäre Herrschaft von ein paar Spezialisten verstanden, die alles beherrschen.

Sitzungskultur äußert sich in einem brüderlichen, verantwortlichen, konzilianten Prozess, in dem alle Sichtweisen geäußert werden können. Er findet seine Zuspitzung in einer Entscheidung, die möglichst einvernehmlich getroffen wird. Ist es eine Mehrheitsentscheidung, tragen alle den Beschluss mit. Das Ziel der Einmütigkeit ist zu hoch – auch im geistlichen Bereich sind demokratische Regeln unumgänglich.

Die Liebe und Wertschätzung, die Achtung vor der Meinung des anderen prägt die Atmosphäre. Man lässt einander stehen – und ausreden. Man unterstellt dem anderen nichts Böses. Man hört aufeinander – und auf Gott. Deshalb spielen auch der biblische Impuls und das gemeinsame, hörende Gebet eine große Rolle. Es geht schließlich in der Gemeindeleitung um den Aufbau des Reiches Gottes – nicht um die eigenen Vorlieben, Pfründe oder egoistischen Interessen. Ist das immer allen bewusst?

Manchmal kommt mir das Gemeindeschiff wie ein Geisterschiff vor: Während es führungslos Sturm und Wellen ausgesetzt ist, diskutiert in der Kapitänskajüte die Führungsmannschaft über den besten Kurs, die optimale Takelung, die beste Verpflegung für die Führungscrew. Zum Schluss weiß niemand mehr, wo man hinmöchte – und wo man sich gerade eigentlich befindet.

Vollmächtige Leitung

Welche Rolle hat der Pfarrer in der Leitung der Gemeinde? Soll er ganz an der Spitze stehen oder sich möglichst aus allen Entscheidungen heraushalten? Beides ist für ihn nicht möglich. Da der Pfarrer als „Spiritus Rector" den geistlichen Kurs angibt und die Gemeinde inhaltlich prägt, muss er auch im Leitungsgremium eine wichtige Stimme bekommen – ob er es will oder nicht.

Der Pfarrer hat Macht – die Macht des Wortes, oder macht er nur Worte? Durch seine Verkündigung leitet er die Gemeinde in einem erheblichen Maß. Das muss ihm klar sein! Seine Predigt ist nicht nur ein allgemeiner Vortrag, sondern das Wort Gottes, das zielgerichtet in die Situation der Gemeinde hineingesprochen wird. Mir scheint, dass vielen Pfarrern die Macht ihrer Worte nicht deutlich ist – sonst würden sie zielgerichteter predigen. Sie verstecken sich oft hinter ihren Worten, trauen ihnen nichts zu oder verharmlosen ihre Äußerungen. Mit ihren Worten haben sie eine Waffe in der Hand: Entweder ist sie der Stecken des Treibers, der Stab des Hirten oder das Skalpell des Arztes. Sie müssen wissen, was sie tun. Macht, die nicht verantwortet wird, sondern brachliegt oder höchstens unterschwellig, manipulierend ausgeübt wird, führt zu Unsicherheit und damit zu einem inneren Chaos. Der Pfarrer ist eine Führungsperson und deshalb muss er sich immer überlegen: Wohin führe ich? Scheut er sich davor, überlässt er automatisch die Führung anderen, aber die Verantwortung für den Kurs der Gemeinde wird er damit nicht los.

Viele Pfarrer sind verunsichert und dadurch schwach. Ihnen wurde die Autorität ihres Amtes genommen. Sie wurden infrage gestellt, von ihrem Sockel gestürzt – und nun wissen sie nicht mehr, wer sie sind. In ihrer geistlichen Autorität sind sie wie gelähmt – und nun ziehen sie sich in ihre Studierstube zurück, lassen die Gemeinde laufen, geben sich harmlos. Die Gemeinde braucht aber heute einen starken Pfarrer!

Vorsicht: Stark bedeutet nicht autoritär, selbstherrlich, herrschend, egoistisch, starr und unbeugsam. Warum gerät die Vorstellung einer starken Führungspersönlichkeit so schnell in diese Ecke? Es fehlen ansprechende, mutmachende Vorbilder!

Ich denke an den Kapitän unseres Kreuzfahrtschiffes. Wir konnten ihn auf der Brücke seines Schiffes besuchen und auch am Ende der Reise mit ihm am Kapitänstisch speisen: eine beeindruckende Persönlichkeit! Er kannte die verschiedenen Routen über die Meere, war sie alle schon einmal gefahren. Schwierige Passagen hatte er gemeistert. Die Erfahrung war ihm abzuspüren, machte ihn sicher.

Aber noch mehr gab ihm sein Amt eine innere Sicherheit: Er ist der Kapitän, er hat das Sagen, sein Wort hat Gewicht. Weil er auf dem Schiff die letzte und ausschließliche Autorität ist, gibt es keinen Zweifel an seinem Wort und an seiner Funktion. Dieser Status machte ihn aber nicht stolz, sondern er wusste, dass er ihn einnehmen musste, um die Ordnung und Sicherheit des Schiffes aufrechterhalten zu können. Er diente allen.

Die Privilegien, die er genoss, dienten nicht dazu, dass er sich besser fühlen und wichtiger vorkommen konnte, sondern dadurch war er frei und in der Lage, unabhängig von den Umständen zu agieren, auch unangenehme Entscheidungen zu treffen – bei sich zu bleiben, um aus der Ruhe und inneren Stabilität heraus aufzutreten. Und sein Auftreten überzeugte – auch die schwierigen Querulanten auf dem Schiff!

Man fühlte sich als Reisende sicher in seiner Obhut. Vorausschauend lenkte er das große Schiff. Er erklärte uns auf der Brücke seine Navigationsgeräte, durch die er immer genau seinen Standort wusste. Bei ihm liefen alle Informationen über den Zustand des Schiffes zusammen, so war er über alles informiert und hätte im Notfall sofort die richtigen Maßnahmen ergreifen können (was dann tatsächlich in einer Nacht durch einen Kabelbrand auch nötig war). Der Steuermann war ihm direkt unterstellt, denn den Kurs bestimmte der Kapitän. Von seiner Brücke aus hatte er den besten Blick nach vorn; er wusste, was auf das Schiff zukam, konnte die Hindernisse schon von Weitem ausmachen. Er erklärte uns, dass die Sichtweite von der Brücke bis zum Horizont auf dem Meer immer etwa 18 Seemeilen beträgt (1 Seemeile sind 1,865 km). Bei einer Geschwindigkeit von etwa 15 Knoten (1 Knoten ist eine Seemeile pro Stunde) benötigt das Schiff 1,2 Stunden bis zum Horizont. Sollte ein Hindernis auftauchen, bestünde also noch genügend Zeit für eine Kurskorrektur.

Als Mitreisende fühlten wir uns sicher und geborgen auf „unserem" Schiff.

Was bedeutet das für das Schiff Gemeinde? Der Pastor hat als geistlicher Leiter eine wichtige Führungsaufgabe, die ihm niemand abnehmen kann. Ihm zur Seite steht ein organisatorischer Leiter, der aus der Gemeinde gewählt wird und den Pfarrer in allen Belangen der Verwaltung und Geschäftsführung entlastet. Am besten ist dieser der *erste* Leiter, damit der Pfarrer frei ist für die inhaltliche, geistliche Leitung.

Die beiden Leiter der Gemeinde arbeiten eng zusammen. Sie besprechen regelmäßig alles, was die Gemeinde betrifft. Gemeinsam legen sie die Tagesordnungspunkte für die Sitzung des Leitungskreises fest und überlegen sich die Konkretionen.

Die beiden Leiter steuern zusammen das Schiff Gemeinde.

Der „starke" Pfarrer wird in seiner Leitungsfunktion unterstützt, er hat an seiner Seite Mitleiter, auf die er sich verlassen kann. In allen gravierenden Fragen hat er Gesprächspartner.

Wer stark ist, muss nicht alles festhalten und selber machen, er kann vertrauen, weil er Selbstvertrauen besitzt. Er kann delegieren und traut dabei den anderen viel zu. Er setzt Mitarbeiter ein, die Kompetenz bekommen, er bevollmächtigt sie – das heißt, er gibt von seiner eigenen Vollmacht an sie weiter. Er weiß, dass seine Vollmacht darunter nicht leidet, im Gegenteil.

Der starke Pastor kennt seinen Stand, er ruht in sich. Er hat seine Funktion angenommen und ist bereit, sie dienend auszuüben. Er steht in der Mitte der Gemeinde, alle schauen auf ihn. Das lässt er zu. Er muss unter diesen vielen aufmerksamen Blicken nicht in den Boden versinken und muss sich auch nicht künstlich wichtigmachen. Denn er steht in der Mitte der Gemeinde neben dem Kreuz Jesu. An ihm hält er sich fest, von dort bekommt er Entlastung und Zuspruch. Durch seine Beziehung zu Jesus erhält er einen Freiraum, der es verhindert, dass ihn die Gemeinde erdrückt. Sein direkter Ansprechpartner in allen Gemeindefragen ist Jesus selbst. Das macht ihn stark. Er gibt ab *und* bekommt, was er braucht. Die Gemeinde spürt: Unser Pfarrer und Jesus zusammen bilden die Mitte der Gemeinde.

Der starke Pfarrer ist ein Mensch des Gebetes. Immer wieder sucht er die Stille und den intensiven Austausch mit Gott, das gibt ihm Ruhe und Sicherheit – auch mitten in Stürmen. Er hat das Vorrecht, sich an erster Stelle vor allen anderen von Gott versorgen zu lassen, er hat einen unmittelbaren Zugang zu ihm. Dieses Privileg macht ihn reich und gibt ihm einen inneren Wert, der ihm nicht genommen werden kann.

Der starke Pfarrer kann loslassen. Er muss seine Gemeinde nicht festhalten, denn er weiß, dass er von Gott gehalten ist und dass Gott auch die Gemeinde hält. Deshalb kann er sich den Menschen zuwenden, sich ihnen öffnen und auf sie eingehen. Die Mitarbeiter der Gemeinde finden bei ihm immer ein offenes Ohr. Sie spüren, dass ihr Pfarrer sie anerkennt, wertschätzt und fördert. Ein starker Pfarrer kann loben!

Ein starker Pfarrer lebt in einer heiteren Gelassenheit – bei allem Schweren, was er in der Seelsorge erlebt. Er ist berufen für diese Aufgabe! Gott hat ihn in diese Gemeinde gestellt! Er ist sich sicher: Er ist am richtigen Platz.

Von der Mitte her leiten – zur Mitte führen

Der Pfarrer steht in der Mitte der Gemeinde, neben dem Kreuz Jesu. Damit ist auch der Mittelpunkt markiert: nicht der Pastor, sondern Jesus selbst, aber der Pastor als sein Verkündiger steht an Jesu Seite. Die Mitte fokussiert den Blick, richtet aus. Es ist wichtig, dass die Gemeinde ihre Mitte kennt – und dass ihr Pfarrer nicht irgendwo ist, sondern genau dort. Wenn der Platz in der Mitte neben dem Kreuz über längere Zeit frei bleibt, werden Machtkämpfe nicht ausbleiben, verliert die Gemeinde die zentrierende Dynamik, ist sie in der Gefahr, auseinanderzulaufen. Gemeinden, die keinen Pastor haben, versuchen diese Tendenz aufzuhalten, indem sie durch Grenzzäune die Gemeinde zusammenhalten, sie füllen den leeren Platz in der Mitte mit dogmatischen Regeln und Gesetzen.

Der nächste Kreis um den Pfarrer herum ist der Leitungskreis, dann kommt der Ring der verantwortlichen Leiter, dann die Riege der Mitarbeiter, dann die restliche Gemeinde. Dieses Bild zeichnet eine Gemeinde, die von ihrer Mitte her lebt und wo der Pastor einen eindeutigen Standort hat. Das Gemeindeleben ist ausgerichtet, konzentriert, jedes Gemeindeglied weiß, wo die Mitte ist. Sie lebt von innen nach außen. Gleichzeitig ist die andere Bewegung erforderlich: Die Menschen werden von außen nach innen geholt. Je näher man am Mittelpunkt ist, desto dichter wird das Gemeindeleben, desto verbindlicher und verlässlicher die Beziehung. Menschen sollen zur Mitte kommen, damit ihr geistliches Leben an Tiefe und Intensität zunimmt. Statt die Sicht nach vorn zu versperren und eine dichte Mauer zu bilden, durch die niemand kommt, sorgen gerade die, die ganz vorn sind, für eine gute Durchlässigkeit: Die Kleinen, Bedürftigen, Suchenden werden nach vorn geschoben – sie sollen den besten Platz bekommen. Gerade die Schwachen werden gefördert und hereingeholt. In der Mitte sollen sie stark werden! Die Kranken werden am Kreuz Jesu heil und die Bedürftigen aufgerichtet. Lasten werden abgenommen und das Erstaunliche ist: Gerade dort, wo das Miteinander am dichtesten ist – in der Mitte –, ist die Freiheit am größten.

Bleiben wir im Bild: Oft passiert genau das Umgekehrte. Die Gemeindeglieder, die in der Mitte stehen, wenden sich nach außen und kümmern sich um die Bedürftigen statt sie hereinzuholen, gehen die Mitarbeiter, die in der Mitte nötig sind, hinaus. In der Mitte wird es leer. Ich meine damit Folgendes: Eine Gemeinde, die von ihrer Mitte her lebt und in der die Kraftquellen Gottes sprudeln, ist anziehend vor allem für armselige und beladene Menschen. Das ist gut so! Aber sie ziehen schnell alle Energie der Gemeinde ab und verlangen alle Aufmerksamkeit. Das führt zu einer „Diktatur der Schwachen" – wie es ein Pfarrer neulich formuliert hat. Bald sind die wichtigsten Mitarbeiter erschöpft und ausgebrannt – und weil die Mitte leer ist, kommt kein Nachschub an Kraft. Die Gemeinde brennt insgesamt aus.

Es ist gut, wenn die Schwachen in die Gemeinden kommen, aber sie müssen heil werden, um sich einbinden lassen zu können an ihrem Platz. Eine Gemeinde darf nicht zu viele Nutznießer haben, sonst implodiert sie. Die Bedürftigen werden in die Mitte genommen, dort lassen sie sich von Gott beschenken, lassen sich erfüllen mit neuer Kraft, um dann anderen Raum geben zu können. Jeder ist selber für seine geistliche Entwicklung verantwortlich, für den Prozess des Wachsens und Reifwerdens.

Nicht der Pfarrer ist für alles und jeden verantwortlich! Nicht er muss sich um alle kümmern – das kann er gar nicht. Die Gemeinde muss den Pastor aus ihren zu hohen und unrealistischen Erwartungen entlassen. Sie darf ihm nicht all das auferlegen, zu was sie zu bequem ist. Sie darf ihn nicht ausnützen, um sich selbst in eine sichere Ecke zurückziehen zu können: „Der Pfarrer wird's schon richten!"

Der Pfarrer hat seinen Platz in der Mitte, den räumt ihm die Gemeinde auch ein. Das heißt: Der Pfarrer bekommt Zeit, Raum und Ruhe für den wesentlichen und eigentlichen Teil seiner Arbeit – er betet, hört auf Gott und bereitet sich auf seine Predigt vor. Für die Predigt bekommt er einen ganzen (oder wenigstens einen halben) Tag zur Vorbereitung – die ganze Gemeinde profitiert ja von einer guten Predigt! Wo nötig, bekommt er auch die Zeit, sich intensiv als Seelsorger um Einzelne zu kümmern – vor allem in den Notfällen des Lebens. Aber es sind nicht immer die Gleichen, die seine Zeit in Anspruch nehmen.

Der Pastor wird von allen Arbeiten entbunden, die ihm nicht liegen. Es gibt ja genügend andere Mitarbeiter in der Gemeinde, die das übernehmen können, weil sie hier ihre Begabung haben. Verwaltung und Organisation ist nicht die Sache des Pfarrers – dazu ist er nicht ausgebildet! Er steht höchstens mit Rat und Tat zur Verfügung, wenn es darum geht, die einzelnen Vorgänge zu bündeln und auf ein gemeinsames Ziel hin auszurichten.

Die Gemeinde fragt danach, was ihrem Pfarrer liegt. Sie ermöglicht ihm, sich in diesem Bereich zu entfalten. Wenn er eine Lehrbegabung hat, dann soll er Gemeindeseminare durchführen, wenn er Evangelist ist, sind Glaubenskurse das Richtige. Liegt ihm die theologische Arbeit, wird er Bibelstunden anbieten, hat er ein Herz für die Jugend, darf er sich in diesem Bereich als geistlicher Hirte investieren. Es genügt aber, wenn der Pastor neben dem Bereich der Verkündigung und Seelsorge (und die Kasualien gehören hier dazu) *einen* Schwerpunkt hat.

Die Gemeinde achtet darauf, dass der Pfarrer nicht zu viel macht, Raum zur Stille und für den nötigen Rückzug bekommt und sich Auszeiten zur eigenen Erholung nimmt. Die Gemeinde liebt, fördert und ehrt ihren Pfarrer. Sie redet über ihn nicht negativ, sondern betet für ihn. Statt ihn zu kritisieren, lobt sie ihn – auch ein Pfarrer freut sich, wenn er ein gutes Wort bekommt! Auch für ihn gilt: Ein fettes Lob macht nicht dick!

Es war nach einem harten Konflikt zwischen Pfarrer und Gemeindeleitung, der die Gemeinde an den Rand des Zerbruchs führte, als ich in mein Tagebuch schrieb:

Pfarrer und Gemeinde sind aufeinander angewiesen. Sie brauchen einander. Gott hat sie zusammengestellt als Zeichen. So wie Jesus von seinem erhöhten Platz am Kreuz aus Maria (die Mutter) und Johannes (den Jünger) zusammenführte (Johannes 19,26-27): „Frau, siehe, das ist dein Sohn! ... Siehe, das ist deine Mutter!“ In ihrem Miteinander verwirklichen sie die neue Schöpfung Gottes. Die Einheit, die die Gemeinde mit ihrem Pfarrer lebt, ist unüberwindlich. So bekommt die Gemeinde eine eindeutige Präsenz und nachdrückliche Kraft. Sie gewinnt an Bedeutung in einer Welt, in der so viel Gegeneinander ist und jeder nur nach dem Seinen trachtet. Weil die Gemeindeglieder Jesus lieben, folgen sie ihrem Pastor; was er ihnen sagt, ist das Wort Gottes. Natürlich prüft die Gemeinde mündig und erwachsen den Inhalt der Predigt. Es kann sein, dass der eine oder andere in Einzelheiten auch anderer Meinung ist und die Bibel anders auslegen würde – aber das stellt nicht infrage, dass der Pfarrer der Verkündiger des Wortes Gottes ist.

Hat die Gemeinde ein Problem mit ihrem Pfarrer, wird die Auseinandersetzung ehrlich und offen ausgetragen. Der Leitungskreis ist in der Pflicht, mit dem Pfarrer ins Gespräch zu kommen, um mit ihm zu überlegen, was das Beste für die Gemeinde ist. Wenn alle das Beste für die Gemeinde suchen, können Konflikte bewältigt werden, lassen sich Lösungen finden. Wenn nicht, gibt es keinen Weg aus dem Dilemma. Denn Pfarrer und Gemeinde brauchen einander! Ohne Pfarrer zerstreut sich die Herde und ohne Gemeinde befindet sich der Pfarrer im luftleeren Raum.

4. Leine los: Das Signal zum Aufbruch

Der Pastor leitet seine Gemeinde als Verkündiger durch das Wort Gottes. Er teilt aus, was er von Gott bekommen hat. Er öffnet seiner Gemeinde einen Zugang zur Bibel, er zeigt den Gemeindegliedern, wie geistliches Leben aussieht. Die Predigt gibt das Zeichen zum Aufbruch[7].

Der Prediger hält nichts zurück, er gibt alles. Es ist die leidenschaftliche, erweckliche Verkündigung, die die Menschen in ihrem Herzen erreicht und herausfordert: umzukehren, loszugehen, sich herzugeben oder den Besitz zu lassen. Die Predigt macht unruhig, trifft den heiklen Punkt im Leben des Menschen wie ein Pfeil, der ins Schwarze zielt. Es geht in der Predigt nicht um Richtigkeiten, die jeder schon kennt,

---

7   Ein Beispiel für das Signal zum Aufbruch ist der Text von Hans Bruns im Anhang 2.

die langweilig, unpersönlich und unkonkret daherkommen. Die Predigt sagt, was Sache ist, sie spricht Klartext. Ganz konkret wird von der Bibel her gesagt, was gut und was böse ist und was Gott von den Menschen fordert. Die Menschen werden persönlich angesprochen und mit ihrer Schuld konfrontiert. Die Predigt ist kein allgemeiner Vortrag an die „liebe Gemeinde", sie hat mit der Wirklichkeit zu tun, sie spitzt sie zu und führt zu Konkretionen, es bleibt nichts offen. Die richtige Fragestellung nach einer solchen Predigt ist die der Menschen nach der Bußpredigt des Petrus: „Ihr Männer, liebe Brüder, was sollen wir tun?" (Apostelgeschichte 2,37). Konsequenzen sind erforderlich! Es kann nicht so weitergehen wie bisher!

Ich beobachte immer wieder, dass dort, wo die Menschen von der Verkündigung getroffen sind, sie gern noch zum Gespräch beieinander bleiben. Man muss nicht erst ein Kirchencafé organisieren. Sie haben etwas erfahren, was sie verbindet, sie sind berührt und wollen nun auch einander berühren. In ihnen ist etwas weich geworden, nun brauchen sie den anderen. Die einen reagieren mit betroffenem Schweigen, sie wollen das Gehörte noch nachklingen lassen. Die anderen suchen das Gespräch: „Wie ging es dir damit? Was hast du gehört? Welche Schlüsse ziehst du für dich?"

Die Predigt führt zu Konkretionen, die eigenes Handeln ermöglichen. Weil sie zur Sprache bringt, macht sie sprachfähig. Die Kirche des Wortes wird zur Kirche der Tat. Das Gehörte ist so gewaltig, dass es niemand für sich behalten kann, es muss hinausgetragen, weitergegeben und umgesetzt werden.

Viele Menschen suchen heute nach Worten mit Inhalt, sie hören so viele hohle Worte, Hülsen, Halbwahrheit oder Lügen. Sie sehnen sich nach einer Wahrheit, die begründet ist, weil sie von Gott kommt. Es geht nicht um menschliche Weisheiten, sondern um das Wort Gottes. Das finden sie nur hier in der Gemeinde. Hier werden nicht viele Worte gemacht, sondern das *eine* Wort gepredigt, hier geht es um Wesentliches, um das Leben!

Die Menschen spüren, dass nicht ein Mensch predigt, sondern Gott redet. Sie begegnen Gott selbst. Natürlich ist es ein kleiner, schwacher Mensch, der – vielleicht mühsam und armselig – Gottes Wort verkündigt, aber in Wirklichkeit ist es Gott selbst, der sich Zugang zu den

Menschen schafft. Und das ist doch eine erstaunliche Tatsache: Gott nimmt menschliche Worte und füllt sie mit seinem Inhalt. Immer wieder tut er dieses Wunder, dass er aus einer menschlichen Predigt ein persönliches Gotteswort macht, das die harte Schale des zuhörenden Menschen durchdringt und sein Herz verändert!

Die Gemeinde, die das weiß und dieses Wunder immer wieder erfährt, kommt erwartungsvoll und hungrig in den Gottesdienst. Sie erwartet von Gott, dass *er* handelt, sie erwartet es nicht von ihrem Prediger. Sie schaut nicht auf den, der das Wort verkündigt, sondern auf den, von dem das Wort kommt – auf Gott. Die Zuhörer sind offen, sie wollen nicht das hören, was sie nur mit ihren Ohren hören können, sondern mehr – darüber hinaus. Deshalb machen sie sich ganz auf und sagen Gott zu Beginn des Gottesdienstes. „Rede, Herr, ich höre. Mein Herz ist offen für dich." Und Gott redet – und die Gemeinde kommt in Fahrt!

In diesem Fall ist es Gott, der das Kommando gibt: Leinen los!

PRAXIS: SCHRITTE ZUEINANDER: PFARRER UND GEMEINDE

Schritte des Pfarrers:

1. Gehen Sie auf Ihre Gemeindeglieder zu, hören Sie darauf, was sie sagen, nehmen Sie ihre Fragestellung auf. Versetzen Sie sich in ihren Alltag: Was sind ihre Probleme, Sorgen Nöte?
Nehmen Sie Amtshandlungen und Seelsorgegespräche als Gelegenheit, einen tiefen Blick in die Lebenswirklichkeit anderer Menschen zu tun. Das gibt Ihnen die Grundlage für Ihre Predigten.

2. Nehmen Sie sich viel Zeit zum Gebet. Suchen Sie immer wieder Zeiten der Stille. Gönnen Sie sich Einkehrtage. Arbeiten Sie an der Vertiefung Ihres geistlichen Lebens – das ist für Sie wichtig, aber auch für Ihren Dienst. Seien Sie selbst ein Hörer des Wortes – nicht nur ein Verkündiger. Vor dem Reden kommt das Hören. Gerade ein Pfarrer braucht die tägliche Bibellese.

3. Nehmen Sie eigene Krisen und Schwierigkeiten als Chance zur Vertiefung Ihres geistlichen Lebens. Weichen Sie Problemen nicht aus, es sind Gelegenheiten, um zu lernen. Gehen Sie mutig und aufmerksam in Auseinandersetzungen. Scheuen Sie sich nicht, eigene Fehler zuzugeben und andere um Entschuldigung zu bitten. Stellen Sie sich nicht über die anderen, sondern unter sie. Tun Sie alles, was den anderen dient – auch wenn es zu Ihren Lasten geht.

4. Sie müssen nicht perfekt sein. Stehen Sie zu Ihren Schwächen, auch Sie brauchen Ergänzung und Hilfe. Ziehen Sie sich nicht beleidigt zurück, wenn andere Sie auf Ihre Fehler oder Schwachstellen hinweisen. Überprüfen Sie, wo die Kritik an Ihnen berechtigt ist. Weisen Sie nicht zu schnell alle Vorwürfe ab, überlegen Sie sich in Ruhe, was am Feedback Ihrer Gemeindeglieder wahr sein könnte.

5. Suchen Sie sich Berater – in der Gemeinde oder besser von außerhalb. Geben Sie ein paar vertrauten Menschen das Recht, ganz persönlich zu Ihnen reden zu dürfen. Suchen Sie einen Menschen, dem Sie Rechenschaft über Ihr Tun geben und der Sie dann auch hinterfragen darf. Seien Sie diesem Menschen gegenüber schonungslos offen.

6. Entschließen Sie sich, die Mitglieder Ihres Leitungskreises als Ihre engsten Mitarbeiter ernst zu nehmen. Stellen Sie diesem Kreis Ihre Gedanken und Überlegungen zur Verfügung. Manipulieren Sie nicht, um Ihre Ziele zu erreichen. Vielleicht ist eine Sache im Augenblick noch nicht dran, stellen Sie sie dann zurück. Lassen Sie nicht zu, dass Gerüchte, Verdächtigungen, Unwahrheit oder Vorbehalte zwischen Sie und die Mitglieder Ihres Leitungskreises kommen – wenn die Einheit zwischen Ihnen zerbricht, ist das schlimm für die Gemeinde – und für Sie. Suchen Sie nach einer guten persönlichen Beziehung zu denen, die mit Ihnen Verantwortung für die Gemeinde tragen.

7. Seien Sie ermutigend: Bevollmächtigen Sie Menschen zur Mitarbeit, delegieren Sie Aufgaben, sprechen Sie anderen Kompetenz zu. Haben Sie zu den Menschen, die Sie beauftragen, eine große Portion an Zutrauen – auch wenn sie die Sache anders tun, als Sie gedacht haben (wenn es der Gemeinde dient). Haben Sie selbst den Mut, Fehler zu machen, treffen Sie Entscheidungen – auch wenn sie wehtun. Weichen Sie unangenehmen Aufgaben nicht aus. Lassen Sie sich nicht von Ihren Ängsten bestimmen.

Schritte der Gemeinde:

1. Wählen Sie zuverlässige Gemeindeglieder in das Leitungsgremium. Prüfen Sie sorgfältig, wer für eine Leitungsaufgabe geeignet ist. Geben Sie dem Leitungskreis Vollmacht, also Handlungskompetenz. Akzeptieren Sie die Entscheidungen der Leitung. Wenn Sie Fragen haben, gehen Sie auf das Gremium zu und bitten Sie um eine Begründung der Entscheidung. Achten Sie die Mitglieder der Leitung.

2. Beten Sie für Ihr Leitungsgremium. Interessieren Sie sich für die Tagesordnung der Sitzung. Fragen Sie nach, welche Beschlüsse getroffen wurden. Nehmen Sie Anteil an den Entscheidungen. Seien Sie bereit, die Ergebnisse mitzutragen, und helfen Sie bei ihrer Umsetzung mit.

3. Beten Sie für Ihren Pfarrer. Bitten Sie Gott um seinen Schutz für ihn und seine Familie. Reden Sie in positiver Weise über ihn. Zeigen Sie ihm persönliches Interesse. Erkundigen Sie sich immer wieder, wie es ihm geht. Zeigen Sie ihm, dass er nicht allein ist. Fragen Sie ihn, wie Sie ihn unterstützen können, und seien Sie bereit, die Aufgaben zu übernehmen, die er Ihnen zuweist – auch wenn sie ungewöhnlich oder schwierig sind.

4. Legen Sie Ihre Erwartungen gegenüber Ihrem Pfarrer ab, geben Sie ihn frei, damit er so sein kann, wie er ist. Finden Sie seine Stärken heraus und unterstützen Sie ihn dort. Helfen Sie mit, dass er Zeit hat für die Hauptsache seines Dienstes: Gebet, Verkündigung und Seelsorge. Ermöglichen Sie ihm Fortbildungen, Einkehrzeiten und geistliche Schulungen. Tun Sie alles, damit es Ihrem Pfarrer gut geht.

5. Beten Sie für die Gottesdienste. Bitten Sie Gott, dass *er* redet. Gehen Sie erwartungsvoll und hörbereit in den Gottesdienst. Seien Sie bereit, sich treffen zu lassen und Konsequenzen aus dem Gehörten

zu ziehen. Achten Sie auch aufmerksam auf Nebensächliches: Vielleicht spricht Gott Sie auf ganz unerwartete Weise an. Suchen Sie nicht die Bestätigung dessen, was Sie schon wissen, sondern seien Sie offen für Neues.

6. Seien Sie nicht enttäuscht und beleidigt, wenn es nicht immer um Sie geht, es gibt noch viele andere Menschen in der Gemeinde. Nehmen Sie sich gern und willig zurück und lassen Sie anderen den Vortritt, die es nötiger haben als Sie. Verstehen Sie die Gemeinde nicht als einen Ort, wo es um Ihre Bedürfnisse geht und Sie das bekommen, was *Sie* wollen. Halten Sie auch Zeiten durch, wo Sie nichts bekommen.

7. Wenn Sie aber den Eindruck haben, dass Sie etwas sagen sollen (sei es Kritik oder seien es Verbesserungsvorschläge), seien Sie mutig: Stellen Sie Ihre Fragen, bringen Sie sich ein. Ihre Gedanken können entscheidend wichtig sein – halten Sie sie nicht zurück. Riskieren Sie es, ins Rampenlicht zu kommen, scheuen Sie sich nicht, beachtet zu werden. Wenn Sie etwas zu sagen haben, sagen Sie es: einfach, unspektakulär, ohne große Worte, nicht mit Druck oder Drohungen – seien Sie so sachlich wie möglich. Sie müssen sich nicht durchsetzen oder die Gemeinde retten – aber Sie dürfen Ihre Meinung sagen (wie andere auch)! Sollten Sie Fehler machen oder sich blamieren, ist das nicht so schlimm. Sie müssen nicht perfekt sein (niemand ist es), Sie dürfen danebenliegen – mutig den Mund aufzumachen ist besser, als sich vornehm zurückzuhalten, wenn man eigentlich etwas sagen sollte.

5. Leine: Mitarbeit

Jeder Christ ein Mitarbeiter

Das Schiff Gemeinde steht unter Dampf, dicke Rauchschwaden werden in die Luft gepustet, die Motoren bringen das ganze Schiff zum Vibrieren – aber es legt nicht ab. Die Mannschaft hat bereits die Ärmel hochgekrempelt, alle schauen nach vorn, sind bereit, das Nötige zu tun. Aber es geschieht nichts.

Viele Gemeinden kommen mir vor, als würden sie im Leerlauf fahren wollen. Das ist ein irrsinniger Zustand, denn ohne dass sich die Energie auf die Schiffsschrauben überträgt, läuft nichts: Der Motor heult zwar auf, aber es geht nicht voran. Man möchte das schwere Gefährt Gemeinde in Fahrt bringen – aber ohne dass es der Anstrengung einzelner Menschen bedarf, es soll wie von selbst gehen. Aber das funktioniert nicht! Das heißt: Ohne den Einsatz von vielen kommt die Gemeinde nicht voran! Eine Gemeinde ohne Mitarbeiter bewegt sich nicht von der Stelle!

Das Problem ist oft: Gemeindeglieder kennen das Ziel, in ergreifenden Predigten wurde es ihnen vor Augen gemalt. Sie wissen, was zu tun ist – aber sie bleiben stehen. Warum? Der einfache Grund ist der, dass das Signal zum Aufbruch noch nicht gegeben wurde, sie haben noch nicht die Startfreigabe bekommen.

Das ist wie bei einem großen Sportfest: Die Läufer stehen hinter der Startlinie, sie haben sich bereits warm gelaufen, sind motiviert, endlich loszulegen, um zu zeigen, was in ihnen steckt. Aber das Kommando zum Losrennen kommt nicht. Es hat zwar bereits ein paar Fehlstarts gegeben, aber sie beruhten alle auf falschen Informationen, Missverständnissen oder ein paar Übereifrigen, die nicht warten konnten. Je länger die ungeklärte Situation hinter der Startlinie dauert, desto demotivierter werden die Läufer, sie kühlen ab, beschäftigen sich mit anderem, verlieren das Ziel und ihre Absicht – alles zu geben – aus dem Sinn. Sie unterhalten sich miteinander, ein paar machen aus purer Langeweile Blödsinn, andere toben herum, weil sie nicht wissen, wo sie mit ihren Kräften hinsollen. Die aufmerksame Konzentration nimmt ab, die Lust auf die Herausforderung schwindet.

Genau diesen Zustand erlebe ich in christlichen Gemeinden!

Da sind Menschen zum Glauben an Jesus Christus gekommen, sie haben sich in die Gemeinde eingefügt und verstanden, dass jeder Christ auch ein Mitarbeiter ist. Sie sind bereit, sich einzubringen, sie wollen etwas tun, sie sehnen sich danach, dass ihr Glaube zur Tat wird. Sie bemühen sich, ihre Gaben herauszufinden, und fragen nach ihrem Platz im Leib Christi. Dann wenden sie sich an den Pastor, erklären ihm ihre Bereitschaft zur Mitarbeit, stellen sich zur Verfügung, machen konkrete Vorschläge – und laufen ins Leere. Offensichtlich werden sie nicht gebraucht. Mehr noch, sie sind sogar ein Hindernis für den Gemeindeaufbau, weil sie mit ihren Initiativen das Gewohnte stören. Ihre Anregungen, was alles getan werden kann, werden freundlich belächelt oder mit vielen Gegenargumenten abgeschmettert: „Das funktioniert nicht! Seien Sie mal länger in dieser Gemeinde, dann werden Sie schon sehen, was geht oder nicht! Bohren Sie zuerst einmal kleine Brettchen, dann sehen wir weiter ...“

Natürlich wird das nicht so direkt gesagt, aber das zur Mitarbeit willige Gemeindeglied spürt doch: So ernst war das mit der Mitarbeit nicht gemeint.

Zwei Beispiele sollen die geschilderte Situation verschärfen:

Eine Kirchengemeinderätin macht sich für die Mitarbeiter stark. Sie möchte einen regelmäßigen Mitarbeiterabend durchführen. Das wird so im Leitungsgremium beschlossen und die Abende zeigen, dass hier tatsächlich ein Bedarf besteht. Die Kirchengemeinderätin setzt sich ein und hat Erfolg, die Mitarbeiter kommen gern und fühlen sich wohl. Aber offensichtlich ist das dem Pfarrer ein Dorn im Auge, für ihn bekommt die Kirchengemeinderätin zu viel Einfluss. Er fühlt sich in den Hintergrund gedrängt. Im Gemeindevorstand setzt er durch, dass die Mitarbeiterabende in Zukunft von ihm in einer ganz anderen Form durchgeführt werden. Die Kirchengemeinderätin fühlt sich ausgebootet und zieht sich zurück. Die Mitarbeiterabende verlieren an Attraktivität.

Zur Vorbereitung eines Mitarbeiterfestes wird ein Ausschuss eingesetzt. Lange wird über die inhaltliche Gestaltung des Festes nachgedacht, niemand hat die zündende Idee, auch der Pfarrer nicht. Alle Vorschläge, die gemacht werden, weist er zurück, entweder sind sie ihm nicht gut genug oder zu teuer. Es wurden keine Finanzen für diesen

Event eingestellt. Nach etwa zwei Stunden mühsamer Überlegungen einigt man sich auf ein einfaches Essen und ein Programm mit eigenen Kräften. Am anderen Tag kommt ein Anruf des Pfarrers: „Alles zurück!" Er habe nun in einem Lokal einen Raum und ein Dreigängemenü bestellt. Der Mitarbeiter ist wie vor den Kopf geschlagen: „Spielt denn nun das Geld keine Rolle mehr? Warum geht nun, was gestern nicht ging?" Er fragt sich: „Warum muss ich in einem Ausschuss sitzen und mir den Kopf zerbrechen, wenn nachher doch alles ganz anders wird?"

Machen die Mitarbeiter öfter die gleiche Erfahrung, entsteht bei ihnen der Eindruck: Mitarbeiten ja – aber keine Vorschläge machen. Mitdenken darf sein, aber bitte im Rahmen. Wer etwas tun möchte, sollte an erster Stelle bereit sein, sich dienend im normalen Programm der Gemeinde einzubringen. Es ist kein Wunder, wenn Gemeindeglieder frustriert aufgeben und ihre Bereitschaft zur Mitarbeit über kurz oder lang zurückziehen.

Denn es wird nicht darüber geredet, was Mitarbeit konkret bedeutet, kein Mensch weiß, was von einem Mitarbeiter erwartet wird. Die Bedingungen für die Mitarbeit sind unklar. Genauso wenig wissen die Mitarbeiter um die Ziele der Gemeinde und kennen ihren Beitrag, um diese Ziele zu erreichen. Daraus ergeben sich viele mühevolle Konflikte, die unnötig wären, würde an dieser Stelle gründlicher gearbeitet.

Es muss grundsätzlich in der Gemeinde bekannt sein, wie man Mitarbeiter wird: Wer beruft die Mitarbeiter? Wie werden sie eingesetzt?

Für jeden Mitarbeiter sollte beschrieben sein, wie seine Mitarbeit aussieht: Was ist sein Aufgabenbereich? Wo liegen seine Kompetenzen? Was kann er tun, was nicht?

Die Rahmenbedingungen sind bekannt: Welche Ziele soll der Mitarbeiter erreichen? Was ist sein Beitrag für die Gemeindearbeit? Wie sind die finanziellen Möglichkeiten? Welche Zeitvorgaben gibt es?

Wenn diese Fragen eindeutig und befriedigend besprochen (und möglichst schriftlich fixiert sind), kann der Mitarbeiter loslegen. Er wird sich nicht so schnell frustriert zurückziehen, weil er sich ausgenützt oder alleingelassen vorkommt.

MITARBEITERGEWINNUNG

Warum ist eine Mitarbeit in der Gemeinde mit so vielen Vorbehalten belastet? Eigentlich müsste sich eine Gemeinde darüber freuen, wenn sich ihre Gemeindeglieder zur Mitarbeit melden. Vor allem die Bereitschaft zu einer verantwortlichen Mitarbeit wird oft kritisch beäugt: Was will der (oder die)? Was steckt hinter dem Angebot zu einer kompetenten Mitarbeit?

Die Vorbehalte gegen potenzielle Mitarbeiter haben einen einfachen Grund: Sie könnten die wohlgeordnete und genau einjustierte Situation der Gemeinde aus dem Gleichgewicht bringen.

Folgende Fragen spielen eine Rolle:

Passt das Angebot zur Mitarbeit ins Angebotsprofil der Gemeinde?

Will der Mitarbeiter etwas für sich oder geht es ihm um die Gemeinde?

Wird durch die Mitarbeit die inhaltliche Zielrichtung verändert?

Wie sieht die langfristige Perspektive für eine Zusammenarbeit aus?

Will sich die Gemeinde in diesem Bereich investieren oder hat sie andere Schwerpunkte?

Natürlich muss sich jeder Bewerber um eine Mitarbeit in der Gemeinde selber fragen, aus welchen Motiven heraus er sein Angebot macht. Er muss selbstkritisch und ehrlich prüfen, ob es ihm darum geht, Anerkennung zu bekommen, gesehen zu werden, eine Rolle zu spielen oder sogar Macht auszuüben.

Natürlich muss sich die Gemeinde (beziehungsweise vor allem die Gemeindeleitung) fragen, ob sie auf das Angebot zur Mitarbeit eingehen kann oder will: Ist es ein zuverlässiger und vertrauenswürdiger Mensch? Hat er sich bewährt? Ist er belastbar, hält er auch bei Krisen durch?

Und dann kommen die Überlegungen zum Umfeld: Besteht in dem Bereich, in dem das Angebot zur Mitarbeit gemacht wird, Bedarf? Was geschieht mit dem Bereich, wenn dieser Mitarbeiter einmal nicht mehr möchte – die Leitung muss ja die langfristige Entwicklung im Auge haben. Und dann die Hauptfrage: Passt das Angebot in die gegenwärtige Struktur und Zielrichtung der Gemeinde?

Das alles sind die sachlichen Fragen, über die nachgedacht werden muss, wenn es um eine konkrete Mitarbeit geht.

Aber dabei geht es noch um eine andere Ebene: Wird dem Mitarbeiter das Gefühl vermittelt, ernst genommen zu werden? Fühlt er sich wahrgenommen oder zurückgestoßen? Wie wird auf ihn eingegangen? Er hat schließlich den Mut gefasst und sich zur Verfügung gestellt, er hat mit seinem Vorschlag einen Vorstoß gewagt, er hat sich mit seinen Vorstellungen und Wünschen geoutet – wie geht es ihm nun gefühlsmäßig, wenn er abgewiesen wird oder – was noch schlimmer ist – gar nicht gehört wird?

Mitarbeitergewinnung ist ein schwieriges Geschäft! Aber *Mitarbeitergewinnung* beginnt dort, wo es gelingt, den *Menschen* zu gewinnen. Der entscheidende Schritt dabei ist, dass der Pfarrer auf das Gemeindeglied zugeht. Da führt kein Weg daran vorbei: Der zukünftige Mitarbeiter will das Gefühl haben, dass man sich persönlich für ihn interessiert, dass er menschlich wichtig ist, dass es nicht nur um seine Arbeitsleistung geht, sondern vor allem um seine Persönlichkeit. Die Mitarbeiter der Gemeinde sind für den Pfarrer die wichtigste Ressource für die Gemeindearbeit. Ist ihm das klar? Dieser Schatz will gehütet und gut behandelt werden! Wer sich vom Pfarrer wahr- und ernst genommen fühlt und dadurch den Eindruck gewinnt, tatsächlich wichtig zu sein, wird sich auch gern mit seiner Zeit und seiner Kraft in der Gemeinde einbringen – beides (Zeit und Kraft) sind heute unschätzbar kostbare „Rohstoffe" mit denen äußerst pfleglich umzugehen ist. Mitarbeiter müssen wissen, dass sie wichtig sind – und der Hirte der Gemeinde muss ihnen das immer wieder sagen.

In meinem Tagebuch findet sich folgender Eintrag, der zeigt, wie es einem Mitarbeiter in der Kirche gehen kann:
Ich werde wegen eines Gemeindekonfliktes vor eine kirchliche Dienststelle geladen. Der Ort des Treffens wird mir nicht genau beschrieben, offensichtlich geht man davon aus, dass jeder weiß, wo sich das Amt befindet. Ich stehe vor einem großen alten Haus und drücke an der Eingangstür auf die Klingel. Niemand meldet sich. Schließlich merke ich, dass sich die schwere Pforte öffnen lässt. Ich betrete ein dunkles Treppenhaus, taste mich die Stiegen hinauf und finde die Tür, auf der „Anmeldung" steht. Ich klopfe an. Niemand meldet sich. Nach einiger Zeit öffne ich vorsichtig die Tür. Der Raum ist leer, in der Ecke läuft eine Druckmaschine. Es ist ein Durch-

gangszimmer. Ich klopfe an die Tür zu den Amtsräumen und werde endlich wahrgenommen. Ich solle mich gedulden, wird mir mitgeteilt, die Besprechung habe sich verzögert. Ich könne hier warten und Platz nehmen. In dem kleinen Kabuff steht ein Stuhl, auf dem Mäntel liegen. Mangels Garderobe lege ich meinen dazu. Ich stehe und warte. Endlich werde ich hereingerufen. Die anwesenden Personen stellen sich vor und erklären mir mit vielen Worten den Grund der Anhörung. Nach mir fragt niemand. Ich spüre kein Interesse an meiner Person. Ich soll hier nur Fragen beantworten. Versuche ich einen eigenen Gedanken einzubringen, wird er nicht wahrgenommen. Ich fühle mich nicht ernst genommen. Ich bin zwar hier als Mitarbeiter nötig, aber nicht wirklich willkommen. Ich habe den Eindruck, ein Rad im Getriebe zu sein, das zu funktionieren hat – mehr nicht. Nach einer knappen Stunde wird mir bedeutet, dass das Gespräch zu Ende sei. Ich versuche noch ein paar persönliche, freundliche Worte, stoße aber auf keine Resonanz. Ich habe meine Schuldigkeit getan, ich kann gehen. Wieder auf der Straße atme ich zuerst tief durch. Ich fühle mich nicht wohl in meiner Haut: Habe ich das Richtige gesagt? War mein Beitrag sinnvoll? Und dabei wird mir deutlich: Es war mir gar nicht klar, was ich eigentlich sollte, warum ich kommen musste. Und in diesem Augenblick verstehe ich mein Unwohlsein: Ich fühle mich einfach nur ausgenutzt!

So sieht Mitarbeitergewinnung nicht aus. Wer so mit Menschen umgeht, muss sich nicht wundern, wenn die Mitarbeiter weglaufen und nur noch die wenigsten bereit sind, sich kompetent und verantwortlich einzubringen.

GOTTES MITARBEITER

Meine Schlussfolgerung aufgrund von vielen unterschiedlichen Formen eigener Mitarbeit in christlichen Gemeinden (hauptamtlich, ehrenamtlich, freiberuflich) lautet: Ich lasse mich nicht frustrieren. Ich habe für mich die Entscheidung getroffen, mich niemals beleidigt zurückzuziehen, nicht aggressiv zu werden, nicht empfindlich zu reagieren oder wütend anzugreifen, wenn meine Mitarbeit infrage gestellt wird. Dieser innere Beschluss kostet mich immer wieder viel Überwindung (und gelingt nicht immer) – aber er ist überlebensnotwendig. Ohne diese Vorgabe würde ich immer wieder ermüdet oder empört das Handtuch werfen.

Mein Fazit aus allen schmerzvollen Erfahrungen heißt: Wer in einer christlichen Gemeinde mitarbeiten will, muss belastbar, flexibel, tolerant sein und ein weites Herz haben.

Aber ein solcher Beschluss, wie ich ihn getroffen habe, braucht eine Grundlage, sonst wird er bald zur bloßen Absichtserklärung, die kaum durchzuhalten ist. Es geht im Grunde um die entscheidende Frage: Wessen Mitarbeiter bin ich?

Schauen wir uns genauer an, um was es bei der *Mitarbeit* geht:

Jeder Mitarbeiter arbeitet *mit* anderen zusammen, der Mitarbeitende ist Teil eines Ganzen, es gibt neben ihm noch andere Arbeiter. Der Gegensatz dazu wäre der Einzelkämpfer. Die Antwort auf die Frage: „Wessen Mitarbeiter bin ich?" wäre demnach: „Ich bin Mitarbeiter der anderen, die mit mir zusammen an der gleichen Sache arbeiten." Ins Blickfeld rücken die Sachen, um die es geht, und die anderen, die an meiner Seite stehen. Wir sind ein Team mit einer gemeinsamen Aufgabe! Wenn ich meinen Teil nicht tue, dann fehlt etwas – oder ein anderer muss meinen Part übernehmen und muss deswegen zusätzliche Arbeit auf sich nehmen. Meine Arbeit ist also ein wichtiger Beitrag an einer gemeinsamen Sache.

Der Mitarbeiter *arbeitet* – der Gegensatz dazu wäre das passive Gemeindeglied, das nur teilnimmt und sich bedienen lässt. Der Begriff Mitarbeiter drückt also einen aktiven Status aus. Wir haben nun an anderer Stelle bereits gesehen, dass jeder Christ ein Mitarbeiter ist, es gibt kein passives Christsein – es gibt höchstens Zeiten der Sammlung, der Heilung, der inneren Zurüstung, in denen der Christ auf seinen Dienst für Gott vorbereitet wird. Mitarbeit ist also eine ganz normale, selbstverständliche Sache, im Reich Gottes gibt es keine stillen Teilhaber.

Mitarbeit ist ein Ausdruck dessen, dass der Christ eine Berufung hat, er soll die Werke Gottes tun (siehe zum Beispiel Matthäus 7,21). Werke haben im protestantischen Raum ein schlechtes Image, sie werden unversehens in den Bereich der Werkgerechtigkeit geschoben. Für einen evangelischen Christen, der sich auf die Reformation bezieht, hat der Glaube die oberste Priorität – allein der Glaube an Jesus Christus zählt! Die Gnade Gottes macht den Menschen zum Nachfolger Christi. Das führt dazu, dass das Tun, die Werke, die konkrete Mitarbeit abgewertet werden. Die Angst besteht, dass die Mitarbeit ein glaubensbegründendes Gewicht bekommt nach dem Motto: „Nur der Mitarbeiter ist ein guter Christ." Die Folge dieser reformatorischen Angst ist ein Rückzug in die Innerlichkeit, das konkrete Tun wird abgewertet. Der Standpunkt wird bezogen: „Ich glaube, das genügt!" Es geht mehr um den richtigen Glauben als um das richtige Tun. Dabei gehören Glauben *und* Werke zusammen. Der Gläubige ist nicht deswegen ein guter Christ, weil er ein guter Mitarbeiter ist, aber weil er ein guter Christ ist (von Gott gerechtfertigt und befähigt), ist er auch ein guter Arbeiter in Gottes Weinberg und Gottes Welt.

Der Grund der Mitarbeit ist also die Beziehung zu Gott. Der von Gott angenommene Mensch wird zu *Gottes* Mitarbeiter.

Hier ist die wichtigste Antwort auf die Frage: „Wessen Mitarbeiter bin ich?" Ich bin Gottes Mitarbeiter! Gott ist das Gegenüber, Gott stellt an und nimmt in die Pflicht – und er tut es auf seine Weise und zu seinen Bedingungen (siehe zum Beispiel das Gleichnis Jesu von den Arbeitern im Weinberg: Matthäus 20,1-16). Auftraggeber ist nicht der Pfarrer oder der Gemeindevorstand, sondern Gott allein. Mit Paulus können die Mitarbeiter in der Gemeinde sagen: „Wir sind Gottes Mitarbeiter" (1. Korinther 3,9). Gleichzeitig gilt aber auch für jeden Mitarbeiter: „Wir sind Gottes Ackerfeld und Gottes Bau." So wie die Gemeindemitarbeiter Gottes Land bebauen und auf seiner Baustelle arbeiten, so werden sie von Gott selbst beackert und als „lebendige Bausteine" in den Aufbau seines Tempels eingefügt (1. Petrus 2,5).

Gottes Berufung ist die grundlegende Indienstnahme. Damit gehört kein Mitarbeiter mehr sich selbst. Jeder ist von Gott beauftragt, dient ihm und handelt in seinem Namen. Alle tun es gemeinsam und indem sie sich von Gott für ganz konkrete Aufgaben einsetzen lassen, jeder an seinem Platz. Gott verlangt von jedem Rechenschaft über den Auftrag, den er ihm gegeben hat, und er allein beurteilt das Ergebnis der Arbeit des einzelnen Mitarbeiters.

Auf der einen Seite entlastet diese Erkenntnis, denn es geht um Gottes Werk und nicht um die Sache von Menschen. Auf der anderen Seite vermittelt die Erkenntnis: „Ich bin von Gott an die Arbeit gestellt!" Tiefe und Konsequenz.

Das bedeutet: Es geht letztlich nicht um meine Leistung, um meinen Erfolg – sondern um den Auftraggeber. Wenn ich scheitere, lässt mich Gott nicht fallen, er kündigt mir nicht grundsätzlich, wenn ich versage. Ich muss mich nicht durchsetzen, wenn es um Gottes Sache geht. Ich muss nicht um meine Macht und meinen Einfluss kämpfen, weil Gott für mich streitet. Wenn ich ihn darum bitte, rüstet er mich für meinen Dienst aus, denn er lässt mich nicht ohne die nötigen Werkzeuge an die Arbeit gehen. Für Gott bin ich wertvoll, auch wenn ich menschlich gesehen nicht viel bewirken kann. Er hat eine ganz eigene Vorstellung von Mitarbeit: Bei ihm zählt nicht an erster Stelle meine Arbeitskraft, sondern meine Hingabe. Er will, dass ich mich ihm zur Verfügung stelle, für alles Weitere ist er zuständig. Wenn ich sage: „Hier bin ich, sende mich!", dann nimmt er das ernst und teilt mir die Aufgabe zu, die zu mir passt.

BERUFEN UND EINGESETZT

Mitarbeit im Reich Gottes unterliegt also nicht der menschlichen Bewertung. Sie ist mehr als ein Dienst für Menschen, sie ist Ausdruck der Berufung Gottes. Das ist die entscheidende Grundlage für jeden Mitarbeiter in der Gemeinde – aber es ist nur die eine Seite der Medaille.

Gott beruft den Mitarbeiter – aber Menschen setzen ihn ein. Gott weist den Platz der Mitarbeit zu – aber Menschen bestätigen ihn. Der Mitarbeiter gibt Gott Rechenschaft – aber gleichzeitig ist er gegenüber der Gemeindeleitung für das verantwortlich, was er tut. Es geht um das Reich Gottes *und* um die Ordnung der Gemeinde.

Hier wird die Sache spannend! Hier treffen Gottes Reich und Menschenwerk aufeinander – und diese Berührungspunkte sind immer Zonen für Konflikte, Klärungsprozesse und schmerzvolle Auseinandersetzungen.

Schauen wir uns den Vorgang genauer an:

Ein Mensch kommt zum Glauben an Gott, er wird Christ. Nun wächst er in die Beziehung zu Gott hinein, erkennt in Gott seinen Vater, in Jesus seinen Bruder – und damit bekommt er in allen anderen Mitchristen viele Schwestern und Brüder. Durch Gottes Freundlichkeit und Liebe wird der Mensch heil, er lässt sich umgestalten durch Gottes

Wort, wird erneuert, das innere Wesen verändert sich. Er wird dadurch fähiger zur Beziehung mit anderen Menschen – und zum Dienst für Gott.

Gott schenkt dem Menschen, der ihm nachfolgt, eine Berufung, er gibt ihm einen persönlichen Auftrag. Dafür rüstet er ihn aus mit Gaben. Es ist ein längerer Prozess, bis der Christ diese Aufgabe erkennt und annimmt und lernt, mit den Gaben umzugehen, die er für die Ausführung bekommen hat. Es wird immer konkreter deutlich, wie die Mitarbeit im Reich Gottes aussehen kann. Auf dem Weg der Berufungsfindung braucht ein Christ Unterstützung: ältere Christen begleiten ihn, er besucht ein Seminar „Entdecke deine Berufung"[8] und die Gemeinde führt einen Kurs durch, der ihm hilft, seine Gaben zu finden und zu entfalten.

Schließlich kennt der Christ seine Berufung, nun sucht er seinen Platz in der Gemeinde. Er geht mit dem, was er erkannt hat, zum Pastor oder zu einem anderen Mitglied der Gemeindeleitung. Dort teilt er möglichst konkret mit, wie er sich seine Mitarbeit vorstellen könnte.

Nun berät die Gemeindeleitung darüber, wie dieses Gemeindeglied seine Gaben einsetzen kann und wo der richtige Platz ist, an dem es seine Berufung leben kann. Die Gemeindeleitung teilt das Ergebnis der Beratungen dem Gemeindeglied mit. Es prüft den Vorschlag, fragt Gott und sein Herz, dann sagt es Ja zu der Aufgabe, vor die es gestellt wird. Es erkennt darin den Auftrag Gottes und sieht, dass sich auf diese Weise seine Berufung verwirklichen lässt.

Nun entwickelt der Mitarbeiter mit anderen zusammen ein Konzept seiner Arbeit beziehungsweise lässt sich in ein bestehendes Konzept einfügen. Dann nimmt er seine Tätigkeit auf.

Nach einiger Zeit (ca. einem halben Jahr) wird gemeinsam von Gemeindeleitung und Mitarbeiter überprüft: Ist das tatsächlich sein Platz? Hat sich die Beauftragung für diese Arbeit bestätigt? Was sagen die anderen Mitarbeiter seines Bereiches über seinen Einsatz?

Wenn diese Überprüfung positiv ausfällt, wird der Mitarbeiter nun vor der Gemeinde und offiziell in diese Aufgabe eingesetzt, dafür gesegnet und bevollmächtigt.

---

8 Siehe zum Beispiel: Andrea Kreuzer, Meine Berufung entdecken und leben. Eine praktische Anleitung, Neukirchen-Vluyn, 2007.

Zeigt sich aber, dass ein anderer Tätigkeitsbereich besser wäre, wird weiter gesucht und geforscht, bis er gefunden wird. Der Mitarbeiter wird an dieser Suche beteiligt, er wird ernst genommen – es geht schließlich um ihn.

Kein Mitarbeiter beauftragt sich für eine Aufgabe selber, jeder wird von der Gemeindeleitung vor der Gemeinde dafür berufen und eingesetzt – das ist die Ordnung der Gemeinde. Die Gemeindeglieder wissen, wer für welche Arbeit zuständig ist, sie achten die Personen, die die Kompetenz für einen bestimmten Tätigkeitsbereich bekommen haben. Es ist geklärt, an wen man sich wenden kann, wenn man diesbezüglich eine Frage hat.

Für einen Bereich die Kompetenz zu bekommen bedeutet: Hier ist dieser Mitarbeiter zuständig. Er darf eigenständig und voll verantwortlich agieren. Regelmäßig berichtet er über seine Tätigkeit. Wenn er Fragen hat, die seine Arbeit betreffen, wendet er sich an die Gemeindeleitung und bekommt Antwort. Die Gemeindeleitung vertraut ihm, bestätigt und unterstützt ihn und stellt sich hinter ihn, wenn es Probleme gibt.

Das klingt alles ideal und schön – und doch läuft es in den wenigsten Gemeinden so ab. Wir müssen hier noch einmal einen Schritt zurückgehen. Erlauben Sie mir einen leidenschaftlichen Appell:

Liebe Pfarrer und Pastoren, lassen Sie Ihre Mitarbeiter los! Es sind nicht Ihre Angestellten, sondern Gottes Mitarbeiter. Unterstützen Sie die Mitarbeiter in Ihrer Gemeinde, seien Sie ihre Förderer, Befähiger und Anleiter. Aber verstehen Sie sich nicht als ihre Dienstherren. Haben Sie grenzenloses Zutrauen zu Ihren Mitarbeitern, denn Zutrauen ist die proaktive Steigerung von Vertrauen. Die Mitarbeiter brauchen diese Bestätigung, sie müssen das Gefühl haben, wahrgenommen und geschätzt zu werden. Wenn sie Vorbehalte, Ängste spüren und den Eindruck gewinnen, sie müssten sich auch gegen ihre Leiter durchsetzen und ihnen beweisen, dass sie ihre Arbeit gut machen – dann wird alles schwierig.

Ich schreibe das so nachdrücklich, weil ich in vielen Gemeinden sehe, dass es mit der Mündigkeit der Mitarbeiter nicht weit her ist – was aber in den seltensten Fällen an den Mitarbeitern liegt.

Pfarrer haben oft Angst, dass die Mitarbeiter Fehler machen und dass diese Fehler auf ihre Amtsführung negative Auswirkungen haben. Sie haben Angst, dass ihnen die Leitung der Gemeinde aus der Hand genommen wird, wenn die Mitarbeiter zu eigenständig sind. Natürlich gibt es Gemeindeglieder, die sich nicht einordnen können, selbstherrlich agieren und nur sich selbst verwirklichen wollen. Natürlich gibt es unreife Christen, die nicht das Ganze der Gemeinde sehen und (noch) nicht geistlich zu beurteilen vermögen, was richtig und falsch ist.

Aber viele Mitarbeiter sind uneigennützig und kompetent. Es sind Gemeindeglieder, die im Beruf ihren Mann und ihre Frau stehen. Sie bringen Fähigkeiten mit und sind top ausgebildet. Im beruflichen Alltag tragen sie viel Verantwortung, haben vielleicht sogar selbst Mitarbeiter unter sich oder an ihrer Seite.

Dann kommen sie in die Gemeinde und erleben vielfach, wie sie unmündig gemacht werden. Es wird ihnen wenig zugetraut, man begegnet ihnen mit Vorsicht. Sie bekommen keine Verantwortung, dürfen nicht selbst entscheiden, ihre Kompetenz wird beschnitten. Gefragt wird vor allem die Gabe des „Maulhaltens" (wo kommt diese Gabe eigentlich in der Bibel vor?) und das selbstlose Dienen, ohne Fragen zu stellen.

Gemeindeglieder sind die Laien (auch wenn man sie in der Öffentlichkeit nicht mehr so bezeichnet), die Pfarrer der Klerus. Der Klerus vertritt das „System Kirche" und bestimmt, wie es zu sein hat, die Laien sind das Volk, das belehrt werden muss – so kommt es mir oft vor, wenn die Pastoren mit einer arroganten Überlegenheit ihren Schäfchen begegnen und alles nur aus ihrem eigenen (innersystemischen) Blickwinkel bewerten. Die Mitarbeiter haben keine Chance, sie werden kleingemacht und für dumm verkauft, obwohl sie durch ihren Blick über die Gemeinde hinaus ein weiteres Sichtfeld haben – sie sehen die Gemeinde nicht nur durch die kirchliche Brille.

Trotzdem werden sie höchstens noch als Ehrenamtliche betrachtet, die einem Hauptamtlichen zugeordnet sind. Was sie tun, ist aller Ehre wert, deshalb wird ihnen auch einmal im Jahr zu Weihnachten mit einer Feier und einem kleinen Geschenk gedankt. Aber vor allem werden sie dafür geehrt, dass sie sich anstandslos in das Bestehende eingefügt haben.

Das klingt provozierend und vielleicht auch ärgerlich, nicht wahr?

Sie haben recht, das ist es auch. Die Sache ist ärgerlich für den Kirchengemeinderat, der über Jahre hinweg seine eigene Identität findet und ausbaut. Sie wissen, wer sie als verantwortliche Mitarbeiter sind, und nehmen ihre Position ernst. Sie leisten sich sogar eine Supervision durch einen externen Begleiter, die sie zum Teil aus der eigenen Tasche bezahlen. Sie wollen ihre Funktion so gut wie möglich ausüben. Dann kommt es in dieser Gemeinde zu einem Pfarrerwechsel. Die pfarrerlose Zeit (Vakanz) bewältigen sie mit Bravour, dann kommt der Neue. Und von dem Moment an wird es schwierig: Nun wird ihnen ihre Identität vorgeworfen, sie müssten sich dem neuen Pfarrer anpassen und dürfen nicht mehr eigenständig so entscheiden, wie sie es bisher gemacht hatten.

Ärgerlich war die Sache auch für jenes Leitungsgremium, das eine ganze Amtszeit hindurch bei der Stange geblieben war. Aber als die Wiederwahl anstand, ließen sich 7 von 9 Kirchengemeinderäten nicht mehr aufstellen, weil sie sagten: „Wir können doch nicht wirklich etwas entscheiden." Sie hatten die Erfahrung gemacht, dass der Pfarrer Beschlüsse, die ihm nicht genehm waren, einfach vergaß oder so lange verzögerte, bis sie nicht mehr aktuell waren. Ihre Vorschläge liefen meistens ins Leere. So fühlten sie sich zuletzt selber leer und unnötig.

Ein Gemeindevorstand reagierte anders: Als sich ein Pastor verabschiedete, der eine dominierende Persönlichkeit war, wählten sie zunächst keinen neuen. Sie wollten zuerst einmal Ruhe haben und zu sich selber finden.

Es ist keine Frage: Mündigkeit erschwert das Miteinander, macht die Mitarbeit nicht einfacher. Mündigkeit bedeutet, dass miteinander gesprochen werden muss, Absprachen nötig sind, Verständigung geschehen muss. „Die Wahrheit beginnt zu zweit", sagt Friedrich Nietzsche. Um die Wahrheit muss gestritten werden, sie ist das Ergebnis eines gemeinsamen Prozesses. Das heißt nicht, dass die Wahrheit beliebig ist. Miteinander muss geklärt werden, was für die christliche Gemeinde normativ ist, was für die jeweilige Gemeinde gilt und was die subjektive Sicht des Einzelnen ist. Ergebnisse müssen gefunden werden, in unterschiedlichen Auffassungen ein Konsens oder wenigstens ein Kompromiss. Das ist mühsam! Konflikte verlangen feste Standpunkte – aber auch christliche Nachgiebigkeit. Die Gemeinde kennt die Lösung für ihre Probleme, aber sie muss sich auf den Weg machen, sie zu finden. Die Gemeindeglieder dürfen sich bei der Suche nach der richtigen Lösung nicht gegenseitig blockieren. Miteinander müssen sie die Quelle ihrer Kraft und ihre eigene Identität finden – beides liegt in Jesus Christus verborgen. Alle Auseinandersetzungen um die Wahrheit, um den rechten Weg führen sie dorthin. Deshalb müssen sie diesen Weg gehen, sie können ihm nicht ausweichen und den einfachen Weg suchen, indem sie ihre Mündigkeit aufgeben und ein paar wenigen das Recht geben, für sie sprechen zu dürfen. Die Mündigkeit gehört zum Christsein, denn in ihr äußert sich die Freiheit des Christenmenschen: Er hat Verantwortung vor Gott und vor den Menschen und kann diese Verantwortung niemals an irgendjemand anderen delegieren!

Und wohlgemerkt: Die Verantwortung erstreckt sich immer auf die ganze Gemeinde! Jeder Mitarbeiter hat seinen konkreten Bereich, aber Verantwortung für das Ganze. Wenn es an einer Stelle klemmt, betrifft das jeden, denn das Ganze der Gemeinde ist dadurch in Mitleidenschaft gezogen. „Wenn ein Glied leidet, leiden alle mit", schreibt Paulus (1. Korinther 12,26). Es muss jeden interessieren, wenn einer in der Gemeinde Probleme hat. Ich wundere mich immer wieder, dass niemand auf mich zukommt und mich begrüßt oder einführt, wenn ich einmal zu einer Predigtvertretung eingeteilt bin. Ich komme in eine fremde Kirche, halte den Gottesdienst in einer unbekannten Gemeinde, weil der zuständige Pfarrer verhindert ist. Aber anstatt dass mich jemand begrüßt und einführt, fühlt sich niemand für mich zuständig. Ich frage mich dann: Gibt es in dieser Gemeinde keine kompetenten Mitarbeiter mit einer Verantwortung für das Ganze, die erkennen, dass sie hier gefordert sind, weil es sich um *ihre* Gemeinde handelt? Jeder Mitarbeiter ist für die ganze Gemeinde zuständig – nicht nur für seinen eigenen Bereich!

DER MITARBEITERKREIS

Aber es ist ja nicht nur der Pfarrer, der die Mündigkeit der Mitarbeiter behindert. Genauso hinderlich sind die „Platzhirsche", einzelne Oberhäupter, die sich anmaßen, für alle zu sprechen. Sie nehmen das Terrain ein und lassen nicht zu, dass es neben ihnen weitere verantwortliche Mitarbeiter gibt. Ordnet sich der Pastor ihnen nicht unter, geht es ihm schlecht. Gelingt es ihm nicht, sie zu seinen Mitstreitern zu machen, hat er gefährliche Feinde, die ihm das Leben als Gemeindepfarrer schwer machen können.

Sobald ein paar wenige Mitarbeiter in der Gemeinde den Eindruck erwecken: „Von mir hängt es ab, ob in der Gemeinde etwas läuft oder nicht" – stimmt etwas nicht! Niemand darf zum Beherrscher der Gemeinde werden, jeder hat seinen ihm bestimmten Platz. Auch dem einfachen und schwachen Glied der Gemeinde wird mit Ehre begegnet – vielleicht sogar noch mehr als den starken und mächtigen (1. Korinther 12,22-23).

Der Leib soll wachsen, neue Glieder sollen dazukommen! Alle Glieder am Leib Christi sind bemüht, weitere Glieder dazuzuholen, den Raum weit zu machen für noch mehr Mitarbeiter. Jeder, der sich zurückhält oder ausgegrenzt wird, reißt eine empfindliche Lücke im Gemeindebau; der Leib ist nicht komplett, wenn nur ein Glied fehlt. Auf jeden Einzelnen kommt es an!

Deshalb ist die Gemeinde insgesamt tolerant, sie akzeptiert jeden, nimmt jeden an. Jeder ist willkommen, der sich eingliedern lassen möchte. Menschen werden entdeckt und gefördert, sodass sie sich mündig, selbstbewusst und kompetent in die Gemeinde einbringen können: „Wir brauchen dich! Komm zu uns und bring dich ein! Du arbeitest nicht für uns, aber mit uns – an Gottes Baustelle." Auch auf stille, unauffällige Mitmenschen wird geachtet, solche, die sich nicht in den Vordergrund spielen – vielleicht verbirgt sich hinter ihnen ein idealer Mitarbeiter für die technischen Dienste, das Gebet oder den musikalischen Bereich?

Wer den Eindruck bekommt, dass er lange genug einen Posten innehatte und es nun genug wäre, macht Platz für die Nächsten. Niemand hält einen Aufgabenbereich als Erbpfründe fest, im Reich Gottes wird nicht vererbt, sondern unmittelbar von Gott zugeteilt.

Feedback und ehrliches Nachfragen tragen dazu bei, sich selber realistisch zu sehen und einzuschätzen, deshalb wird die Meinung des anderen ernst genommen – auch wenn sie schmerzhaft ist. Kritik dient dazu, sich auf optimale und sinnvolle Weise zum Nutzen der ganzen Gemeinde einzubringen. Wo jemand den Aufbau des Reiches Gottes eher hindert als fördert, ist Korrektur angebracht. Jedes Zurechtbringen hilft letztlich dem, der danebenliegt, genauso wie der ganzen Gemeinde – denn er bekommt die Chance, etwas von sich selbst zu begreifen, sich zu verändern und neu auszurichten. „Sündigt aber dein Bruder an dir, so gehe hin und weise ihn zurecht zwischen dir und ihm allein. Hört er auf dich, so hast du deinen Bruder gewonnen" (Matthäus 18, 15-20). Die Zurechtweisung ist ein brüderlicher Dienst am Nächsten, damit er sich nicht in der Unendlichkeit der Möglichkeiten verliert und zuletzt am Ziel vorbeigeht.

Der Mitarbeiterkreis ist der Ort, wo das alles seinen Platz bekommt: Kritik, Feedback, Auseinandersetzung, Zielklärung, Absprachen, hier findet das Miteinander seinen Ausdruck.

Ich rate den Gemeinden sehr dazu, die Mitarbeiter als die Verantwortlichen der Gemeinde zusammenzuholen: regelmäßig monatlich oder vierteljährlich. Das Selbstverständnis der Mitarbeiter wird dabei gestärkt und geformt: Wir sind die Mitarbeiter der Gemeinde! Wir arbeiten zusammen an Gottes Werk! Wo es nicht möglich ist, dass alle Mitarbeiter regelmäßig zusammenkommen, sollten zumindest die Bereichsleiter im ständigen Kontakt sein und sich treffen.

Im Mitarbeiterkreis werden die Zielvorgaben, die im Leitungskreis beschlossen wurden, bekannt gegeben. Jeder Mitarbeiter weiß also, auf was es ankommt. Anhand der Ziele entwickelt er für seinen Bereich die nötigen Schritte: „Das ist mein Beitrag, damit wir dieses Ziel erreichen!"

Im Mitarbeiterkreis wird geklärt und gelebt: Wer sind wir als Gemeinde? Die Papiere mit dem Selbstverständnis der Gemeinde werden immer wieder hervorgeholt und angeschaut: Stimmt es noch? Sind wir auf dem richtigen Weg? Leben wir, was wir sein wollen? Wenn nötig werden Korrekturen oder Anpassungen besprochen.

Man weiß voneinander. Man kennt sich. Die Arbeit des anderen ist vertraut und bekannt. Jeder versteht den Schwerpunkt des anderen. Mehr noch: Man trägt einander in seiner Unterschiedlichkeit und hat verstanden: Jeder hat seinen Bereich, aber alle arbeiten für das Gleiche – unsere Gemeinde. In regelmäßigen Abständen kann jeder den anderen Mitarbeiter von seiner Arbeit berichten, um ihren Rat bitten oder ihre Ergänzung einfordern. So bekommen die anderen auch mit, wenn jemand nicht weiterkommt oder vor Hindernissen steht.

Der Austausch und die Information haben einen hohen Stellenwert im Mitarbeiterkreis. Die Mitarbeiter sind über alles informiert, was in der Gemeinde passiert, es wird ihnen nicht vorenthalten – es ist ja ihre Gemeinde.

Das Gebet füreinander spielt eine große Rolle. Die Anliegen und Problembereiche der anderen Mitarbeiter werden vor Gott gebracht. Man steht zusammen vor dem Angesicht Gottes, lobt ihn, bittet ihn und hört auf sein Wort.

Der Mitarbeiterkreis ist der Ort, wo der einzelne Mitarbeiter für sich etwas bekommt: Er gibt seine Arbeit und bekommt Nahrung von Gott. Gott entlohnt ihn für seinen Einsatz mit geistlichem Gewinn. Das ist eine besondere und bedeutungsvolle Arbeit für den Pfarrer, seine Mitarbeiter mit Gottes Nahrung zu versorgen, danach zu trachten, dass sie von ihrem himmlischen Arbeitgeber alles bekommen, was sie brauchen. Der Mitarbeiterkreis ist nicht nur ein Ort, an dem Arbeit verteilt wird und „Freiwillige" gesucht werden für zusätzliche Tätigkeiten, sonst würden alle nur mit größter Vorsicht dabei sein: „Ich muss aufpassen, dass ich nicht noch mehr aufgebrummt bekomme!" Nein, der Mitarbeiterkreis ist ein fröhlicher Ort des Empfangens: Gemeinschaft, Gottes Wort, Nahrung für Leib und Seele. Wenn es geht, wird miteinander gefeiert, denn man freut sich über jeden Erfolg – Gott wird damit geehrt, es ist sein Erfolg. Dankfeste entlasten und motivieren für die nächste Phase, ist ein Projekt abgeschlossen, wird es Gott zurückgegeben und staunend betrachtet, was Gott getan hat.

Gemeinschaft aber braucht Verbindlichkeit. Verbindlichkeit wächst nicht dort, wo sie gefordert wird, sondern wo sich jeder verlässlich einbringt, die Leitung zuerst. Zuverlässigkeit erzeugt eine Atmosphäre des Vertrauens – man weiß: Wir können uns aufeinander verlassen. Wir stehen zueinander und halten aneinander fest. Verbindlichkeit ist Arbeit, denn sie widersteht einem Trend unserer Zeit, der stark von der momentanen Befindlichkeit ausgeht und vor allem danach fragt: Was bringt es mir? Verlässliche Beziehungen entstehen aber nur dort, wo sich jeder fragt: Was kann ich geben?

Verlässlichkeit schafft Sicherheit: Was abgesprochen wurde, wird eingehalten, Termine werden wahrgenommen, jeder kommt pünktlich, lässt den anderen nicht warten. Man begegnet einander mit Respekt und Wertschätzung.

Ein Mitarbeiterkreis, in dem einer dem anderen dient, wo man in guter Weise aufeinander achtet und sich wertschätzt und fördert, ist das Herz einer wachsenden Gemeinde. Von hier aus fließen Ströme der Liebe und des Lebens in die Gemeinde hinein. Wenn das Herz fest ist, ist der ganze Leib sicher. Wenn der Pulsschlag Verlässlichkeit signalisiert, ist der ganze Leib funktionstüchtig und stabil. Wenn das Herz weiß, was es will, kann der ganze Körper im harmonischen Zusammenspiel vorangehen.

Von den Mitarbeitern, die sich aus Gottes Quelle nähren, fließt Segen in die Gemeinde und darüber hinaus!

5. Leine los: Das Mitarbeiterfest

Alle Mitarbeiter und Mitarbeiterinnen der Gemeinde sind zu einem Fest eingeladen. Freundlich werden sie am Eingang des Gemeindehauses begrüßt. Im Saal sind die Tische gedeckt. Nach einem musikalischen Intro darf getafelt werden. Die Mitglieder des Leitungskreises bewirten und bedienen die Mitarbeiter. Die Stimmung ist fröhlich bis ausgelassen. Dann sind alle satt, es wird abgeräumt. Der Pfarrer hält einen biblischen Impuls. Er spricht über die Güte Gottes: „Schmecket und sehet, wie freundlich der Herr ist. Wohl dem, der auf ihn trauet" (Psalm 34,9).

Anschließend kommt eine Zeit des Lobpreises, die Mitarbeiter bringen Gott ihre Freude und ihren Dank. Sie wenden sich gemeinsam dem Haupt Jesus zu, er ist ihr „oberster Dienstherr".

Dann berichtet der Vorsitzende des Leitungsgremiums über das vergangene Jahr. Er zählt die verschiedenen Projekte auf, betont, was geklappt hat, erwähnt aber auch, was nicht funktioniert hat. Über manche Fehler und Missverständnisse wird herzhaft gelacht. Er erinnert noch einmal an die Ziele, die man sich in der Gemeindearbeit gesetzt hat, und macht deutlich, wie weit man vorangekommen ist. Die Mitarbeiter bekommen nun die Möglichkeit, diesen Bericht von ihrer Sicht her zu ergänzen. Ein Mitarbeiter dankt dem Leitungsteam für die fürsorgende, aufmerksame und kompetente Begleitung. Der Pfarrer bedankt sich bei den Mitarbeitern und macht deutlich, wie gut es ist, dass sie alle als Glieder des einen Leibes zusammenarbeiten, um Gottes Reich zu bauen. Damit stellt er wieder einmal das Selbstverständnis der Gemeinde in den Mittelpunkt: Wir sind ein Leib!

Jetzt kommt der Blick in die nächste Zukunft: Die Leiterin des Planungsteams stellt die nächsten Schritte in der Gemeindearbeit vor. Sie zeigt auf, was jetzt für die Gemeinde dran ist. Die nächsten Vorhaben werden schriftlich jedem Mitarbeiter ausgehändigt. Es gibt die Möglichkeit zu Rückfragen.

Nun kommt eine 20-minütige Pause, in der sich die einzelnen Mitarbeiterteams jeweils bereichsweise zurückziehen und die Vorgaben des Leitungsteams für ihren Bereich übersetzen: Was bedeuten die nächsten Schritte für uns?

Jeder Arbeitsbereich hat schon vor dem Mitarbeiterfest eine kleine Präsentation über ihre Arbeit auf Plakaten vorbereitet, die im Gemeindesaal ausgehängt sind. Jeder kann sich auf diese Weise über die Arbeit der einzelnen Abteilungen informieren. Die Bereichsleiter hängen nun zu ihren Darstellungen die Zettel mit den Überlegungen, wie im nächsten Jahr ihr Beitrag in der Umsetzung der Gemeindeziele aussehen soll. Diese werden nach dem Fest der Gemeindeleitung gegeben, damit sie einen Überblick über die Umsetzung bekommt und notfalls korrigierend eingreifen kann.

Jeder Mitarbeiter eines Bereichs weiß: Was wir tun, liegt in unserer Verantwortung! Wir können eigenständig und kompetent unsere Aufgabe tun – aber wir tun sie als Teil eines größeren Ganzen. Alle haben das Verständnis: Es gibt keine wichtigeren und keine unwichtigeren Mitarbeiter. Jeder ist gleich wichtig – egal, was er tut!

Zum Mitarbeiterfest sind auch die Gemeindeglieder eingeladen, die noch keinen konkreten Tätigkeitsbereich gefunden haben. Im Gemeindesaal können sie auf einer Pinnwand die „Stellenangebote" studieren, die gerade offen sind. Finden sie für sich nichts Geeignetes, können sie ihre „Stellensuche" dazuhängen. Im Lauf des Abends ergeben sich die ersten Kontaktgespräche für die neuen potenziellen Mitarbeiter.

Nach der Gruppenarbeit in den unterschiedlichen Bereichen kommen wieder alle zusammen. Einzelne Projekte, die geplant sind, werden vorgestellt, die Termine für die nächsten Monate mitgeteilt. Ist alles gesagt, leitet der Pfarrer zu einer Gebetsrunde über. Die Mitarbeiter rücken ihre Stühle zusammen und beten in kleinen Zellen füreinander und für die Gemeinde. Jeder kann konkrete Anliegen, die seinen Tätig-keitsbereich betreffen, einbringen.

Dann folgt der Abschluss in der Kirche. Alle Mitarbeiter gehen hin-über ins Kirchenschiff und stellen sich in einem großen Halbrund vor dem Altar auf. Der Pfarrer macht noch einmal deutlich, dass es Gottes Sache ist, an der sie miteinander stehen – deshalb würden sie sich jetzt als Mitarbeiter vor dem großen Kreuz versammeln, Jesus sei ihre Mitte. Bei Jesus habe alles Platz – das, was gut läuft, genauso die Bereiche des Versagens und Scheiterns. Bei Jesus zähle nicht die Leistung, sondern das Vertrauen auf ihn. Er würde niemand überfordern – aber jeden, der sich zur Verfügung stellt, mit seinen Augen leiten, schützen und segnen. Niemand müsse sich verausgaben, weil er mehr empfängt, als er geben kann.

Nun werden die Mitarbeiter verabschiedet, die ihre Mitarbeit been-den oder eine Zeit lang pausieren wollen. Vor den anderen Mitarbeitern und vor Gott geben sie ihre Verantwortung zurück. Sie treten vor und werden vom Pfarrer gesegnet. Er bittet Gott, dass er diesen Mitarbeitern ihren Einsatz erstattet und sie weiter geleitet.

Als nächstes dürfen die Mitarbeiter vortreten, die neu mit ihrer Tä-tigkeit in der Gemeinde beginnen. Sie werden den anderen kurz vorge-stellt und in ihre Verantwortung eingesetzt.

Dann fragt der Pfarrer die Mitarbeiter, die weiter in ihren Bereichen tätig sein werden: „Wollt ihr weiterhin im Auftrag Gottes die Verant-wortung für diese Gemeinde in euren Tätigkeitsbereichen tragen?" Die Mitarbeiter antworten mit „Ja!"

Der Pfarrer und die Leitungskreismitglieder gehen nun zu jedem Mit-arbeiter und segnen ihn für seine Arbeit.

Zum Abschluss zieht noch jeder ein Kärtchen mit einem Bibelvers als Sendungswort für die Arbeit des kommenden Jahres. Mit einem fröhli-chen Lied wird das Mitarbeiterfest beendet.

Die Mitglieder des Leitungsteams stehen im Altarraum noch für per-sönliche Gespräche und Gebete zur Verfügung. In einer anderen Ecke wäscht der Pfarrer zusammen mit dem Vorsitzenden den Mitarbeitern die Füße …

Auf dem Schiff Gemeinde hat nun jeder seinen Platz gefunden. Je-der Mitarbeiter ist informiert, wohin die Reise gehen soll, jeder kennt seine Aufgabe, damit das Ziel erreicht werden kann. Die Verantwortlichkeiten sind geklärt, die Kompetenzen eindeutig zugesprochen. Die Mitarbeitercrew ist eingespielt, jeder Handgriff sitzt – auch die Notfallpläne sind eingeübt. Die Leitung hat den Überblick, sie kennt jeden Mitarbeiter und hat jeden in seine Arbeit eingesetzt. Jeder Mitarbeiter weiß, wer für ihn zuständig ist und wohin er sich wenden kann, wenn er Fragen hat oder nicht klarkommt. Alle sind motiviert und freuen sich auf die Herausforderung der Reise. Dafür sind sie schließlich da: Sie sind nicht die Mannschaft eines Schiffes, das im Hafen liegt, sondern für den Einsatz auf hoher See vorbereitet, danach steht ihr Sinn, dafür sind sie eingestellt und in Dienst genommen. Sie wollen sich bewähren und zeigen, was sie können – auch bei Sturm, Wellen und Unwetter!

Das Schiff ist abfahrtbereit: Leinen los! Mit einem lauten Tuten legt der große Dampfer ab: hinaus aufs offene Meer.

PRAXIS: SCHRITTE ZUR MITARBEIT

1. Listen Sie Ihre Fähigkeiten auf: Was können Sie gut? Wo liegt Ihre Begabung? In welchen Bereichen sind Sie ausgebildet? Worin haben Sie sich fortgebildet? Kreuzen Sie bei allem das an, was Ihnen ganz besonders Spaß macht: Wo liegt der Schwerpunkt Ihrer Fähigkeiten?
Listen Sie genauso auf, was Sie nicht können, was Ihnen nicht liegt und was Ihnen überhaupt keinen Spaß macht.

2. Überlegen Sie sich ein Lebensmotto: Was sollte unbedingt einmal in Ihrem Nachruf stehen? Reduzieren Sie das auf einen Satz.
Gibt es Leitbibelverse? Bibelstellen, die Sie schon über längere Zeit begleiten oder Ihnen immer wieder in den Sinn kommen (Taufspruch, Konfirmationsvers, Bibeltext zur Trauung)?
Notieren Sie diese Bibelstellen: Gibt es zwischen Ihnen einen Zusammenhang? Gibt es einen roten Faden?

3. Überlegen Sie sich: In welchem der folgenden Bereiche würden Sie Ihre Fähigkeiten gern einbringen?
   – Gebet/Gottesdienst
   – Verkündigung/Lehre/Schulung
   – Organisation/Verwaltung/Büro
   – Besuchsdienst
   – Öffentlichkeitsarbeit
   – technische Dienste/Reparaturen/Hausverwaltung/
     praktische Unterstützung
   – Seelsorge/Segnen/geistliche Begleitung
   – soziale und diakonische Hilfe für Menschen in Not
   – Evangelisation/Zeugnis geben/Menschen für Gott gewinnen
   – Musik/Kunst/Dekoration
   – Gastfreundschaft/offenes Haus für andere
   – Leitung/Verantwortung/Gemeindeaufbau

4. Teilen Sie Gott Ihre Bereitschaft mit, für ihn eine Aufgabe zu übernehmen. Bitten Sie ihn, dass er Ihnen einen Platz zeigt, wo Sie sich einbringen können. Tun Sie das andauernd und konsequent – bis er Ihnen einen konkreten Auftrag gegeben hat.

5. Teilen Sie der Gemeindeleitung mit, dass Sie gern in der Gemeinde mitarbeiten möchten. Wenn es nicht zu persönlich ist, können Sie auch die Aufzählung Ihrer Gaben und die Beschreibung Ihres Lebensmottos weitergeben. Die Gemeindeleitung soll Ihnen ein Aufgabengebiet nennen, das Ihnen entspricht.

6. Seien Sie bereit, zunächst andere Arbeiten zu übernehmen, bis man Sie kennt. Treffen Sie Absprachen auf Zeit. Experimentieren Sie, indem Sie Verschiedenes ausprobieren. Schnuppern Sie in die Bereiche hinein, die Sie interessieren. Konsultieren Sie Mitarbeiter, die in diesen Bereichen arbeiten, und fragen Sie sie nach den Voraussetzungen, die ein Mitarbeiter für diese Arbeit mitbringen muss.

7. Besprechen Sie mit der Leitung, was man von Ihnen als Mitarbeiter erwartet. Klären Sie die Rahmenbedingungen für Ihre Mitarbeit: Stehen Finanzen zur Verfügung? Welche Ziele sollen bis wann erreicht werden? Welcher zeitliche Umfang ist erforderlich? Wo beginnen die Kompetenzbereiche und wo hören sie auf? Wem gegenüber sind Sie verantwortlich? Wer ist Ihr Ansprechpartner bei Fragen und Problemen? Es ist ratsam, diese Punkte so eindeutig wie möglich schriftlich zu fixieren.

8. Seien Sie bereit, sich für Ihre Arbeit schulen zu lassen. Nehmen Sie alle Möglichkeiten wahr, sich für Ihre Mitarbeit weiterzubilden. Lesen Sie entsprechende Bücher. Knüpfen Sie Kontakt zu Mitarbeitern anderer Gemeinden, die das Gleiche tun. Seien Sie ständig auf der Suche, wie Sie Ihre Sache noch besser machen können.

9. Überprüfen Sie in regelmäßigen Abständen, ob Sie noch am richtigen Platz sind: Ist es das richtige, was Sie tun? Haben Sie Erfolg? Macht Ihnen die Arbeit Freude?

Wenn nicht: Seien Sie bereit, sich eine andere Tätigkeit zu suchen. Vielleicht sind auch andere Mitarbeiter besser geeignet für Ihren Bereich, halten Sie dann nicht an Ihrem Platz fest.

Es ist besser, mit einer Arbeit aufzuhören und eine andere zu suchen, als sich mit einer Sache zu quälen (was letztlich einem selbst und der Gemeinde nichts bringt).

10. Gott hat Sie an die Arbeit gestellt, Sie sind sein Mitarbeiter! Vor Gott zählt nicht die Leistung sondern das Herz! Sie müssen nicht in der Gemeinde mitarbeiten um Gott oder Menschen zu beweisen, wie nützlich Sie sind. Gott kennt Sie sowieso und vor anderen Menschen müssen Sie nicht mehr sein, als Sie sind. Werden Sie nicht abhängig von Ihrer Arbeit. Halten Sie aber auch Schwierigkeiten und Durststrecken durch – das gehört dazu. Sie müssen nicht immer nur Erfolg haben. Geben Sie nicht zu schnell auf – vor allem in Konfliktsituationen, Sie könnten sich sonst um eine wichtige Lernerfahrung bringen.

Bringen Sie Ihren Tätigkeitsbereich immer wieder vor Gott. Stimmen Sie sich mit den anderen Mitarbeitern ab. Finden Sie einen Menschen, der Ihnen raten darf, wenn Sie nicht mehr weiter wissen.

6. Leine: Gemeinde in der Welt

MEUTEREI

Jetzt könnte das Schiff Gemeinde eigentlich ablegen – aber es bleibt unbeweglich an der Pier, es rührt sich nicht. Wo liegt das Problem? Die Mitarbeiter müssen die Mündigkeit annehmen, die ihnen zugemutet wird. Zur Bevollmächtigung auf der einen Seite gehört das vollmächtige Handeln auf der andern. Aber irgendwie „funktioniert" die Mündigkeit der Gemeindeglieder noch nicht. Sind sie es nicht gewöhnt? Ist das selbstbewusste Verhalten als mündiges Gemeindeglied noch nicht eingeübt? Oder herrscht Angst vor, was passieren könnte, wenn man aufs offene Meer hinausfährt – wenn man seinen Auftrag als Gemeinde annimmt und sich in der Welt selbstbewusst engagiert?

Was kann alles passieren, wenn das Schiff Gemeinde sich aufs offene Meer wagt? Auf hoher See ist die Situation unsicher: Plötzliche Unwetter treten auf, das Meer ist abgrundtief (bis 11.034 m im Marianen-Graben)[9], unter der Wasseroberfläche lauern tückische Strömungen oder Untiefen bergen die Gefahr, auf Grund zu laufen oder leckgeschlagen zu werden. Es ist bekannt, dass von Eisbergen nur ein geringer Teil zu erkennen ist, der größte verbirgt sich unter der Oberfläche; was passieren kann, wenn man mit einem solchen Monstrum kollidiert, hat man an der Titanic gesehen. In einigen Gegenden gibt es heute verstärkt wieder Piraten – und vom Bermudadreieck wird gemunkelt, dass es Schiffe einfach verschluckt.

Eine Schifffahrt ist gefährlich! Da ist es doch besser, im Hafen zu bleiben, als sich diesen Unwägbarkeiten auszusetzen. Außerdem berichtet ja der Apostel Paulus ausführlich, wie es ist, wenn man in Seenot gerät (Apostelgeschichte 27,13-44). Dreimal hat er diese furchtbare Situation erlebt, einen Tag und eine Nacht ist er auf offenem Meer getrieben (2. Korinther 11,25). Muss das sein?

Auf dem Meer ist man den Gewalten hilflos ausgesetzt, man hat

---

9 Sören Kierkegaard schreibt: „Geistes-Existenz, besonders die religiöse, ist nicht leicht, der Gläubige liegt beständig über der Tiefe, hat 70 000 Faden Wasser unter sich." In: Stadien auf dem Lebensweg, 1914, Seite 498. „Hinaus sollst du, hinaus auf die 70 000 Faden Wasser." Der Einzelne und die Kirche, 1934, Seite 159.

nichts mehr in der Hand, übt keine Kontrolle mehr aus, ist den Elementen ausgeliefert …

Und so begibt sich das Schiff Gemeinde in einen hinteren Teil der sicheren Hafenanlagen und bleibt dort unbeweglich, fest vertäut, sicher. Aber je länger das Schiff dort liegt, desto weniger ist es ein Schiff, es wird zum Hausboot, zum schwimmenden Hotel. Es rostet vor sich hin, verliert seine Manövrierfähigkeit und alle anderen Eigenschaften, die es als ein Schiff auszeichnen. Zuletzt hat man gar keine Ahnung mehr, dass die Gemeinde als Schiff gebaut ist, man vergisst seine eigentliche Bedeutung und kennt die Bestimmung nicht mehr, die Fahrt hinaus aufs Meer zu wagen. Das Risiko, sich der Welt auszusetzen, scheint einfach zu groß.

So wird die Gemeinde zum Selbstzweck, zur Fluchtburg. Hierher kann man sich vor den Gefahren einer unbarmherzigen Welt zurückziehen. Man wird zum Konsumenten, die Gemeinde zum Anbieter von Sinn und Geborgenheit. Da man Kirchensteuer zahlt, hat man Anspruch auf Versorgung, auf ein Rundumsorglos-Paket: Der Pastor ist für mein Seelenheil zuständig, die Angebote der Gemeinde vermitteln mir Lebenssinn und geben mir Bedeutung. Die Mitarbeiter gewähren mir die Leistung, auf die ich ein Recht habe.

In einigen Bereichen des Reiches Gottes sind die Gemeinden zur Betreuungskirche geworden: Ein paar wenige versorgen den Rest. Aber das führt unweigerlich zu Konflikten und Abhängigkeiten: Die wenigen haben das Monopol zur Mitarbeit, sie bestimmen, was gemacht wird. In die festgeschriebenen Clans einzubrechen und eine eigene Aufgabe zu bekommen ist fast unmöglich. Wer es aber doch versucht, muss sich auf Machtkämpfe einstellen, in denen es um Einfluss und Autorität geht. Die wichtigsten Positionen sind bereits besetzt, man muss sich irgendwo einordnen oder einen ganz neuen Bereich schaffen – was aber bei allen Vorbehalten und Vorgaben schier unmöglich erscheint (wir haben im letzten Kapitel darüber geredet).

In einer Betreuungskirche sind die Gemeindeglieder Teil des Problems und nicht Problemlöser. Sie sollen sich passiv verhalten und nicht aktiv. Sie sollen sich versorgen lassen, dankbar sein und sich ansonsten ruhig verhalten. Wenn dann einige wenige sich abrackern und dabei stöhnen, weil ihnen der ganze Betrieb Kirche zu viel wird, gehört das dazu. Das

Jammern über das Zuviel signalisiert den Betreuten nur umso mehr, wie wichtig die Arbeit der wenigen und wie wertvoll ihre Dienstleistung ist. Entsprechend groß muss auch die Dankbarkeit und Zufriedenheit sein, wehe, es wird gemotzt!

In einer solchen Gemeinde kommt auch niemand auf die Idee, sich selbst zur Mitarbeit anzubieten, um sich ebenfalls zu Tode zu rackern und andere zu versorgen, oder?

Die einen sind die Nutznießer und die anderen die Insider; die einen bekommen ihre Bedeutung dadurch, dass sie andere versorgen, die andern dadurch, indem sie sich versorgen lassen. Die Verhältnisse sind klar: Die einen sind die Aktiven, die Säulen der Gemeinde, die anderen sind das Objekt. Beide Gruppen dürfen sich nicht vermischen – wehe, wenn die passiven Gemeindeglieder aus ihrer Rolle der Unmündigkeit aussteigen wollen, um selbst ihre Geschicke in die Hand zu nehmen – dann käme ja die schöne, genau ausgezirkelte Ordnung der Gemeinde aus dem Gleichgewicht.

Auf dem Schiff, das im Hafen festliegt und auf dem die Sehnsucht nach dem weiten Meer gestorben ist, sind alle Kräfte gefragt, um das Schiff zu erhalten. Die Gemeinde, die es aufgegeben hat, ihren Platz in der Welt einzunehmen, verbraucht ihre Energie nach innen. Sie beschäftigt sich selbst – aber nur mit sich. Strukturen werden geschaffen und verändert, Ordnungen eingeführt und ausgefeilt. In Machtkämpfen misst man seine Kräfte miteinander, statt sich in den Stürmen zu bewähren. Langeweile macht sich breit und führt zu unnötigen Diskussionen, man beschäftigt sich mit Nebenkampfplätzen. Einzelheiten bekommen ein großes Gewicht, man ist unzufrieden mit der Versorgung, beschwert sich über alles Mögliche, meutert aus purer Lust an der Auseinandersetzung, damit endlich einmal etwas los ist.

Und in allem ist man trotzdem unzufrieden, müde, genervt und unglücklich – weil man tief innen spürt, dass das nicht das eigentliche Gemeindeleben ist. Man träumt im Verborgenen von Expeditionen hinaus in die Weite. Möchte Abenteuer erleben und neues Land entdecken, sich den Gefahren stellen, sich bewähren und herausgefordert werden bis zur Grenze. Man liest Berichte von anderen Teilen dieser Welt und spürt im Herzen, dass man jetzt gefragt ist, Stellung zu beziehen, man hört von Ungerechtigkeit und Kampf und hat eine Ahnung davon, dass man sich selbst dem stellen müsste. Man schämt sich über den Rückzug in die Bequemlichkeit, weil man spürt, dass man sich dabei selbst untreu wird und Gottes Bestimmung durchkreuzt. Man ist deprimiert über die eigene Schwachheit und Feigheit, aber bemitleidet sich dabei doch nur selbst. Selbstmitleid, Depression, Klage über die eigene Schwachheit zeichnet heute manche Gemeinde aus!

Und dann kommen ein paar jüngere Gemeindeglieder, denen das alles zu wenig ist, und proben den Aufstand! Sie wollen sich nicht mit diesem lethargischen Zustand der Gemeinde zufriedengeben. Sie sagen: Entweder es verändert sich hier etwas – oder wir gehen! Und sie meinen es ernst, sie sind bereit, das Schiff zu verlassen, sie schauen sich bereits um nach anderen, wendigeren Schiffen mit Besatzungen, die wissen, was sie wollen.

DAZWISCHEN

Veränderungsprozesse führen heute viele Gemeinden bis an den Rand des Zerbruchs. Veränderungen gelingen aber nur dort, wo man sich gefunden hat. Nur aus der Ruhe heraus kann man aufbrechen, nur Zufriedenheit schafft die Grundlage für das Neue.

In der Gemeinde treffen vielfach total unterschiedliche Konzeptionen aufeinander. Die einen wollen die Gemeinde völlig neu erfinden und die anderen möchten am liebsten das Bisherige behalten. Die einen plädieren für eine Gemeinde, die sich ständig wandelnd den fließenden Veränderungsbewegungen der Welt anpasst, die anderen möchten die Gemeinde festigen und stabilisieren, damit sie sich im allgemeinen Verfall der Werte nicht verliert. Dazwischen sind die Gemeindeglieder, die am liebsten ihre Ruhe wollen und Sorgen haben, dass sie aus ihrer Sicherheit aufgeschreckt werden.

Für die einen stimmt das Bild vom Schiff Gemeinde nicht mehr: Für sie ist die Gemeinde nicht mehr der schwere Koloss, sondern eher die Vielzahl von kleinen Booten, die sich wendig und selbstständig auf den Weg machen. Der große Dampfer ist für sie zu schwerfällig, kleine Schiffe sind nötig, um optimal auf die jeweiligen Umstände reagieren zu können – bis hin zu Einmannbooten –, jeder sucht sich am besten seinen eigenen Weg.

Die anderen fürchten die Zersplitterung. Sie sehen zu Recht die Gefahr, dass einzelne und kleinere Boote den zunehmenden Stürmen weniger trotzen können, ihnen mehr ausgeliefert sind. Beide Vorstellungen stehen vielfach ohne Berührungspunkte nebeneinander – und oft auch kämpferisch konkurrierend gegeneinander.

Während die christliche Gemeinde eigentlich die Welt erobern und durchdringen sollte, um Salz und Licht zu sein, passiert das Umgekehrte: Die Welt durchdringt die Gemeinde.[10] Allgemeine Trends und Entwicklungen bestimmen das Verhalten der Christen: Individualismus, Subjektivismus, Egoismus und das Bedürfnis, sich die eigene Welt zu schaffen. Es ist von Lebenswelt-Gemeinden die Rede, von einer fließenden Kirche (Emerging Church), Hauszellen-Kirchen und Personalgemeinden. Mit neuen Gottesdienstformen stellen sich Gemeinden ganz auf eine bestimmte Zielgruppe ein, Angebote für kirchenferne Menschen befremden die kirchlich sozialisierten (meist älteren) Gemeindeglieder, während die traditionellen Angebote die heutigen (meist jüngeren) Menschen nicht mehr ansprechen. Bleibt da dem eher herkömmlichen Teil der Gemeinde nichts anderes übrig, als die Flucht in die „schöne alte Zeit" oder muss sich der innovative Bereich der Gemeinde, der Erneuerung und Veränderung will, Nischen für neue Gemeindeformen suchen?

Das Miteinander ist in diesen Prozessen aufs Äußerste gefährdet. Für die einen ist bereits eine kleine Veränderung des Gemeinderaums eine Preisgabe der wichtigsten christlichen Werte und die anderen fürchten darum, den Anschluss an die Menschen von heute zu verpassen. Dazwischen klafft ein tiefer Graben. Als Gemeindeberater sehe ich mich oft in der Situation, an der Brücke zwischen den beiden so gegensätzlichen Positionen zu bauen. Wie kann das gelingen?

Drei Schritte sind zu gehen:
1. Verständnis füreinander gewinnen.
2. Das Gemeinsame herausfinden.
3. Die Not der Welt sehen.

---

10 Ausführlicher in: Johannes Stockmayer: Wann, wenn nicht wir, Hammerbrücke, 2009.

Aber bevor diese drei Schritte angegangen werden können, ist eine Grundvoraussetzung zu erfüllen: Die Gemeinde muss ihren Platz in der Welt annehmen. Sie muss Ja dazu sagen, dass sie ein Stück dieser Welt ist. Das ist der entscheidende Schritt zur Realität, denn die christliche Gemeinde lebt nicht auf einer abgeschiedenen Insel, sie ist nicht das ersehnte Stück Paradies auf Erden. Wenn die einen in der Gemeinde sagen: „Wir müssen uns absondern von dieser Welt, denn wir sind nicht von dieser Welt", dann stimmt das. Wenn die anderen sagen: „Wir müssen uns zu dieser Welt stellen, denn wir sind in dieser Welt", dann stimmt das ebenfalls. Die christliche Gemeinde lebt in dieser Welt, ist aber nicht von ihr. In dieser Spannung findet sich die Gemeinde wieder, sie ist nicht aufzulösen, sie muss angenommen und gestaltet werden.

Die Gemeinde lebt in der Zeit, sie hat aber Anteil an Gottes Ewigkeit.

Sie leidet Schmerzen und erlebt den Tod und doch ist sie erfüllt von einer zukünftigen Fröhlichkeit. Sie ist konfrontiert mit der Vergänglichkeit und gleichzeitig weiß sie um die Unvergänglichkeit Gottes. Sie erlebt Niederlagen und Scheitern und trotzdem kommt sie jubelnd vor den Thron Gottes, denn sie lebt von seinem Sieg.

Die Christen unterliegen wie alle Menschen auch den Trends dieser Zeit und gleichzeitig sind sie ein Zeichen des Widerspruchs, weil sie ganz anders sind. Der Platz der Gemeinde ist „dazwischen", sie lebt zwischen dem Nicht-mehr und dem Noch-nicht. Sie ist im Normalen das ganz andere, Außergewöhnliche. Das macht sie aus, das macht ihr Verhältnis zur Welt spannungsreich – diese Position darf sie niemals aufgeben! Sie sagt immer wieder Ja zu dieser außergewöhnlichen, eigenartigen Stellung. Die gute Nachricht ist: in diesem „Dazwischen" befindet sich Jesus selbst, denn in ihm sind Himmel und Erde verbunden.

Verständnis Füreinander Gewinnen

Der Kampf zwischen den Generationen hat sich zugespitzt und findet in der christlichen Gemeinde eine ganz besondere Ausprägung. Aber statt sich gegenseitig zu bekämpfen, wäre es sinnvoller, nach dem Hintergrund der anderen Generation zu fragen. Denn jede Generation ist ein Kind ihrer Zeit, jede hat ihre eigene, ganz spezielle Geschichte, die sich aus ihrem Standort im Ablauf der Weltereignisse ergibt, sie ist geprägt durch *ihre* Welt.[11]

Wenn man die geschichtliche Entwicklung sieht, war der Beginn des 20. Jahrhunderts geprägt von starken Gefühlen, einer tiefen Leidenschaftlichkeit und einem erhabenen Pathos, das einen inneren Wert gab. Die Menschen waren begeistert durch die Entwicklungen der Technik, die mehr Wohlstand verhießen, die Gründerjahre wirkten nach und ein starkes Nationalgefühl vermittelte Stärke. Aus den Schriften der damaligen Zeit weht dem heutigen Leser Aufbruchstimmung entgegen (zum Beispiel in den Predigten der Väter der frühen Gemeinschaftsbewegung, in der mehrbändigen Biografie von Elias Canetti oder in den Büchern von Ernst Jünger). Der Erste Weltkrieg milderte das Pathos nicht, sondern verwandelte die Leidenschaft in Aggression.

Durch die Nationalsozialisten wurde die gefühlsbetonte Leidenschaftlichkeit ausgenutzt und für furchtbare Ziele eingesetzt. Das Ende war der totale Zusammenbruch, die Zerstörung und eine vollkommene Niederlage. Die starken Gefühle waren zerbrochen, sie waren ausgenutzt worden und geschändet. Das Lebensgefühl der Menschen nach 1945 war geprägt von Bitterkeit, Resignation und Beschämung. Das war die Grundstimmung der heutigen Großelterngeneration bei ihrem völligen Neuanfang. Da alle bisherigen Werte zerbrochen waren, mussten neue geschaffen werden: leider sehr rasch nur äußere Werte. Die Aufbaugeneration verdrängte ihre Gefühle und investierte sich ganz in wirtschaftliches Wachstum, was tatsächlich schneller und grundsätzlicher kam als gehofft: Das Wirtschaftswunder gab ein neues, starkes Selbstbewusstsein. Allerdings war die neue Identität bestimmt von dem, was man sich wieder leisten konnte. Der Konsum überdeckte die Beschämung der Niederlage: „Wir sind wieder wer!" Über das Trauma des Krieges wurde nicht geredet, viele Menschen spalteten die furchtbaren Erlebnisse ab, wurden sprachlos und gefühllos und konzentrierten sich auf das Geldverdienen.

Dann kamen die 68er-Jahre, die Generation derer, die kurz nach dem Krieg Kinder gewesen waren – also geprägt von Schmach, Verdrängung

11 Zu dem, wie die Generation vor uns zum Aufbruch geblasen hat: siehe Text von Hans Bruns im Anhang 2.

und der Orientierung am neuen Wohlstand. Sie stellte das Vordergründige infrage, bezweifelte alle Traditionen und wollte einen wirklichen Neuanfang. Alles kam auf den Prüfstand, weniges hielt stand. Die Elterngeneration wurde bekämpft, Erziehung als repressiv abgeschafft, die christlichen Werte als reaktionär diskreditiert. In Teach-ins, Sit-ins und großen Demonstrationen wurde angeprangert, diskutiert und zerfetzt, bis nur noch Bruchstücke übrig blieben.

Der Abbruch war grundsätzlicher, als es zunächst den Anschein hatte, Verunsicherung machte sich breit – im Blick auf Elternschaft, Erziehung, Gehorsam, Einordnung, Gemeinsinn: Alles, was Beständigkeit signalisierte, wurde eingemottet. Das gesellschaftliche Leben wurde mühsamer, das Miteinander verlangte ein permanentes Aushandeln der gültigen Parameter.

Ab 1955 rückten die Babyboomer an, die geburtenstarken Jahrgänge bis 1965, eine Generation, die mit dem Eindruck aufwuchs: „Wir sind viele!" Die Eltern hatten mit dem Aufschwung genügend zu tun, die Gesellschaft war mit heftigen Auseinandersetzungen beschäftigt (RAF-Terrorismus, kalter Krieg, Friedensbewegung, sexuelle Revolution), also konnten sich die Kinder mit ihrer Clique und ihren Hobbys beschäftigen. Eine Generation wuchs heran, die später die „Generation Optimismus" genannt wurde (Doris Weber in: Publik-Forum Nr. 6, 2007, Seite 60), allesamt nett, tolerant, zielstrebig, liberal, freundlich, friedlich, offen für alles. Ihr Lebensgefühl war bestimmt von der Leichtigkeit des Seins, alles war möglich. Aber dadurch wurde der Lebensstil oberflächlich und selbstbestimmt bis zum krassen Egoismus. Spaß zählte mehr als Leistung, man wollte sich nicht mit den Problemen tiefer beschäftigen, man suchte die Ablenkung, die Eventkultur gab dazu viele Gelegenheiten. Damit es nicht zu anstrengend war, wurde alles gleichgültig und so war letztlich egal, was man machte, jeder musste seinen Lebensentwurf selbst so gestalten, dass er das Optimalste für sich dabei herausholte. Die postmoderne Beliebigkeit hielt Einzug.

Der grenzenlose Optimismus hatte viele Spielarten: der reine Zweckoptimismus („Du wirst es schon schaffen"), das positive Denken („Sieh's von der positiven Seite!") oder die ausdauernde Beharrlichkeit („Es gibt für alles eine Lösung"). Gemeinsam ist allen Formen: Die Wirklichkeit wird nicht ernst genommen, sie wird verklärt – zur Not zurechtgebogen.

Nun kommt die „Generation danach": immer in der Minderzahl (Pillenknick), auf dem absteigenden Ast, mit geringeren Chancen, multiethnisch komplex. Ihr Lebensgefühl ist eher pessimistisch: „null Bock", keine Zukunft, Energiekrise, ohne Vorbilder, ohne Werte, orientierungslos. Die Eltern der Generation Optimismus konnten ihnen nicht den Sinn vermitteln, der ihnen einen echten positiven Lebensbezug hätte geben können. So stehen sie etwas verloren in dieser Welt, zerzaust, ungepflegt, verstört, elternlos, heimatlos – den Angeboten der digitalen Welt ausgeliefert, willfährige Opfer der Werbung. Computer und Internet signalisieren eine überfordernde Grenzenlosigkeit: Wo ist Anbindung, Verlässlichkeit, Echtheit, Sicherheit? Wo sind die Grenzen, die Halt geben? Sie leben „danach": nach dem Ende des Wachstums, nach der Energiekrise, nach der Wiedervereinigung, nach der Einführung des Euro, nach der Europäisierung aller Regeln, nach der sexuellen Revolution, nach der Explosion der digitalen Vernetzung – eben nach allem, was die Generation davor als für sie bestimmend und prägend erlebt hat. Sie sind postmodern, nicht zu fassen, fließend, beweglich, ganz anders, nicht verstehbar. Sie verstehen ja nicht einmal sich selbst – und wollen das auch gar nicht.

Sie sind die „Generation danach", weil ihr nichts mehr übrig geblieben ist, sie kommen zu spät, um sich ein gutes Stück aus dem Kuchen zu holen, sie kommen nach der großen Party und nun bleibt ihnen nur noch ein kümmerlicher Rest vom Schützenfest. Das erfüllt sie mit Frust und ohnmächtiger Wut.

Die einzige Chance in dem Dilemma der Perspektivlosigkeit ist die Flucht in die Coolness, denn der coole Mensch ist unverwundbar, er lässt ja nichts an sich ran (Stephan Grünewald, Deutschland auf der Couch, S. 25). Die Coolness steigert sich bis zum Fatalismus: „Es bringt ja sowieso nichts, also lass ich es bleiben!" Der Generation Optimismus wird eine Haltung der Überdistanzierung entgegengesetzt bis hin zum Wirklichkeitsverlust. Die stehen fassungslos vor so viel Gleichgültigkeit und so wenig Ehrgeiz und sie verstehen nicht, wie die Generation nach ihnen so wenig von ihrer eigenen positiven Weltsicht übernommen hat.

So sehe ich unsere heutige Situation: Da ist die Großelterngeneration, die stolz ist auf alles, was sie aus dem Nichts geschaffen hat. Sie sind geprägt von äußeren Werten, wohlhabend, abgesichert – aber wenig in der Lage, über ihre Gefühle und Empfindungen zu reden. Da ist die mittlere Generation: stark selbstgezogen, an einer unbeschwerten Zukunft interessiert, aber mit leichten Ahnungen, dass der unverwüstliche Optimismus doch nicht durchhalten könnte, es wird ja alles immer schwieriger, es muss immer mehr Optimismus aufgebracht werden, um dagegenzuhalten. Und dann haben wir die junge Generation, die sich vor den enormen Herausforderungen einer digitalen Welt lieber zurückzieht, konsumorientiert denkt und nach echten Gefühlen fragt – und sie mangels anderer Möglichkeiten vor allem im Bereich Gewalt findet. Sie fragt nach wirklichen Lebensperspektiven und danach, wofür sie sich noch engagieren soll. Sie sucht nach ihrem eigenen Lebenssinn, nach dem, was ihr Bedeutung geben kann.

Diese (sehr vereinfachte) Darstellung unserer heutigen gesellschaftlichen Wirklichkeit spiegelt sich genauso auch in den christlichen Gemeinden wider.

DAS GEMEINSAME HERAUSFINDEN

Die christliche Gemeinde muss sich den Herausforderungen unserer Welt stellen. Sie kann sich nicht in einen neutralen Raum jenseits von Gut und Böse zurückziehen. Die Trends und Entwicklungen der heutigen Zeit bilden sich in ihr ab – die Frage ist nur, wie die Christen mit den Entwicklungen umgehen.

Die Alten finden am Ende ihres Lebens zurück zu den früheren Gefühlen. Was bisher verdrängt war oder unaussprechlich schien, findet plötzlich Worte und will geäußert werden. Menschen, die sich ihr Leben lang für den Aufschwung abgearbeitet haben, fragen verstört danach, ob das *alles* war. Dominante Macher finden Zugang zu ihren Tränen und wollen von ihren allnächtlichen Albträumen erzählen. Die alten Ängste melden sich, teilweise bedrängend treten die furchtbaren Ereignisse des Krieges zum Vorschein, die eigentlich längst bewältigt schienen. Wo haben diese Erfahrungen ihren Platz?

Die Alt-68er stoßen an die Grenzen der Freiheit. Sie sind konfrontiert mit ihrem Scheitern und sehen daran, dass doch nicht alles nur beliebig ist. Wo finden sie Gesprächspartner für ihre Fragen? Finden sie Verständnis, wenn sie heute nach Verbindlichkeit fragen? Wollen sie sich nur rechtfertigen oder sind sie auch bereit, Werte anzuerkennen, die sie zeitlebens abgelehnt haben? Das ist ein schwerer Schritt!

Was passiert, wenn die Generation Optimismus ihre Leichtigkeit verliert, weil doch nicht alles nur so glattgeht? Macht dann eine abgrundtiefe Depression der oberflächlichen Fröhlichkeit Platz? Tatsächlich nehmen Depressionen zu! Wie findet diese Generation zu Tiefgang und Ruhe? Eine tiefe Sehnsucht nach Stille macht sich breit, viele Menschen suchen nach einer wahrhaftigen Begründung für eine gute Zukunft, sie wollen sich nichts mehr in die Tasche lügen, sondern sind bereit, die Wirklichkeit zu sehen, wie sie ist. Wer steht ihnen auf diesem Weg bei?

Wie kann der Jugend geholfen werden, ihre Überdistanziertheit aufzugeben? Wie können sie sich einlassen auf Beziehung, Nähe, Gemeinschaft? Sie suchen nach Echtheit, nach wirklichen Gefühlen, sie suchen aber auch einen Ort, wo sie akzeptiert werden mit ihrer negativen Weltsicht, wo sie sein dürfen, wie sie sind. Wo werden sie nicht durch Werbung manipuliert, durch Medien vereinnahmt oder zum grenzenlosen Konsum verführt? Wo dürfen sie ganz einfach unbeschwert Kinder sein? Wo sind sie sicher – vor sich selbst und vor anderen? Wo finden sie die Bereiche, für die es sich zu leben lohnt?

Wie wird die „Generation danach" zu einer Generation des Neuanfangs?

Und die grundsätzliche Frage lautet (und an ihr scheinen viele Gemeinden beinahe zu zerbrechen): Wie können wir Gemeinde sein in einem Umfeld, das in viele ganz unterschiedliche, ausdifferenzierte Lebenswelten zerfällt? Wie leben wir als Gemeinschaft, wenn jeder eigentlich seine eigene Welt schafft und pflegt und die unterschiedlichen Welten wie ferne Gestirne nichts miteinander zu tun haben?

Wie am Anfang seiner Schöpfung ist es heute wieder erforderlich, dass Gott sein Wort spricht, aus dem Chaos Ordnung entsteht, die eine Welt Gottes wird, über die er herrscht, die geprägt ist von seinem Willen und erfüllt von seinem Lebensodem.

In der christlichen Gemeinde formt Gott seine Welt, werden die einzelnen Ansätze so zueinander geordnet, dass sie ein Ganzes geben. Gott spricht – und das Leben bricht sich Bahn.

Das Ganze entsteht, indem sich die vielen Einzelteile einbauen lassen zu einem gemeinsamen Werk. Wo treffen sich die gegensätzlichen

Strebungen in der Gemeinde, wo ist die Schnittmenge, wo sind die Berührungspunkte der unterschiedlichen Anliegen?

Den Alten liegt daran, das zu bewahren, was sie unter Mühen und mit viel Einsatz aufgebaut haben. Sie haben Angst davor, dass bei Veränderungen grundsätzlich wichtige Bestandteile des christlichen Glaubens aufgegeben werden. Sie legen Wert auf die Grundelemente des Glaubens, die Glaubenssubstanz darf unter keinen Umständen preisgegeben werden.

Die mittlere Generation zerfällt in zwei diametral entgegengesetzte Intentionen: Da sind die „Stille-Zeit-Geschädigten". Sie sind gut christlich erzogen und haben mit der Zeit die christlichen Traditionen als einengend empfunden. Sie haben sich befreit von allen Zwängen und genauen Vorgaben, wie der christliche Glaube gelebt werden muss. Sie legen Wert auf die Freiheit der Nachfolger Jesu.

Daneben stehen die, die bisher alle Freiheiten ausgekostet und unverbindlich nach ihrem eigenen Gutdünken gelebt haben. Sie sehnen sich nun nach geregelten Formen, verbindlichen Aussagen, Klarheit und Struktur. Sie legen Wert auf Zuverlässigkeit und wünschen sich eine Heimat.

Die jüngere Generation entbehrt weitgehend jegliche christliche Sozialisation. An ihrem Bett wurde abends nicht gebetet, kein Tischgebet war üblich, mit ihnen wurden keine Lieder gesungen, sie halten Singen überhaupt für uncool. Wenn sie doch mit Liedgut in Berührung kamen, waren das neue christliche Lieder im Kindergottesdienst, im Religionsunterricht oder im Konfirmandenunterricht. Wenn sie dann auf alte Choräle im „normalen" Gottesdienst stoßen, klingen sie wie aus einer längst vergangenen Welt. Sie wissen nicht, wie man sich im Gottesdienst verhält, langes Stillsitzen ist nicht ihr Fall, sie haben nie davon gehört, dass man in der Kirche die Mütze abnimmt (warum eigentlich?), sie halten den Mann im schwarzen Talar für einen seltsamen Vampir. Das ganze christliche Szenario ist für sie äußerst seltsam und komisch. Sie sehnen sich nach echten Gefühlen, unmittelbaren Erlebnissen, Beziehungen. Sie möchten ganz persönlich angesprochen, akzeptiert und gefördert werden. Sie brauchen Menschen, die sie ernst nehmen und lieb haben. Sie wünschen sich ein authentisches Gegenüber, an dem sie sich messen und finden können, sie suchen nach dem Widerstand, der es ihnen ermöglicht, die eigenen Kräfte zu erproben.

Was ist nun das Verbindende zwischen den Grundelementen des Glaubens, zwischen Freiheit, Zuverlässigkeit und Heimat und echten Gefühlen, unmittelbaren Erlebnissen und Beziehungen?

Die einzige stimmige Antwort darauf heißt: Jesus selbst, der Herr der Gemeinde. In ihm verbinden sich die Gegensätze. Das bedeutet, dass die Gemeinde in der heutigen Zeit herausgefordert ist, von der Form zum Inhalt zu kommen. Nicht die äußere Gestalt des christlichen Glaubens ist wichtig, sondern der Kern – die Beziehung zu Jesus Christus schafft Beziehung zueinander. Der christliche Glaube ist keine Religion der Formen und Traditionen, sondern der Beziehung. Beziehungen verändern sich, passen sich an, sind beweglich. Beziehung bedeutet: beieinander bleiben, im Gespräch sein, fragen und hören, streiten, leiden und sich versöhnen, sich aushalten, sich akzeptieren in der Unterschiedlichkeit und trotz allem immer wieder einander lieben.

Das Grundsätzliche muss bleiben, wenn sich alles verändert, im Gegenteil: Je mehr sich verändert, desto klarer muss das Eigentliche hervortreten. Das Eigentliche ist: Jesus Christus ist für unsere Schuld gestorben, er gibt Heimat und Sicherheit und gleichzeitig Freiheit. Er nimmt jeden Menschen an, wie er ist, und schenkt dadurch eine eigene, originäre Verbindung zum Leben. Wer ihm nachfolgt, ist ein Kind Gottes und hat damit freien Zugang zum himmlischen Vater und ewiges Leben, Gottes Möglichkeiten in Hülle und Fülle!

Gedankensplitter aus meinem Tagebuch:
Warum nur sind viele alte Menschen in unseren Gemeinden so starr und unbeweglich? Sie wollen festhalten aus Angst, dass Wesentliches über Bord geworfen wird, dabei klammern sie sich an Formen. Sie wollen, dass sich nichts verändert: Der Gemeindesaal muss bleiben, wie er ist, die Abläufe der Gottesdienste sind unabänderlich, die Lieder aus der eigenen Kindheit Labsal für das eigene Gemüt. Aber durch ihr Festhalten und durch ihre Unbeweglichkeit verhindern sie das Leben und machen es unmöglich, dass junge Menschen in der christlichen Gemeinde ihr Zuhause finden, denn sie ist nicht ihre Welt.

Es ist nicht christlich, am Gewohnten festzuhalten, denn der Glaube ist ungewöhnlich und die Beziehung zu Jesus durchbricht immer wieder die gewohnten Abläufe und Denkrichtungen. Glaube ist immer wieder ganz anders!

Weiterkommen ist wichtig, die geistliche Entwicklung, das Mitgehen in der Nachfolge. Der christliche Glaube ist kein Stehenbleiben, sondern ein Nachfolgen: Jesus geht voraus. Niemand ist fertig, niemand ist bereits am Ziel, wir sind alle unterwegs. Aber ein entscheidend wichtiger Schritt ist der, den die Älteren auf die Jüngeren zugehen. Der erste Schritt liegt bei der älteren Generation, bei den Erfahrenen und Gereiften, denn sie brauchen nichts mehr für sich selbst und können sich zurücknehmen – an ihnen liegt es an erster Stelle, „sich selbst zu verleugnen" (Matthäus 16,24).

Ich erlebe es immer wieder: Das Beharren bei älteren, frommen Gemeindegeschwistern verursacht großes Leid, aus der Sorge um den richtigen Glauben wird Rechthaberei. Werden sie um eine Begründung für ihre Verweigerung gebeten, antworten sie lapidar: „Das gehört sich nicht!" Ein wirkliches Gespräch um Inhalte und notwendige Werte findet nicht statt. Dabei sind die alten Menschen wichtige Gesprächspartner für die junge Generation. Immer wieder denke ich, dass die Alten die Jungen verstehen müssten durch ihre eigene Geschichte: der Neuanfang nach dem Trauma des Krieges, die völlige Hoffnungslosigkeit, der Wille zu überleben in aussichtsloser Lage. Das sind Erfahrungswerte, die der heutigen jungen Generation fehlen, Impulse, um zu den eigenen Lebensquellen zu finden. Es ist Aufgabe der Alten, den Jungen den Raum zu geben, in den sie sich hineinentwickeln können. Neulich betete eine ältere Glaubensschwester: „Herr, lass uns in der Altenflotte unsere Aufgaben erkennen, den Jungen den Weg zum Leben zu zeigen – denn wir haben ihn dank deiner Hilfe unter vielen Mühen schließlich gefunden." Und in einer anderen Gebetsrunde wurde von einem ebenfalls älteren Gemeindeglied folgendes Gebet gesprochen: „Herr, wecke in mir die Neugier auf neue Lieder und erhalte uns die Freude an den alten."

„Das Neue darf nicht in den Widerspruch zum Alten treten und das Alte darf das Neue nicht bekämpfen wollen. Das Neue und das Alte müssen miteinander verknüpft werden, das Neue bedarf einer Rückführung auf das Alte, damit die innere Kontinuität gewahrt bleibt." (Otto Friedrich Bollnow: Das Doppelgesicht der Wahrheit, Seite 97.) Und gerade die Erfahrenen und Schriftgelehrten (die Ältesten), die zu Jesu Jünger geworden sind, fordert Jesus auf, wie ein Hausvater zu sein, der aus seinem Schatz Altes und Neues hervorholt (Matthäus 13,52). Mit jedem Augenblick beginnt die

Geschichte neu, als hätte es keinen Vorlauf gegeben – und doch begründet sich die Gegenwart aus der Vergangenheit. Jede Generation steht auf den Schultern der vorhergehenden (Klaus Eickhoff) – aber das heißt: Die Älteren nehmen die Jüngeren auf ihren Rücken und tragen sie. Gleichzeitig ist es aber auch so, wie Martin Luther gesagt haben soll: „Gott lässt die Alten aus dem Kindertopf mitessen." Das bedeutet: Wir sind aufeinander angewiesen! Die nachfolgende Generation greift das Erbe der vorigen auf und führt es weiter – so wie Papst Johannes Paul II. sagte: „Geschichte bedeutet nicht nur Vergangenheit, sondern auch Erbe" – und von dem Neuen, das aus dem Alten erwächst, ernährt sich die Generation der Alten. Wir können nur miteinander überleben!

Jede Generation richtet sich das Haus neu ein, das sie bewohnt – sie darf es nur nicht zerstören, sonst ist sie heimatlos. Jede Veränderung ist die Anpassung des Vergangenen an die heutige Zeit. Eine Veränderung ist dann gut und sinnvoll, wenn sie das, was war, verbessert: Das Gemeindeleben wird intensiver, der Glaube tiefer, die Beziehung zu Gott unmittelbarer, die Beziehungen untereinander echter, der Dienst in dieser Welt effektiver. Denn jede Veränderung, die zur Mitte führt, fördert das Leben; eine Veränderung dagegen, die nur der Anpassung an äußere Formen dient, hindert und engt ein. Echte Veränderungen sind nötig, um nicht starr zu werden, unechte Veränderungen führen in die Verzettelung und damit zur Auflösung der Substanz, Abläufe werden unübersichtlicher, unklarer und führen weg von der Mitte. Und: Verändern kann man nur das, was man selbst angenommen hat.

Die alten, erfahrenen Christen in der Gemeinde sollten sich dafür einsetzen, dass es zu guten, echten, vertiefenden und zentrierenden Veränderungen kommt, statt sich gegen alles zu wehren, was die überkommenen Formen infrage stellt.

Neulich erzählte mir ein Pastor, dass er immer wieder einige Tage mit den Jugendlichen der Gemeinde im Gemeindehaus zusammenlebt: eine Wohngemeinschaft auf Zeit. Eine gute Gelegenheit, sich kennenzulernen, Leben miteinander zu teilen, einander ganz einfach zu verstehen, zu begreifen, wie der andere „tickt" …

DIE UNTERNEHMERISCHE GEMEINDE

Christen sind vielfach sehr mit sich selbst beschäftigt, sodass sie gar keine Zeit und Energie mehr haben, sich über sich selbst hinaus mit der Welt zu befassen. Sie sind bemüht, alles recht zu machen, sie wollen sich abgrenzen und ihre eigene Welt schaffen – dabei leben sie doch mitten in der Welt, sie müssen nur die Augen aufmachen, aufwachen und von sich wegschauen und dann einen bewussten Schritt tun: Die Welt lieben und annehmen, wie sie ist. Gott hat sie geschaffen und sie uns anvertraut, wir leben in ihr, es ist unsere Welt – und es gibt (zumindest solange wir leben) keine andere!

Weltfremde Christen gehen am Leben vorbei, denn das Leben spielt sich in dieser Welt ab. Und „diese Welt" heißt: Unsere Wirklichkeit, so wie sie geworden ist mit all ihren problematischen Bereichen, Fehlformen, Verwerfungen, Abgründen und Hoffnungsbereichen. Wir können dieser Welt nicht entkommen – auch nicht, wenn wir uns in die frommen Winkel der Gemeinde zurückziehen.

Betrifft das eigentlich freikirchliche und landeskirchliche Gemeinden auf gleiche Weise? Manchmal habe ich bei Gemeindeberatungen den Eindruck, dass sich freikirchliche Gemeinden und Landeskirchliche Gemeinschaften stärker von der Welt abschotten und ihre eigenen Bedingungen schaffen. Sie ziehen eine scharfe Trennlinie zwischen Gemeinde und Welt – und machen dadurch einen arroganten Eindruck: „Wir sind besser!" Dabei verhalten sie sich auf dem Markt der religiösen Sinnanbieter sehr herausfordernd, präsentieren sich selbstbewusst und ihre Pastoren treten wie geschulte Vertreter auf, die wissen, was sie wollen.

Landeskirchliche Gemeinden fallen dagegen weniger auf, sie scheinen sich der Gesellschaft mehr anzupassen, sie leben weniger von der Abgrenzung als von der Zuordnung zu einem gesellschaftlichen Segment (wie andere Vereine und Kulturträger auch). Ihre Pfarrer machen einen weltfremden, eher wissenschaftlich-theoretischen Eindruck. Neulich sagte mir ein Handwerker, dass es schwierig sei, mit „der Kirche" Geschäfte zu machen, denn die Leute dort würden nichts davon verstehen, was Geldverdienen bedeute.

Wenn die Kirche aber in die Welt hineinwirken will, muss sie lernen, unternehmerisch zu denken: Die Arbeit ist ihren Lohn wert, wer Gewinne macht, muss Mehrwertsteuer bezahlen. Es ist wichtig, dass man sein Produkt kennt und zielgerichtet anbietet, man muss seine Mitbewerber kennen und sollte genau wissen, wo sich der Einsatz lohnt und wo nicht. Gemeinden tun sich noch schwer, wirtschaftlich zu handeln und das Verhältnis von Einsatz und Ertrag zu bewerten. Dadurch bekommt das, was sie tun, einen unrealistischen, verklärten Anstrich. Die knapper werdenden Finanzressourcen werden auch die christlichen Gemeinden dazu bringen, sich zu überlegen, was eine Predigt kostet oder eine Stunde Seelsorge des Pfarrers, wie stark die Heizung der großen Kirche zu Buche schlägt, wenn nur 20 Personen den Gottesdienst besuchen, und was der Unterhalt des Gemeindehauses verschlingt – wenn dort keine Veranstaltung stattfindet. Man kann diese Entwicklung hin zu wirtschaftlichem Denken bedauern, aber sie birgt die große Chance, näher bei der Welt zu sein, ihre Bedingungen zu kennen, Teil von ihr zu sein, um von innen auf sie einzuwirken und die Menschen dort zu erreichen, wo sie sind.

Für beide – Freikirche wie Landeskirche – gilt: Die Gemeinde darf sich nicht in die fromme Selbstgenügsamkeit zurückziehen, sondern muss sich ganz bewusst mitten in die Welt stellen, um dort die Liebe Gottes zu verkündigen, wo dieses Wort unerhört und anstößig klingt. Die Gemeinde der Christen muss innovativer werden, unternehmerischer denken und agieren!

Zu einer unternehmerischen Gemeinde gehört eine aktuelle Predigt, die Schneisen in die Welt schlägt und dort die Wahrheit zum Leuchten bringt, wo es dunkel ist. Eine unternehmerische Kirche fragt sich, wie sie die Menschen erreicht, was ihnen gut tut und wo ihre Chancen sind, ihr Produkt marktgerecht zu platzieren.

Die Gemeinde, die sich auf dem Marktplatz der Welt bewegt, wird zum Beispiel die Türen ihrer Kirchen öffnen, weil sie herausgefunden hat, dass der Mensch von heute nach sakralen Räumen sucht, er braucht die Einkehr in die Stille, er sucht das Besondere, er wünscht sich die Begegnung mit dem, was sein „normales" Leben überschreitet. Diese Gemeinde wird vielleicht sogar dann in ihrem Kirchenraum ein Gesprächsangebot für alle machen: Rund um die Uhr steht jemand zur Verfügung, der zuhört und – wenn erforderlich – Rat gibt. Denn der moderne Mensch sucht nach Gesprächspartnern, denen er sich unverbindlich öffnen kann, er braucht einen Ort, wo er Frust, Enttäuschung und Schuld loswerden kann.

Vielleicht entdeckt die unternehmerische Gemeinde dann sogar ein Bedürfnis bei vielen Menschen für neue Formen der Liturgie, der Einkehr und Stille, bietet Tagzeitengebete an oder Gebetsräume, eine musikalische Besinnung mit Orgelmusik mitten im Getriebe eines Markttages oder ein Abendgebet zum Geschäftsschluss; platziert kürzere, innovative Angebote zwischen After-Work-Party und den Abendevents für den gehetzten Zeitgenossen. Die unternehmerische Gemeinde entwickelt Fantasie – weil sie sich für den Menschen interessiert und ihm nahe ist, sie versteht seine Bedürfnisse, Fragen und Zweifel und kann darauf eingehen.

So kümmern sich Gemeinden zum Beispiel um die Menschen, die von den Gesetzen eines unbarmherzigen Marktes verstoßen und ausgeschieden werden, die nicht mehr mithalten können und aus allen sozialen Bezügen herausfallen. Sie bieten Mahlzeiten für Menschen an, die kaum das Nötigste haben. Aber mehr als das Essen ist es die soziale Wärme, der Kontakt und das persönliche Interesse, das die Menschen anzieht und aufbaut.

Neulich habe ich von einer Gemeinde erfahren, in der alle zusammengelegt haben, um einer armen Frau ein neues Gebiss zu finanzieren, denn sie waren der Meinung: „Wer zu uns gehört, soll fröhlich lachen können, ohne sich dabei die Hand vor den Mund halten zu müssen!"

Die Gemeinde, die sich auf dem Markt bewegt, wird selbst zu einem Markt – aber nicht in dem Sinne: „Die Händler sind in den Tempel zurückgekehrt" (Detlef Willand in: Gebhard Kohler, Kimyo, Umkehr zum Leben, Seite 20), sondern auf ganz andere, alternative Weise, die ein Zeichen des Widerspruchs ist zu den Bedingungen in dieser Welt: Gemeindeglieder vergraben nicht ihre Talente (Geld und Gaben), sondern setzen sie ein. Sie halten sich nicht mutlos, resigniert zurück, sondern stellen zur Verfügung, was ihnen Gott anvertraut hat (Matthäus 25,14-30). Sie tun es kostenlos und ohne Gewinnabsicht! Sie tauschen Dienstleistungen („Was kann ich für dich tun?"), sie stellen ihr Wissen zur Verfügung („Wo kann ich dir mit dem helfen, was ich weiß?"), sie machen ihre Erkenntnis anderen zugänglich („Wie kann ich dir mit meiner Erfahrung dienen?"). Sie tun es umsonst, weil sie beschenkt wurden, geben sie weiter.

Ihr Geld verschwindet nicht auf verborgenen Konten oder wird in dicken Sparbüchern geparkt, sondern eingesetzt, damit im Reich Gottes Frucht daraus wachsen kann. Für die Altersversorgung ist das Geld am besten anlegt, das in die nächste Generation investiert ist. Oder es wird das Geld, das übrig ist, in die eigene Fortbildung gesteckt, um fähiger zu werden, wieder anderen zu helfen, zu raten und zu dienen.

Das Schiff Gemeinde verlässt den Hafen und fährt hinaus auf das Meer. Das Meer ist die Welt, dort gilt es die Menschen zu fischen, die am „Absaufen" sind: Die Christen sind Menschenfischer, seit sie von Jesus dazu berufen wurden. Es ist ihre Aufgabe, das Leben Gottes zu erhalten, zu fördern und zu mehren. Sie sollen Menschen retten und in das Reich Gottes holen, weil sie hier aufblühen, zu sich finden – und ewiges Leben bekommen.

Was aber passiert mit den Menschen, die aus den trüben Gewässern der Welt gefischt werden? Die einen brauchen zunächst intensive Seelsorge, sie müssen zuerst wieder das Leben in sich spüren, zu sich kommen, neu werden. Die Pflege von Menschen, die auf ganz unterschiedliche Weise unter die Räuber gefallen sind und nun wund sind an Leib und Seele, wird in Zukunft eine zunehmende Herausforderung für die christliche Gemeinde. Sie benötigt eine große Anzahl an fähigen und erfahrenen Seelsorgern, die Aufbauarbeit an den verletzten und verkümmerten Seelen betreiben. Gemeinden werden gut daran tun, Menschen dafür auszubilden und vielleicht sogar zu bezahlen (mit einer ganzen oder teilweisen Anstellung oder auf Honorarbasis). Der Bedarf an Seelsorgern nimmt zu!

Ist die Psyche einigermaßen wiederhergestellt und stehen die Menschen wieder (wenn auch wackelig) auf eigenen Beinen, kommt die Glaubensschulung dran: Sie sollen begreifen, wer Gott ist, ihren eigenen Glaubensweg beginnen können, sich auf die Bibel gründen und Jesus vertrauen. Glaubenskurse und Bibelseminare vermitteln das nötige Wissen und helfen, die eigene Entscheidung zu einem Leben mit Jesus zu treffen. Lehrer sind nötig, die auf liebevolle Weise alles tun, dass Menschen zu Nachfolgern Jesu werden.

Aber das ist dann noch nicht alles: Aus den Nachfolgern werden Jünger, das heißt: Mitarbeiter. Nun sind die Trainer, Pädagogen und Gemeindepraktiker gefragt, die den Menschen helfen, ihre Gaben zu entdecken und am richtigen Platz einzusetzen. Der Glaube soll praktisch werden und sich im Alltag bewähren!

Denn die Glieder der Gemeinde sind nicht Kunden, Konsumenten oder Publikum. Die Gemeinde ist kein Anbieter von Dienstleistungen für die eigenen Mitglieder (wenn es auch oft den Anschein hat)! Aus Nutznießern werden nun Helfer für andere. Wer zur Gemeinde gehört, ist selbst Verkäufer, der alles tut, um das Produkt „Glaube an Jesus" auf dem Markt anzubieten. Die Gemeinde ist der Lizenzgeber dieses Produkts – und so kann sich nun jedes Gemeindeglied als Franchising-Partner selbstständig machen und eigenständig unternehmerisch im Sinne Gottes in dieser Welt betätigen. Das Ziel ist nicht Erfolg im Sinne von Gewinn, sondern das Ziel ist, dass Frucht wächst. Dazu muss das Samenkörnchen der eigenen christlichen Überzeugung eingepflanzt werden, damit daraus ein Vielfaches an Ertrag gewonnen werden kann – für Gottes Reich.

Die Gemeinden sind herausgefordert, immer wieder ihr Produkt „Glaube" neu zu definieren und gegen andere Sinnanbieter klar abzugrenzen. Für dieses Produkt gibt es keine Erfolgsgarantie – es erfordert den Einsatz des ganzen Lebens. Aber dieses Produkt ist den großen Einsatz wert und es wird bei den Menschen „ankommen", wenn sie spüren, dass dahinter eine tiefe innere, eigene, echte Überzeugung steckt. Gerade der postmoderne Mensch, der sich schwer tut mit Entscheidungen, der am liebsten alles offenlässt und nach dem Sowohl-als-auch-Prinzip lebt, sehnt sich nach echtem Leben, nach Verbindlichkeit und Wahrheit; es erstaunt und fasziniert ihn, wenn er spürt, dass es Menschen gibt, die voll und ganz ihre Überzeugung leben – auch wenn eine solche Gesinnung ihn hinterfragt, weil sie nicht seinem Denkschema entspricht.

Er spürt: Hier ist das Leben, nach dem er sucht!

Und das bedeutet letztlich: Die Christen bieten auf dem Markt der Welt das beste Produkt an, das es überhaupt gibt: das Leben selbst, das Leben in Fülle. Das ist gefragt, das ist interessant! Damit müssen sie nicht hinter dem Berg halten, hier sind sie absolut konkurrenzfähig.

Die Qualität ist unübertroffen (Gottes Liebe) und die Quantität unschlagbar (die Ewigkeit)!

Wo sind die Christen, die selbstbewusst für das Reich Gottes werben, die für das Leben, das von Gott kommt, eintreten? Wo sind die Christen, die von sich selbst absehen und ganz ausgerichtet sind auf die Aufgabe, Gottes Lebensodem zu „verkaufen"? Wo sind die Christen, die die Welt mit Gottes Augen sehen und deshalb genau erkennen, was fehlt und wo sie gefragt sind? Wo sind die Christen, die sich ganz auf die Welt einlassen – ohne in ihr aufzugehen?

Christen müssen lernen, sich auf dem Marktplatz der Welt zu präsentieren, sie müssen offensiver werden, von ihrem Glauben zu reden. Sie dürfen das, was sie bekommen haben, nicht zurückhalten, verstecken oder nur für sich selbst verbrauchen. Der Glaube, der sie erfüllt, gehört in die Welt, denn der christliche Glaube bedeutet nicht die Verwirklichung eines Prinzips, sondern verantwortliches Handeln, das sich von Jesus Christus her begründet. Die Erde ist der Platz der Christen! Deshalb nehmen Christen aktiv Anteil an aktuellen Ereignissen, bringen sie zu Gott und nehmen von höchster Warte aus Stellung dazu. Weil sie mit dem Leben zu tun haben, sind Themen wie Umweltschutz, Klimaveränderung, Abtreibung, demografische Entwicklung, Gewalt von Jugendlichen und vieles andere mehr ihre Themen. Sie starten Initiativen, nehmen politischen Einfluss (Leserbriefe, Gebet, Gespräch mit Abgeordneten) oder greifen notfalls auch zu schärferen Maßnahmen (Boykott von Waren, die mit sexistischen Parolen beworben werden).

Sie gehen zu den Armen und Entrechteten, sprechen für die Sprachlosen und heilen die Verwundeten. Sie erfahren an sich selbst: „Die Liebe Gottes befreit den von der Selbstliebe getrübten und irregeführten Blick des Menschen zu der klaren Erkenntnis der Wirklichkeit, des Nächsten und der Welt und macht ihn so und nur so bereit zur Wahrnehmung echter Verantwortung." (Dietrich Bonhoeffer: Ethik, Seite 241.)

Deshalb wissen sie: „Nur der Selbstlose lebt verantwortlich und das heißt, nur der Selbstlose lebt." (Dietrich Bonhoeffer: Ethik, Gütersloh, 1992, Seite 258.) Sie leben!

Alles, was in der Gemeinde geschieht, fördert dieses Leben und ist ein Training zum Leben – die Gemeinde als Ort des Lebens mitten in der Welt des Todes ist ein Trainingsraum, in dem man lernt, dieses Leben in allen Facetten weiterzugeben – indem man es selbst ergreift und miteinander teilt. Dabei werden die Christen sprachfähig, sie üben ein, über ihren Glauben zu reden, sie verpflichten sich zum Handeln in der Welt, sie ermutigen sich, wenn sie mutlos sind, und sie werden ausgerüstet mit allem, was sie brauchen, um hinauszugehen und das Leben Gottes in die Welt zu tragen. Der Tod ist nicht das Letzte, das wirkliche Leben beginnt in der Ewigkeit, die wahre Gemeinschaft erleben sie erst im Himmel!

6. Leine los: Das Abenteuer beginnt

Das Schiff Gemeinde legt ab. Unter lautem und selbstbewusstem Tuten verlässt es den Hafen. Alle sollen mitbekommen, dass die Reise begonnen hat. Die Gemeinde macht sich an ihre Arbeit, sie geht ihrem Auftrag nach. Jetzt wird es ernst, das Abenteuer beginnt.

Im Gefolge des großen Schiffes befinden sich viele kleinere Dampfer, sie sind wendiger, aber sie bleiben in der Nähe. Es ist eine ganze Flotte, die in See sticht. Alle wollen sie hinaus aufs offene Meer, dorthin, wo es schwierig wird, dorthin, wo die Stürme toben und die See ihr härtestes Gesicht zeigt. Dafür ist dieser Konvoi gebaut, dort liegt seine Bestimmung.

Das Meer ist die endlose Welt, das ewige Gewoge der Trends, die gefährlichen Untiefen, die unvermittelten Strömungen, die lauernden Abgründe, die Gischt vieler Worte, der Schaum der Wichtigtuer, das Heulen der Mitläufer, das Getöse der Mächtigen. Das Meer hat keinen sicheren Boden, alles ist immer in Bewegung, tut harmlos und ist doch gefährlich. Das Schiff ist plötzlichen Böen genauso ausgeliefert wie der heimtückischen Flaute. Im Notfall ist die Besatzung des Schiffes ganz auf sich selbst angewiesen, muss sich über längere Zeit aus den eigenen Vorräten versorgen. Aber das Schiff ist auf See, dort gehört es hin. Es macht sich auf die Suche nach neuen Passagen, neues Land gilt es zu entdecken, ungeahnte und öde Weiten zu durchstreifen, entscheidende, wichtige Erfahrungen zu machen. Auf See ist die Unendlichkeit Gottes genauso zu spüren wie die Verlorenheit der Menschen. Die einzige Chance ist die Abhängigkeit von ihm. In der grenzenlosen Weite ist das Vertrauen in ihn der einzige Halt auf dieser Reise.

In gefährlichen Situationen wird Anker geworfen, werden kleine Erkundungsboote ausgeschickt: Wie geht es weiter? Tenderboote werden herabgelassen, um dort an Land zu kommen, wo es keinen Hafen gibt. Vorsichtig werden die Gewässer ausgelotet, ob sich unter Wasser Felsen verbergen.

Das Schiff Gemeinde zeigt Präsenz in verruchten Gewässern, es signalisiert den Piraten, dass es nicht nur Freibeuter gibt; notfalls gibt sie denen Schutz, die schwächer sind, und befreit die Sklaven auf den Galeeren.

Der Wachmann an Deck hält Ausschau nach Schiffbrüchigen, einsam treibenden Booten, Menschen, die ins Wasser gefallen sind, erschöpften, vereinsamten, gefährdeten Menschen. Sie werden aufgefischt, an Bord gebracht, verbunden, an Leib und Seele versorgt, mit neuem Sinn und gültiger Hoffnung ausgestattet. Wer möchte, wird eingegliedert in die Mannschaft, erhält einen Platz und eine Aufgabe.

Die Gemeinde sondiert den Markt, sie erforscht ihre Möglichkeiten: Wo sind wir gefragt? Kleine Teams ziehen los, um die sozialen Brennpunkte ausfindig zu machen: Wer kommt zu kurz? Wo sind die Menschen, die verzagt sind oder vor die Hunde gehen? Die Treffpunkte von Jugendlichen werden aufgesucht: Was fehlt ihnen? Was brauchen sie?

Das Lebensgefühl der Alten wird erforscht: Haben sie Hoffnung? Sind sie vorbereitet auf ihren Tod? Trends werden beobachtet und bewertet: Dienen sie dem Leben oder zerstören sie es? Die Auswirkungen der Globalisierung werden erkundet: Wie wirkt sich die weltweite Vernetzung auf das Leben der Armen aus? Die Problemzonen der Welt werden kritisch begutachtet und nicht aus den Augen gelassen: Was bahnt sich hier an? Welche Stürme kommen auf uns zu? Wie entwickelt sich weltweit das soziale Klima?

Die Expeditionsgruppen kommen zurück von ihren Erkundungen. Die kleinen Teams berichten der Gemeinde, was sie entdeckt haben. Sie werden angehört, es wird interessiert nachgefragt, es geht alle an. Die Beobachtungen der Einzelnen werden in den Raum der Gottesgegenwart geholt: „Gott, was sagst du zu dem allem? Was ist deine Meinung? Was willst du?" Die Bibel wird durchforscht: Gibt es Hinweise für uns? Wie sollen wir uns verhalten?

Die Erkenntnisse werden in der Gemeinde gemeinsam bewertet: Was wollen wir tun? Welche Verantwortung haben wir? Wo sind wir als Christen in dieser Welt zu dieser Zeit gefragt?

Die Gemeinde kommt zusammen zum Gebet, zum Hören auf Gott. Sie bestürmt Gott und bittet ihn um Antwort. Sie reden miteinander und fragen sich gegenseitig. Stille und Reden wechseln sich ab – solange, bis es klar ist: Das ist unser Auftrag! Das sollen wir tun! Hier ruft uns Gott in unsere Verantwortung!

Dann wird dafür gebetet, Menschen werden bestimmt und berufen, ausgebildet und ausgesandt. Sie handeln im Auftrag der Gemeinde, werden von ihr unterstützt und begleitet, für sie wird gespendet und gebetet. Es werden die Missionare der Gemeinde ausgeschickt zu den Problemfeldern in der unmittelbaren Umgebung oder weltweit. Aber es ist Sache der ganzen Gemeinde, jeder ist beteiligt, jeder weiß, um was es geht. Miteinander sind die Christen wachsam, aufmerksam – im ständigen Austausch. Und jeder gibt und tut, was er kann. Der Dienst an dieser Welt ist das gemeinsame Anliegen, das jeden in der Gemeinde den ganzen Einsatz kostet.

Die Gemeinde als die Gemeinschaft der Herausgerufenen (aus der Welt) ist auch die Gemeinschaft der Hineingesandten (in die Welt). Eine Gemeinde aber, die die Herausforderungen der Welt erkennt und sich den Nöten stellt, hat nicht mehr so viel Zeit, sich um die eigenen Probleme zu kümmern. Die Krisen der heutigen Zeit sind gravierender und wichtiger als die eigenen (oft kleinlichen) Konflikte!

Leinen los! Die herausfordernde Reise beginnt! Welt, wir kommen!

PRAXIS: SCHRITTE ZUR WELT

1. Malen Sie für sich ein Bild Ihrer Welt: Ihre Familie, Ihre Nach-
barschaft, Ihre Umgebung, Ihre Arbeitsstelle, Ihre Kontakte, Ihre
Begegnungsorte, Ihre Gemeinde. Malen Sie in dieses Bild auch
Problembereiche hinein, mit denen Sie es zu tun haben.
Machen Sie sich klar: Meine Welt ist Gottes Welt! Sagen Sie Ja zu
der Welt, in der Sie leben.

2. Wählen Sie in Ihrer Gemeinde gemeinsam eine aktuelle Problem-
stellung – zum Beispiel:
> alte Menschen
> junge Generation
> Arbeitslose
> Nichtsesshaftigkeit
> Ausländer, Asylanten

Beauftragen Sie Mitarbeiter in Ihrer Gemeinde, sich um diesen
Problembereich zu kümmern, sie sollen der Gemeinde gegenüber
Anwälte für diese Problemzonen sein.

3. Wählen Sie in Ihrer Gemeinde ein aktuelles Thema – zum Beispiel:
> Islam
> Konsum
> Globalisierung
> Armut
> Klimaveränderung
> geringer werdende Ressourcen

Bestimmen Sie ein Thema, das Ihnen gemeinsam am meisten am
Herzen liegt, als Jahresthema. Halten Sie dieses Thema im Bewusstsein, sammeln Sie alle Informationen dazu (Infowand), ver-
anstalten Sie Informations- und Diskussionsveranstaltungen und
laden Sie dazu Fachleute ein.

4. In Ihrer Gemeinde gibt es Menschen, die beruflich mit Problembereichen der Gesellschaft zu tun haben (Polizisten, Ärzte, Rechtsanwälte, Erzieher, Lehrer usw.). Nehmen Sie diese Menschen ganz besonders in Ihre Mitte und machen Sie Ihre Anliegen zum Anliegen der Gemeinde. Geben Sie Ihnen immer wieder Gelegenheit zur Information und beten Sie für ihre Arbeit.

5. Beschäftigen Sie sich mit den letzten 150 Jahren Kirchengeschichte: Wie ist alles geworden? Was haben die Christen vor Ihnen gedacht, gehofft, geglaubt? Wie sieht diese Kirchengeschichte konkret an Ihrem Ort aus? Bilden Sie eine Gruppe von Interessierten, die alles zusammentragen, was aus der Vergangenheit bedeutsam ist. Sie sollen ihre Erkenntnisse der Gemeinde vortragen.

6. Machen Sie ein Land dieser Erde zum Schwerpunkt für Ihre Gemeinde. Sammeln Sie alle Daten und Fakten, informieren Sie sich über die Lage, nehmen Sie Kontakt zu den Menschen dort auf. Überlegen Sie: Was ist unser Beitrag für die Lösung der Probleme dieser Region?

7. „Adoptieren" Sie als Gemeinde einen Missionar – oder senden Sie einen Missionar aus. Er (oder sie) ist Ihr Mann (oder Ihre Frau) vor Ort – halten Sie einen festen und kontinuierlichen Kontakt zu ihm (zu ihr).

8. Beten Sie beständig für ein bestimmtes Anliegen in der unmittelbaren Nachbarschaft Ihrer Gemeinde (Altenheim, Asylantenwohnungen, Sozialwohnungen, Behinderteneinrichtung). Seien Sie offen und bereit, wenn Gott Ihnen im Gebet zeigt, was Sie für diese Einrichtungen tun können.

9. Nehmen Sie Kontakt zu Menschen auf, die nicht zu Ihrer Gemeinde gehören. Verbringen Sie Zeit mit ihnen. Interessieren Sie sich für ihre Probleme und Fragestellungen. Kommen Sie mit Ihnen ganz zwanglos und unkompliziert über Ihren Glauben ins Gespräch.

10. Seien Sie persönlich und als Gemeinde jederzeit bereit, auf Notlagen zu reagieren: finanzielle Hilfe, Begleitung von Menschen, Wohnungssuche, Beistand für Übervorteilte oder ausgenutzte Menschen, Schutz von Menschen vor Gewalt. Reagieren Sie schnell auf Notfälle – das sind Ihre Chancen, sich als Christen zu zeigen: Brand, Unfall, Tod, Unglück, Armut, Ungerechtigkeit ... Setzen Sie sich für die Menschen ein, die es nicht selbst können. Seien Sie Hoffnungsträger in einer erbarmungslosen Welt!

7. Leine: Wahrhaftigkeit

ECHT SEIN

Die Welt ist unübersichtlich geworden. Bei vielen Menschen verursacht die Komplexität der Vorgänge Unsicherheit. Sie verschanzen sich hinter Rechthaberei, den gewohnten Abläufen und Traditionen oder bauen sich ihre eigene kleine, übersichtliche Welt. „Ich weiß gar nicht mehr, was wahr ist", sagte mir neulich ein Mann und ein anderer meinte: „Alles ist so unberechenbar", und er fügte mit einem vorsichtigen Blick zur Seite hinzu: „Auch in unserer Gemeinde."

Dabei sind es nicht nur die krassen Lügen, die das Leben erschweren, sondern mehr noch die Halbwahrheit oder die Unwahrheiten, die als solche gar nicht erkannt werden, weil sie sich ein Tarnmäntelchen umgehängt haben. Die Werbung verspricht Großes, die Politiker auch, die zunächst verlockenden Angebote erweisen sich bald als Falle, das billige Schnäppchen wird zum Geldfresser, der wohlmeinende Zuspruch hat es letztlich doch auf den Geldbeutel abgesehen. Misstrauen breitet sich aus, man weiß nicht mehr, ob man sich tatsächlich trauen kann – und das betrifft auch die vertrautesten Beziehungen.

Weil die Wahrheit fehlt, regiert die Ungerechtigkeit, denn die Wahrheit ist die Grundlage für das Recht. Aber was ist wahr? Die Gerichte sind auf der Suche nach einer Antwort auf diese Frage überlaufen, trotzdem haben viele Menschen das Gefühl, dass sie letztlich doch allein für ihr Recht kämpfen müssen.

Rechthaberei führt zum Abbruch des Gesprächs. Die Wahrheit wird zu einer ganz persönlichen Sichtweise. In meiner Seelsorgepraxis fällt mir auf, dass Wahrnehmungsstörungen zunehmen: Menschen blenden sich aus der Wirklichkeit aus, weil sie zu komplex und bedrohlich wird, und schaffen sich ihre eigene Sichtweise von der Welt – und von der Gemeinde. Die Gemeinde erscheint in diesen inneren Konstrukten als Ort der Sicherheit, als Rückzugsecke, als die Möglichkeit, das Eigene zu verwirklichen, als Gegenentwurf zur unheilen Welt: „Wenn es schon in der Welt so zugeht, dann soll wenigstens die Gemeinde ein Stück ‚heile Welt' sein", sagen sie. Aber da jeder seine eigenen Vorstellungen,

Wünsche, Erwartungen und Bilder von Gemeinde mitbringt, haben wir schnell die gleichen Verhältnisse wie in der Welt: „Jeder denkt an sich – nur ich denke an mich!", lautet zuletzt die frustrierte Feststellung.

Der Versuch, die Komplexität der Welt in der Gemeinde zu vereinfachen, geht so einfach nicht. Wo unterschiedliche, hoch komplizierte Menschen zusammenkommen, gelingt es nicht, nach dem Motto „Simplify your life" die Gemeinde auf ein paar einfache Verhaltensregeln zu reduzieren. Wer es versucht, erntet bald Frustration und Enttäuschung, denn er will die Gemeinde nach seinem Bilde gestalten.

Bonhoeffer warnt: „Wer seinen Traum von einer christlichen Gemeinschaft mehr liebt als die christliche Gemeinschaft selbst, der wird zum Zerstörer jeder christlichen Gemeinschaft, und ob er es persönlich noch so ehrlich, noch so ernsthaft und hingebend meinte." (Gemeinsames Leben, München, 1973, Seite 19.) Denn er liebt letztlich nur sich selbst und sein Bild von der Wirklichkeit.

Es ist eine große Gefahr, dass die christliche Gemeinde ein Ort der Selbstbestätigung wird: Ich bin richtig, weil ich zur richtigen Gemeinde gehöre. Gott kann nichts gegen mich haben, wenn ich mich als brauchbares Mitglied seiner Gemeinde erweise. Ich bin ein frommer Mensch in einer Gemeinde mit anderen frommen, guten Menschen. Wenn ich mich richtig verhalte, dann bin ich sicher und muss mich mit dem Durcheinander in dieser Welt nicht weiter beschäftigen.

So wird die christliche Gemeinde zu einer Tun-als-ob-Gemeinde: Man ist nicht Christ, sondern christlich, man schaut nicht auf Gott, sondern auf sich, trachtet nicht nach dem Willen Gottes, sondern nach den eigenen Bedürfnissen. Die Wahrheit bleibt auf der Strecke, denn die Wahrheit wird zur eigenen, ganz persönlichen Sichtweise. „Viele suchen die Gemeinschaft aus Furcht vor der Einsamkeit. Weil sie nicht mehr allein sein können, treibt es sie unter die Menschen", schreibt Dietrich Bonhoeffer (Gemeinsames Leben, Seite 64). Und er fährt fort: „Auch Christen, die nicht allein mit sich fertig werden können, die mit sich selbst schlechte Erfahrungen gemacht haben, hoffen in der Gemeinschaft anderer Menschen Hilfe zu erfahren. Meistens werden sie enttäuscht und machen dann der Gemeinschaft zum Vorwurf, was ihre eigenste Schuld ist. Die christliche Gemeinschaft ist kein geistliches Sanatorium. Wer auf der Flucht vor sich selbst bei der Gemeinschaft einkehrt, der missbraucht sie zum Geschwätz und zur Zerstreuung, und mag dieses Geschwätz und diese Zerstreuung noch so geistlich aussehen. In Wahrheit sucht er gar nicht die Gemeinschaft, sondern den Rausch, der die Vereinsamung für kurze Zeit vergessen lässt und gerade dadurch die tödliche Vereinsamung der Menschen schafft. Zersetzung des Wortes und aller echten Erfahrung und zuletzt die Resignation und der geistliche Tod sind das Ergebnis solcher Heilungsversuche."

Das sind harte Worte für die heutige Gemeinde! Aber die Gefahr, als Gemeinde in eine „Scheinexistenz" abzugleiten, unwahr und eigensüchtig zu werden, hat es immer gegeben. In der ersten Gemeinde in Jerusalem widersetzte sich Petrus mit einem unerbittlichen Stopp dieser Tendenz: Der Bericht über Hananias und Saphira zeigt deutlich, dass die Unwahrheit nicht geduldet werden kann, weil dadurch ein gefährlicher und tödlicher Virus die Gemeinde verseucht hätte (Apostelgeschichte 5,1-11). Dieses Ehepaar wäre nicht gezwungen gewesen, alles Geld aus dem Verkauf des Ackers der Gemeinde zu geben. Aber sie wollten geistlicher scheinen, sie wollten mehr Anerkennung, sie wollten besonders geehrt werden – und darum griffen sie zum Mittel der Unwahrheit. Die Folge war ihr Tod.

Genauso ist dort, wo eine Gemeinde nicht wahr ist, wo sie größer scheinen will, als sie in Wirklichkeit ist, wo ein Teil als Ganzes verkauft wird, der geistliche Tod der Gemeinschaft die Folge. Denn das Minimum wird als das Maximale dargestellt, der Glaube auf kleinster Flamme gekocht, aber als große Glut verkauft, das Normale und Alltägliche wird als das Besondere ausgegeben. Was bleibt dann letztlich? Inwiefern sind die Christen anders als die Menschen dieser Welt?

Wahrheit bedeutet: Sehen, was wirklich ist, sich zu den eigenen Fehlern und Grenzen stellen. Nichts ist grenzenlos, nichts perfekt. In einer Welt, die vorgibt, grenzenlos zu sein, und deswegen die Menschen heillos überfordert mit dem riesigen Potenzial an scheinbaren Möglichkeiten, ist nichts nötiger, als realistisch die eigene Begrenztheit zu bekennen: Nur Gott ist grenzenlos, nur er ist perfekt! Diese Wahrheit entlastet: Ich muss nicht mehr sein, als ich bin, ich kann mich akzeptieren, wie ich bin, ich kann deshalb auch den anderen respektieren in seiner eigenen Bedürftigkeit. Wir müssen uns nichts mehr vorspielen und so tun als ob. Wir können voreinander und miteinander echt sein, authentisch. Das ist die notwendige Therapie für kranke Gemeinden: Sich der Wahrheit stellen, der Wahrheit ins Gesicht schauen und erkennen, wer man in Wirklichkeit ist. Wahrhaftigkeit aber schafft Glaubwürdigkeit – ein Gut, das in unserer Zeit kostbar und selten geworden ist!

„Die Kirche ist der Ort der Schulderkenntnis", betont Dietrich Bonhoeffer (Ethik, Seite 126), und sie ist deshalb der Ort der Wahrheit, es muss nichts verschleiert, schöngefärbt, bessergeredet werden, als es ist. Man kann der Wirklichkeit ins Augen sehen – auch wenn sie wehtut, auch wenn sie ein Spiegel ist, der mir die eigenen Mängel und Fehler schonungslos vorhält.

Aber die Wahrheit macht frei (Johannes 8,32): Der Mensch, der sich ihr stellt, wird frei von sich selbst, seinen eigenen Bemühungen um den guten Eindruck und von den Forderungen der Welt, die ein fehlerfreies Imagemanagement verlangt und wo dabei das Selbst zu einer unbeweglichen Maske erstarrt. Die Masken können abgelegt werden, man kann sich offen begegnen, man kann zeigen, wer man wirklich ist: ein Mensch auf dem Weg, vorläufig, unfertig, bedürftig, fehlerhaft. „Wir sind Bettler, das ist wahr", bekennt Martin Luther am Ende seines Lebens. Und das Besondere ist: Unsere Armut schmälert die Größe Gottes nicht – im Gegenteil. Wir müssen keine Supergemeinde sein, um Gott groß zu machen. Gott ist groß – und das allein zählt.

Ich habe für mich folgende Erkenntnis in mein Tagebuch notiert:
Von dem, was Gott redet, kommt nur ein kleiner Teil bei mir an, weil ich mir keine Zeit nehme, auf seine Stimme zu hören.

Von dem, was ich von Gott höre, verstehe ich die Hälfte nicht, weil ich Gott nicht begreife.

Von dem, was ich verstehe, interpretiere ich vieles falsch, weil das Reden Gottes durch den Filter meiner eigenen Vorstellungen und meines begrenzten Wissens läuft.

Indem ich das, was ich von Gott gehört und verstanden habe, weitergebe, bleibt noch einmal ein guter Teil auf der Strecke, weil ich mich ungenau ausdrücke oder die Umstände ungünstig sind.

Von dem, was der andere von mir hört, bleibt auch wieder ein großes Stück im Sieb seiner Vorstellungen und seines Begriffsvermögens hängen. Was bleibt zum Schluss von Gottes Weisheit und seiner Wahrheit übrig?

Und trotzdem ist das Wort Gottes, das mich und dich in der Predigt erreicht, so gewaltig, dass es das ganze Leben verändert. Wie wird dieses Wort dann erst in seiner vollen Größe sein?

Die Wahrheit macht frei

In einer Gemeinde, in der die Wahrheit lebt, nimmt man einander „wahr": Man sieht den anderen, wie er ist, und akzeptiert ihn. Man macht nicht die Augen vor der Wirklichkeit zu und träumt sich die eigenen Träume von Gemeinschaft. Die Wahrheit ist nicht der Privatbesitz eines Einzelnen. Rechthaberei macht stumm, eine Lüge muss untermauert und bewiesen werden. Sie führt zum Kampf darum, wer Recht hat, und in dieser Auseinandersetzung kann nur einer gewinnen. Die Wahrheit verlangt den Austausch, das Gespräch, das Ringen um sie. Die eigene Sicht wird ergänzt um den Blickwinkel des anderen und dadurch bekommen wir miteinander ein umfassenderes Verständnis. Wir lernen voneinander und erkennen durch den anderen die eigene Begrenztheit. Es geht darum, dass wir einander fördern und nicht zerstören. Martin Luther fordert „eine friedsame, heilsame Sprache, die niemandem schadet und jedem nützt; eine Zunge, die die Zerstrittenen versöhnt und die Verleumdeten entlastet und besonnen spricht, das heißt wahr und eindeutig. Und hierher gehören alle Lehren, wann und wo man schweigen und wo man reden soll, wenn es des Nächsten Ehre, Recht, Sache und Seligkeit betrifft". (Zitiert nach Friedrich Schorlemmer: Woran du dein Herz hängst, Freiburg, 2006, Seite 137.) Und der Friedensaktivist Friedrich Schorlemmer fügt hinzu: „Luthers Anliegen ist es, dass wir einander nicht mit dem Knüppel der Wahrheit in der Gestalt öffentlicher Verleumdung zerstören, sondern versuchen, dem anderen so die Wahrheit zu sagen, dass er sich bessern kann, statt dass er in öffentlicher Schande dastehe." (Schorlemmer, Seite 137.)[12]

Um die Wahrheit zu entdecken, hören wir aufeinander. Nicht der, der die unschlagbarsten Argumente hat, ist der Wahrheit am nächsten. Auch nicht der, der am lautesten redet, hat am meisten recht. Die Wahrheit lässt sich nur finden, wenn wir genau hinhören. Und dazu

---

12 Ausführlicher über den richtigen Umgangsstil in: Johannes Stockmayer, Gemeinsam Wege finden, Leipzig, 2008.

braucht es Aufmerksamkeit und Stille. Die Wahrheit kommt oft auf ganz leisen Sohlen daher, will entdeckt und erobert werden. Wir nähern uns ihr am besten behutsam, wartend, geduldig. Wir brauchen Zeit und große Wachsamkeit. Manchmal entdecken wir die Wahrheit erst, wenn wir nach langen und hitzigen Diskussionen miteinander schweigen. Wahrheit ist der kleine Funke, der dann im Herzen aufglimmt, und wir spüren: Ja, *das* ist es, klein, unscheinbar, unauffällig – und doch mächtig und unüberwindlich. Die Wahrheit setzt sich durch, wenn wir mit unseren eigenen Erkenntnissen zur Seite treten. Nur wer alles Eigene losgelassen hat, kann sich ganz auf Gott einlassen. Je freier wir von den eigenen Gedanken sind, desto besser können wir die Stimme Gottes hören – sonst hören wir doch nur uns selbst.

Auch Erfolg ist kein Kriterium für die Wahrheit. Etwas ist nicht nur deswegen richtig und gut, weil es funktioniert. Der Pragmatismus, der die Welt bestimmt („Was ankommt, hat Erfolg! Was Erfolg hat, ist richtig!") und der bis in die christliche Gemeinde hineinschwappt, blockiert oft den Weg zur Wahrheit Gottes.

Denn Jesus nachzufolgen bedeutet nicht unbedingt, Erfolg zu haben. Auf Gottes Stimme zu hören garantiert kein ruhiges Leben, weil dann alles nur noch glattläuft. Scheitern und Fehler zu machen gehört zum christlichen Glauben dazu. Als Christ bin ich nicht immer nur auf der sicheren Seite und werde geehrt – im Gegenteil, es kann sein, dass ich mich lächerlich mache, beschämt werde und Ausgrenzung erfahre. Möglicherweise mutet mir Gott Misserfolg zu, nimmt mir Geld, Ehre und Sicherheit. Bibelfest zu sein bedeutet nicht, nun auf jede Frage eine Antwort zu kennen, die Wahrheit in der Tasche zu haben. Nachfolge heißt: Ich vertraue auf Gott, in ihm komme ich zur Ruhe, *er* ist meine Sicherheit. Alle Bemühungen um die letztendliche Wahrheit führt zu Gott – aber in ihm bleiben viele Fragen offen, weil er die Wahrheit ist und die einzige Antwort auf alle Fragen. Wir können sie nur noch nicht verstehen – noch nicht! Wir haben nicht Gott – aber Gott hat uns. Das genügt.

Als Christen erfahren wir unsere Begrenztheit bei Gott, wir verstehen nicht alles, wir sehen nicht alles, wir können nicht alles – aber wir gehören zu dem, der die Wahrheit ist und alle Antworten kennt. Das macht ruhig und sicher. Vor Gott können wir deshalb unsere Begrenztheit zugeben und zu unserem Nichtwissen stehen – ohne uns dabei selbst zu verlieren. Eine Gemeinde, die sich auf den Weg der Wahrheit macht, kommt bei Jesus an, wenn sie sich nicht verzettelt und in die Irre geht, weil sie sich an Nebensächlichkeiten festbeißt und das Letzte mit dem Vorletzten verwechselt. Das Vorletzte sind: Strukturen, Formen des Gemeindelebens, Stilfragen, Ausformungen des Glaubens – das Letzte aber ist Gott selbst, die Begegnung mit ihm.

Die Wahrheit ist: Gemeinde ist nicht der Ort der frommen Leistung. Es geht nicht um den Wettbewerb, besser zu sein als der andere. Es geht nicht um Hierarchien und Karriereleitern. Es geht um etwas ganz anderes: Die Gemeinde ist in einer leistungsorientierten Welt der Ort des Lebens. Das hebt sie hervor! Das Bekenntnis der Frommen heißt: „Ich glaube, hilf meinem Unglauben!" Der Starke kann Ohnmacht zugeben, wer denkt, alles im Griff zu haben, bittet um die Weisheit von Gott. Weil Christen von Gott abhängig sind, sehen sie die Situation von unten. Sie sind klein, hilflos, schwach – und können das auch zugeben. Das gibt ihnen eine unerschütterliche Stärke!

Die Gemeinde ist kein Ort der Perfektion. Es muss nicht alles gelingen, es muss nicht alles hundertprozentig sein. Was getan wird, kann als vorläufig betrachtet werden, denn wir sind nicht fertig, sondern auf dem Weg. Nichts ist endgültig, nichts abgeschlossen, zementiert, alles ist veränderbar, denn alles ist im Werden. Es geht nicht einmal um einen befriedigenden Abschluss, denn die Offenheit zeichnet die Gemeinde aus: Sie wartet auf den neuen Himmel und die neue Erde.

Martin Luther beschreibt das so: „Das Leben ist nicht ein Frommsein, sondern ein Frommwerden, nicht eine Gesundheit, sondern ein Gesundwerden, nicht ein Sein, sondern ein Werden, nicht eine Ruhe, sondern eine Übung. Wir sind's noch nicht, wir werden's aber. Es ist noch nicht getan oder geschehen, es ist aber im Gang und im Schwang. Es ist nicht das Ende, es ist aber der Weg. Es glüht und glänzt noch nicht alles, es reinigt sich aber alles." (Evangelisches Gesangbuch für die Ev. Landeskirche in Württemberg, Stuttgart, 1996, Seite 424.)

Die Gemeinde ist auch nicht die Gemeinschaft der unüberwindlichen Sieger. In einer Welt, in der jeder Gewinner sein will, schauen sie auf Jesus, der am Kreuz gestorben ist. Mit ihm stehen sie auf der Seite aller, die sich zu den Verlierern zählen. Sie müssen sich nicht behaupten, nicht für sich kämpfen, nicht die Gewinner sein. Sie können loslassen: sich selbst, ihre Ansprüche und die erbarmungslosen Forderungen der Welt. Das Kreuz von Golgatha ist für sie das Siegeszeichen der Auferstehung: Hinter all ihren Niederlagen steht der Sieg Gottes. Das zählt!

Das Leitbild der christlichen Gemeinde ist, dass sie kein Leitbild außer dem gekreuzigten Jesus hat. Am Kreuz orientiert sie sich, sie folgt Jesus nach. Das bedeutet: Jeder nimmt sich mit seinem Ich zurück, verzichtet auf die eigenen Ansprüche und ordnet sich dem unter, was Jesus möchte, dass einer den anderen höher achtet als sich selbst (Philipper 2,3).

Und das hat konkrete Auswirkung auf das Miteinander in der Gemeinde: Christen nehmen ihre persönliche Erfolglosigkeit willig an, sie scheitern fröhlich und leiden geduldig. Christen hinterfragen sich und legen ihre persönlichen Motive offen, sie zeigen ihr wahres Gesicht – auch auf die Gefahr hin, dass sie in ihrer Offenheit ausgenutzt werden. Sie begegnen einander in Liebe und reden miteinander in Wahrheit. Wo sie einen Fehler gemacht haben, geben sie ihn zu, wo sie schuldig geworden sind, übernehmen sie dafür die Verantwortung. Sie waschen sich nicht rein, weil sie von Jesus reingewaschen *sind*.

Ja, es stimmt: Die christliche Gemeinde ist eine winzige Nussschale auf dem Ozean der Welt, unscheinbar, zerbrechlich. Aber sie ist bedeutsam für die ganze Welt, weil sie Gottes Schiff ist. Dadurch ist sie unsinkbar!

ENDZEITSTIMMUNG

Zeichne ich hier ein zu ideales Bild der christlichen Gemeinde, baue ich damit wieder eine fromme Fassade auf, hinter der man sich verstecken kann? Gerade weil ich es in der Gemeindeberatung mit den negativen Dynamiken von frommen Gemeinden zu tun habe, betone ich den unbedingten Schritt zur Wahrhaftigkeit. In vielen Fällen erlebe ich es, dass es die einzige Medizin in den vielfältigen Problembereichen der Gemeinde ist, zur Wahrheit zu kommen – auch wenn sie bitter schmeckt, hilft nur sie zur Gesundheit.

Als ich neulich nach einer Beratung die unbenützten Moderationskärtchen einsammelte, fand ich eines, auf das jemand folgendes Gedicht geschrieben hatte:

„Mancher hat durch schwülst'ges Reden
und durch seine heilge Art
das Geheimnis seiner …
bis zum Tode sich bewahrt."

Welches Geheimnis sich wohl hinter den Punkten verbirgt?

Gemeinden dürfen nicht unwahre Orte der Scheinheiligkeit werden, wo mit frommen Worten die eigentlich unheilige Art versteckt wird! Menschliche Probleme dürfen nicht geistlich bemäntelt werden. Was wahr ist, muss wahr bleiben – und ausgesprochen werden –, auch wenn es wehtut.

Hinter dogmatischen Fragen stecken oft Beziehungsprobleme – dann ist es doch besser, darüber zu reden und die Beziehung zu klären, als um theologische Aussagen zu streiten.

Viele Gemeindekonflikte entstehen, weil man nicht bereit ist, die Andersartigkeit des andern zu akzeptieren, und verschärfen sich durch mangelnde Vergebungsbereitschaft.

Der Grund für viel Herzeleid in der Gemeinde ist schlicht und einfach Schuld: Würde sie bekannt und vergeben, wäre sie ausgesprochen und erledigt und der Friede könnte wieder einkehren – da sind keine langen und mühsamen Konfliktlösungsstrategien mehr nötig.

Hinter dem Beharren auf biblischen Aussagen steht manchmal menschliche Unsicherheit. Was als Reden Gottes ausgegeben wird, ist oft nur das eigene Interesse. Und manche Gemeindeentscheidungen sind in ihrem Ergebnis mehr beeinflusst von Machtfragen als vom Gehorsam gegen Gottes Willen.

Wir müssen ehrlich sein: zu uns selbst und zu anderen – sonst wird unser Glaube zur Farce. Es schadet nicht, wenn wir immer wieder uns selbst hinterfragen: Warum will ich das eigentlich? Wir sollten ehrlich und schonungslos den eigenen Motiven auf die Spur kommen. Wenn wir uns selbst kennen (so wie Gott uns erkannt *hat*), werden wir barmherzig anderen gegenüber und sind schneller bereit, das auszuräumen, was zwischen mir und dem anderen steht – denn ich weiß: *Mir* ist nicht zu trauen. Und das, was zwischen mir und dem anderen steht, steht auch zwischen mir und Gott. Umgekehrt gilt aber auch: Was zwischen mir und dem anderen ausgeräumt ist, blockiert nicht mehr mein Verhältnis zu Gott. Weil ich vergeben habe, wurde mir von Gott her vergeben (siehe Vaterunser).

Tagebuch

Wieder einmal diese Situation: Der Pfarrer redet sich um Kopf und Kragen. Wie leicht würde sich die Situation beruhigen, wenn er einfach sagen würde: „Tut mir leid, das habe ich übersehen!" Auch ein Pfarrer darf Fehler machen und Schwächen haben – aber er sollte sich dazu stellen und sie zugeben. Er würde sich dabei nichts vergeben!

Stattdessen findet er viele Argumente für sein Verhalten, die aber alle fadenscheinig sind. Wo er etwas sagen sollte, schweigt er. Er klammert sich offensichtlich an einen Nimbus der Unfehlbarkeit. Er ist ja der Pfarrer, er soll ein Vorbild sein, er darf sich nichts zuschulden kommen lassen! So hält er an seiner Meinung fest und der Graben zwischen ihm und der Gemeinde wird immer tiefer. Und weil er nicht zur Wahrheit steht, die doch offensichtlich ist, gibt es auch in der Gemeinde keine Offenheit. Denn Ehrlichkeit und Offenheit beginnen von oben, von der Leitung her. Ich erfahre es immer wieder: Wenn ein Pastor den Mut hat, auch Unangenehmes zu sagen, bereit ist, eigene Fehler zuzugeben, dann schafft das einen Raum der Wahrheit – auch andere finden den Mut, zu ihren Unzulänglichkeiten und Fehlern zu stehen. Eine lockere Heiterkeit bricht sich Bahn. Das geistliche Leben kann wachsen.

Darf ein Pfarrer über seine Unzulänglichkeiten reden? Darf er sagen: „Das kann ich nicht!" oder zugeben: „Ich bin am Ende!"? Würde es die Gemeinde akzeptieren, wenn er von sich redet, von seinen Zweifeln, Fragen und seinen Grenzen?

Ist es möglich, in der Gemeinde ganz offen anzusprechen, wenn sich jemand etwas zuschulden kommen lässt oder gegen den Gemeindekodex verstößt (weil zum Beispiel ein junges Paar gemeinsam eine Wohnung bezieht, obwohl es nicht verheiratet ist und die Gemeindeordnung festlegt, dass Mitarbeiter Vorbildfunktion haben)?

Können Gerüchte, die unterschwellig laufen und sich auf subtile Weise verbreiten, in der Gemeindeversammlung angesprochen werden, um ihnen damit die negative Macht zu nehmen – und um herauszufinden, was wirklich Sache ist und was nicht?

Ist es tatsächlich nur die private Sache des Einzelnen, wenn der Mann seine Frau kurzhält, entmündigt, schlägt und betrügt – und andere in der Gemeinde wissen darum, verschließen aber die Augen: „Das geht uns nichts an, das ist deren Angelegenheit!"? Gibt es die Möglichkeit, die erwiesene Schuld eines Einzelnen vor die ganze Gemeinde zu bringen, damit sie den Sünder zur Buße ruft (nach Matthäus 18,17)? Kommt es zu einem Gemeindeausschluss, wenn jemand nicht umkehren und von seinem verwerflichen Tun lassen möchte (1. Korinther 5,9-13; 2. Thessalonicher 3,6; Titus 3,10)?

Wird bei den Regelungen in der Gemeinde Klartext geredet oder wird gemauschelt? Werden notwendige Abklärungen offengelassen, um niemandem auf die Füße zu treten? Wird aus Angst vor Konflikten geschwiegen, obwohl die unliebsamen Punkte geklärt werden müssten?

Das alles hat mit der Wahrheit in der Gemeinde zu tun! Unwahrheit hindert das Gemeindeleben, Wahrheit dagegen fördert es – manchmal auf ganz eigene, nicht immer einfache Weise: Wo Wahrheit möglich ist, werden die Beziehungen ehrlicher – und dadurch fester. Wo man den Mut hat, die Wahrheit auszusprechen, schwindet der Druck, wird der Umgang in der Gemeinde leichter. Wo niemand beschämt wird, weil er sich öffnet, türmen sich keine Lasten und Vorbehalte auf. In einer solchen Gemeinde regiert die Liebe ohne Falsch, besteht Freiheit: Es gibt keine Gerüchte, Verdächtigungen werden ausgesprochen und ausgeräumt, Fragen werden gestellt, Antworten versucht. Man gibt zu, was man kann und was man nicht kann. Jeder darf sein, wie er ist. Niemand muss mehr sein, als er ist. Alle dürfen sagen, wo die Grenzen sind. Man nimmt einander wahr und ernst. Man lässt sich stehen. Wo nötig, hinterfragt man sich: „Ist alles so in Ordnung, was du tust?" Schuld wird benannt und vergeben. Man hilft dem, der gefallen ist, auf den rechten Weg zurück. Alle sind gleich, niemand ist „gleicher". Denn alle sind unterwegs, noch ist niemand am Ziel …

Während sich die christliche Gemeinde noch intensiv mit sich selbst auseinandersetzt und sich um Gemeindewachstumsstrategien bemüht, ist es über dem christlichen Abendland Nacht geworden. Die Stunde der optimalen Möglichkeiten ist vorbei, die Christen befinden sich nur noch in einer Randposition. Das Gefährliche ist: Sie bemerken es nicht einmal, dass sie bereits ins Hintertreffen geraten sind. Sie sind bemüht, sich ihre eigene Wahrheit zurechtzuzimmern, und vermögen deshalb nicht, die Wahrheit zu sehen, mit der sie Gott konfrontieren möchte. Wir haben es schon mehrfach festgestellt: Die Gemeinde ist nur dann wirklich Gemeinde, wenn es nicht um die Gemeinde geht, sondern wenn sie fähig ist, den Auftrag Gottes auszuführen. Das Schiff Gemeinde ist nur dann funktionstüchtig, wenn es nicht ständig um die Frage geht, ob es wirklich schwimmen kann. „So ist der erste Auftrag an die, die zur Kirche Gottes gehören, nicht etwas für sich selbst zu sein, also etwa eine religiöse Organisation zu schaffen oder ein frommes Leben zu führen, sondern Zeuge Jesu Christi an die Welt zu sein." (Dietrich Bonhoeffer, Ethik, Seite 50.)

Christen kennen die Wahrheit, weil sie Gott kennen. Sie haben deshalb auch den Auftrag, die Wahrheit zu sagen. Und wo sie es nicht tun, ist es ihre Aufgabe, Verantwortung für ihr Versagen zu übernehmen, sich zu der eigenen Unfähigkeit zu stellen und den Tatsachen ins Auge zu blicken: Wir werden unserem Auftrag nicht gerecht. Es hilft nichts, sich als Gemeinde der Vollkommenen darzustellen, wenn das so nicht stimmt.

Die Wahrheit zu sehen führt zur Buße und zur Umkehr, sich enttäuscht von den Lügen und Halbwahrheiten abzukehren ist der erste Schritt zu einer Veränderung – ein erster Schritt zu sich selbst und zu Gott. Wenn sich die Gemeinde aber dieser Wahrheit verweigert, schlittert sie unweigerlich in eine Position der Ohnmacht, der Unwirklichkeit oder der Resignation.

Der Publizist Eberhard Stammler schrieb bereits 1992: „Nun aber, da diese Ära unweigerlich zu Ende geht, wenn die Macht sich von der Kirche zurückzieht und die Menschen aus den Kirchen auswandern, könnte sich nun doch wieder die Erfahrung der Ohnmacht in den Vordergrund drängen. Zunächst allerdings löst der Abschied von einer gesichert erscheinenden Vergangenheit resignative und depressive Stimmungen aus, und manche Frustration sucht sich in einem hektischen Aktionismus zu kompensieren. Es ist immerhin verständlich, dass sich ein solcher Abschied – wie jeder andere – nicht ohne Schmerzen abspielen kann, denn er enthält die Absage an eine einst reiche und satte Volkskirche, in der es sich leben und wirken ließ. Doch alle Versuche, sich dieser schmerzlichen Einsicht zu entziehen, vereiteln nur die Chance, am Ende des Tunnels das Licht zu erblicken und sich getrost auf die Zukunft einzulassen, die sich gerade einer arm gewordenen Kirche eröffnet. Wie Lots Weib zur Salzsäule erstarrte, weil sie sich voll Wehmut von ihrer Heimat nicht lösen konnte, so könnte auch die Kirche ihre Zukunft versäumen, wenn sie nicht bereit wäre, entschlossen ‚die Hand an den Pflug zu legen' und den Exodus in eine neue Erfahrung mit Gott zu wagen." (Eberhard Stammler: Kirche ohne Volk, Seite 182.)

DIE ARME GEMEINDE

Die arme Gemeinde stellt sich zu ihren Grenzen, sie weiß, dass alles, was sie tut, vorläufig ist. Sie rechnet mit dem sicheren Ende, sie wartet auf die Wiederkunft Jesu. Das prägt sie, das gibt ihr die „Dynamik des Vorläufigen". Das ermöglicht ihr, sich selbst schonungslos der eigenen Wahrheit zu stellen und der Welt die Wahrheit Gottes uneigennützig zu sagen. Ohne Ballast kann die arme Gemeinde nach vorn blicken, denn sie trauert nicht dem Vergangenen nach. Die Gemeinde stellt sich zu ihrer Begrenzung und ist fröhlich mit wenig zufrieden: Das Beste kommt noch! Das Wenige, was sie hat, setzt sie ein, sie sieht nicht auf sich und engagiert sich an der Seite der Menschen, die auch nichts haben. Die arme Gemeinde ist auf der Seite der Schwachen! Weil sie frei ist von sich selbst, kann sie alle Energie in das Mitgefühl für andere stecken, sie ist eine Kirche für andere.

Denn was die Gemeinde in Wahrheit auszeichnet, ist ihre Armut: Als Bischof Nikolaus von Myra um 300 nach Christus in Kleinasien von räuberischen Horden gezwungen wurde, den Kirchenschatz herauszugeben, sammelte er in der Nacht alle Armen der Gemeinde. Am anderen Morgen wies er auf sie und sagte: „Das ist der Schatz der Kirche!" Der Arme hat nichts zu verbergen, er hat nur sich selbst.

Die Gemeinde lebt vom Leben, das ihr von Gott geschenkt wird, sie muss sich nichts erwerben. Sie muss nicht groß und stark sein, sie muss nicht beweisen, dass sie mächtig ist. In ihrer Schwachheit liegt ihre Kraft – wenn sie diese Schwachheit annimmt und aus Gottes Möglichkeiten lebt. Das geschenkte Leben, das die Christen miteinander teilen, ist reich und schön, denn in ihm lebt die Liebe Gottes. Wer mit Gottes Möglichkeiten rechnet und ihm vertraut, kann arm sein und die Grenzen erleben – ohne dabei zerstört oder depressiv zu werden. An den Grenzen seiner Möglichkeiten spürt er die Gegenwart Gottes, seine eigene Existenz und die Existenz Gottes und erkennt dabei, was wesentlich ist. Satte, zufriedene Gemeinden dagegen haben es nicht nötig, nach Gott zu fragen – deshalb scheint er weit entfernt zu sein. Eine einfache, arme Gemeinde kann ganz einfach und selbstverständlich Gemeinde sein.

Der arme Mensch sammelt nicht, sondern gibt, was er bekommen hat, teilt mit anderen, was er erkannt hat, setzt das ein, was er verstanden hat, stellt seine kleinen Brocken zur Verfügung. Und macht dabei die Erfahrung: Es ist genug, es reicht für alle (siehe Matthäus 14,13-21 und Matthäus 15,32-39).

Wer die Erfahrung macht, dass auch weniges durch Gott zur Fülle wird, wartet nicht auf den Überfluss, sondern gibt gern, was er hat. Die Gemeinde der Armen hortet nicht, sondern hat gelernt loszulassen. Sie versteckt sich nicht hinter Besitz und großen Worten, sondern gibt sich preis. Sie muss nicht mehr sein, als sie ist, sondern stellt sich kindlich vertrauend ihrer Bedürftigkeit – und damit ist sie reich, unbestechlich, uneigennützig, ehrlich, überzeugend, wahrhaftig. Statt immer ganz vorn zu sein und bei allen Neuerungen mitzumachen, kann sie uneigennützig mit sich zufrieden sein. So wird sie zur Anlaufstelle für alle, die nicht mehr mitkommen und herausgeschleudert werden aus der sich ständig schneller drehenden Beschleunigungsspirale. Weil sie nichts für sich braucht, kann sie sich um die Randgruppen der Gesellschaft, um die Lahmen, Fußkranken und Ausgestoßenen kümmern, findet man sie bei den Hecken und Zäunen, um die zum Fest zu laden, die selbst nichts haben – vor allem keine Zukunftsperspektive.

Die arme Gemeinde empfängt von Gott und gibt weiter, was sie bekommen hat. Sie scheut nicht das Leiden, denn aller Schmerz bekommt seinen Sinn, weil auch er zum Reichtum der Gemeinde gehört. Schmerzen und Leiden, die miteinander geteilt werden, verbinden auf tiefe Weise. Alle Not, die zur gemeinsamen Not wird, schenkt Tiefgang und gibt einen weiten Blick. Das Leiden verbindet mit den Menschen, die ebenfalls Leid tragen – und verbindet mit Gott, der selbst zum Leidenden geworden ist. Der Schmerz enthüllt das wahre Gesicht und zeigt, wo es fehlt, wo Heilungsbedarf besteht. Der Augenblick des Todes ist am unausweichlichsten die Stunde der Wahrheit. Der Leidende wendet sich mit einer stärkeren Notwendigkeit Gott zu, er ist der Bedürftige. Die leidende Gemeinde wird zur Jammergemeinschaft – oder sie findet in Gott die Quelle der Heilung.

„Im Sturm enthüllen sich die Schwächen der menschlichen Natur deutlicher als im stillen Fluss ruhiger Zeiten", schreibt Dietrich Bonhoeffer (Ethik, Seite 72). Die leiderprobte Gemeinde hat keine Angst vor dem Sturm, sie kennt ihre Schwächen. Sie muss nicht fürchten, dass in der Bewährungsprobe ihre Mängel zutage treten oder dass sie gar unter den Belastungen schwieriger Zeiten zerbricht. „Es geht alles durch Schiffbruch", betont der Erweckungsprediger Otto Stockmayer (1838–1917)[13].

Die Schwachen wissen, dass sie Hilfe brauchen – das ist ihr entscheidender Vorteil gegenüber denen, die sich stark dünken. Der Schmerz wird ihnen zur Quelle der Kraft, das Leiden gehört zu ihrem Auftrag. In ihrem Leiden bringen die Glieder der Gemeinde das Leid der Welt zu Gott, sie klagen es ihm.

Der Liederdichter Gerhard Tersteegen (1697–1769) schreibt: „Es ist eine verborgene Wahrheit des inwendigen Glaubenslebens, die der Vernunft durchaus unbegreiflich ist, dass man nämlich arm wird durch Behalten und reich durch Verlieren und dass man desto mehr besitzt, je weniger man in jeder Hinsicht besitzen will … In unserem eigenen Ich ist kein ewig Leben; aber wenn wir uns loslassen und verlieren, dann

13 in: Otto Stockmayer: Die Gnade ist erschienen, Tägliche Andachten, 11. Auflage, Gießen, 1990, Seite 360.
Otto Stockmayer schreibt weiter: „Es geht eben im Geistlichen wie im Natürlichen. Junge Männer fallen hin – ihre Jugendkraft ist angetastet, und es kommen große Krisen zwischen Charakterstärke und Gotteskraft. Da gibt es dann Scheidungen, und der Mensch kommt auf einen Punkt, wo er nur noch harren kann. Gott lässt uns zuweilen auch einmal auf den Trümmern unserer Charakterstärke sitzen – und in Trümmer muss alles fallen, was nicht rein vor Gott ist, jegliche Mischung. Harren lernt man auf den Trümmern, die man nicht mehr aufbauen kann. Die Zeit des Harrens ist keine verlorene. Sie kann gesegneter sein als die des Erfüllens. Viel wichtiger kann es sein, dass wir harren, als dass unsere Wünsche erfüllt werden; denn in der Zeit des Harrens wird der Herr mit uns tief ins Gericht und ins neue Leben gehen können. Wie die Wächter auf das erste Morgenrot des neuen Tages harren, so harrt die zerbrochene Seele auf einen neuen Lichtstrahl aus der Herrlichkeit, und heller, reiner denn je geht neues Morgenrot über die auf, denen der Herr das Handwerk eigener Heiligkeit gelegt hat und die nun mit allem auf Gott geworfen sind."

finden wir uns wieder in ihm, der da ist der wahrhaftige Gott und das ewige Leben." (Gerhard Tersteegen: Wider die Melancholie, Wuppertal, 1985, Seite 33.)

Tagebucheintragung aus dem Urlaub:
Gestern wanderten wir der Weser entlang, einem stillen und behäbigen Fluss. Wir waren in schwierigen Gesprächen verstrickt, klagten einander die Schwierigkeiten unseres Lebens. Da glitt – fast geräuschlos – ein großer Lastkahn an uns vorbei. An seiner Bordwand lasen wir erstaunt eine Aufschrift in großen Lettern: „Lerne leiden, ohne zu klagen". Wir waren erstaunt und berührt. Unsere Gespräche änderten sich und wir gingen als andere weiter.

DIE STUNDE DER WAHRHEIT

Und so lebt die Gemeinde heute in der Stunde der Wahrheit – die Bewährungsproben nehmen zu. Sie wird immer mehr herausgefordert zu zeigen, wer sie wirklich ist, aus welchem Holz sie geschnitzt ist. Ist sie schwach, weil sie auf die eigenen Kraftreserven baut, wird sie immer mehr das Feld räumen müssen. Ist sie in ihrer Bedürftigkeit stark, weil sie auf Gott schaut, wird sie das Feld behalten und zur Schar der Überwinder werden, die Bestand hat, weil Gott für sie einsteht.

Die Stunde der Wahrheit sieht so aus: Die Gemeinde der Christen hat ihren Einfluss verloren. Es gibt nicht nur sie auf dem Markt der Sinnanbieter, es gibt viele Mitbewerber um das Heil der Menschen (auch wenn viele nur Un-Sinn anbieten und Un-Heil anrichten). Der heutige Mensch formt sich seine eigene Religiosität nach eigenem Gutdünken.

Landeskirchliche Gemeinden kommen in dieser Situation auf doppelte Weise unter Druck: *von links*, denn die Welt fragt nach Glaube und Spiritualität. Es ist wieder opportun, über Religion zu reden – aber christlich ist es nicht. Sparkassen übernehmen zum Beispiel in ihren großen Foyers Weihnachtsfeiern für die Kinder, ohne einmal den eigentlichen Grund für Weihnachten zu erwähnen: Jesus Christus. Trotzdem ist es eine feierliche, ergreifende und aufbauende Stunde voller Religiosität und weihnachtlicher Gefühle.

Von rechts: Freikirchen und Landeskirchliche Gemeinschaften präsentieren sich als alternative Gemeinden. Das Monopol „Kirche" zerbröckelt. Die bisherigen Prediger nennen sich nun Gemeinschaftspastoren, sind ernst zu nehmende Partner der Pfarrer im Talar.

Wie werden sich die landeskirchlichen Gemeinden in dieser Drucksituation von links und rechts verhalten? Werden sie auf ihren alten Rechten und Pfründen beharren, ziehen sie sich verunsichert in den Schmollwinkel zurück – oder stellen sie sich ihrer Bedürftigkeit und Schwäche, finden zu ihrer Wahrheit und werden demütig? Die Wahrheit macht frei – auch hier, denn wenn sich die landeskirchlichen Gemeinden dieser Situation stellen und sie wahrnehmen, finden sie zu sich selbst und können entdecken, was ihr Beitrag im Chor der christlichen Gemeinden ist.

Wenn die landeskirchlichen Gemeinden aufbrechen (und das im ursprünglichen Sinn dieses Wortes: wenn sie ihre harte Schale ablegen) und sich verändern, hat das große Auswirkungen auf die ganze christliche Welt. Wenn sie die Angst verlieren, nicht mehr die einzige Kirche am Ort zu sein, sondern zur Partnerschaft mit allen anderen Gemeinden kommen, wenn sie sich nicht dichtmachen, sondern öffnen und neu zu ihrer Berufung als Gemeinde finden, dann tut sich etwas im Reich Gottes! Die Aufgabe der landeskirchlichen Gemeinden könnte sein, die Funktion eines älteren Bruders zu übernehmen, Vorreiter, Schutzgeber zu sein, den anderen Gemeinden von dem Schatz ihrer Erfahrung abzugeben und gemeinsam mit ihnen nach den christlichen Alternativen für die heutige Gesellschaft zu suchen (wie es vielerorts auch schon in den ACKs und auf Allianzebene geschieht).

Genauso sind aber auch die Freikirchen aller Art herausgefordert, sich nicht zu verschließen, sondern gemeinsam mit allen anderen christlichen Gemeinden einer Region strategisch für das ganze Reich Gottes zu denken. Partnerschaften, regionale Zusammenschlüsse sind das Gebot der Stunde! Keine Gemeinde steht für sich allein, jede hat ihren eigenen Beitrag zu geben im Zusammenspiel aller! Sie sind alle im gleichen Boot, stehen vor den gleichen gewaltigen Herausforderungen. Das gemeinsame Leiden führt zueinander, die Wahrheit befreit von den persönlichen Eigenarten und öffnet die Augen für den anderen.

Die Stunde der Wahrheit verlangt von der christlichen Gemeinde, dass sie zur Realität findet und sich der Realität stellt. Sie kann sich nicht mehr länger in die eigenen Träume flüchten, in ihre selbstherrlichen Vorstellungen, wie sie Gemeinde sein möchte – möglichst noch in Konkurrenz oder im Gegensatz zu einer anderen Gemeinde: Wir sind die besseren!

Es ist Zeit, innezuhalten und ganz ehrlich Inventur zu machen: Wo stehen wir? Was haben wir? Wo sind unsere Stärken – und mehr noch: Wo sind unsere Schwächen? Wir brauchen einander! Wir brauchen den anderen! Wir können es nicht allein: Die Welt braucht Jesus – die Welt ist groß, unsere Kraft ist begrenzt.

In der gegenwärtigen Krise vieler Gemeinden liegt eine große Chance: die Möglichkeit, ehrlich zu werden, sich anzuschauen – und sich durch die Entdeckung der eigenen Bedürftigkeit und Armut Gott erneut und hingebungsvoller zuzuwenden. Die Hinwendung zu Gott ist die einzige Chance! Der Druck von außen erzeugt nach innen eine neue Qualität des Glaubens – wenn der Druck aufgenommen wird, wenn man ihn nicht leugnet oder ihm ausweicht.

„Der Herr allein weiß, wie viel Druck und Spannung die Kirche braucht, wenn seine heilige Bauarbeit an ihr vorwärtsschreiten soll. Wachstum Gottes ist nicht ein Wachstum der Zahlen und der Organisationen. Wachstum Gottes ist ein immer gründlicheres Leben in seinem Gehorsam und zu seinem Lobe", sagte Friedrich von Bodelschwingh (1831–1910).

Die Gemeinde, die zur Wahrheit findet, lebt immer mehr von der Gnade Gottes – und dadurch wird sie immer anmutiger, freundlicher. Die Gnade Gottes, seine Liebenswürdigkeit, sein Leben spiegelt sich in ihr wider. Weil sie aus der Gnade lebt, ist sie gelassen und frei – sie bekommt, was sie braucht. Sie hat eine faszinierende Ausstrahlung.

In der Gemeindeentwicklung ist es wie bei der Entwicklung eines Menschen: In der ersten Phase des Lebens profitiert der Mensch von seinem Glück. Was ihm gelingt, fällt ihm zu, die unmöglichsten Zufälle machen sein Leben reich.

Dann kommt die Phase der Leistung: Alles muss erarbeitet werden, nichts geht mehr von selbst. Das ist die Zeit, in der Erfolg das Ergebnis mühsamer Kleinarbeit ist.

Zuletzt kommt die Phase der Gnade: Alles ist unverdientes Geschenk, alles wird demütig und dankbar aufgenommen, nichts ist selbstverständlich.

Die Gemeinde erfährt zunächst eine Phase starken Wachstums, es scheint ihr alles zu gelingen. Wunder und ermutigende Zeichen bauen sie auf. Dann kommt die Zeit, in der Gemeindewachstum mühsam erarbeitet werden muss: Strukturen, Pläne und Organisationsentwicklung sind eine Sache zielgerichteten Einsatzes.

Zuletzt setzt sich die Erkenntnis durch: Alles, was wir sind, was wir erreicht haben, was wir leben, ist ein Geschenk Gottes, nichts haben wir durch eigene Leistung erreicht.

Vielleicht befinden sich heute viele Gemeinden in der letzten Phase – oder zumindest kurz davor.

Genauso wie ein junger Mensch nicht erwarten darf, dass ihm das Glück des Anfangs nun ein ganzes Leben lang hold wäre – irgendwann muss er bereit sein, für seinen Erfolg zu arbeiten; genauso wäre es problematisch, wenn er am Ende seine Lebens denken würde, er könnte nun durch seine eigene Arbeit den Leistungspegel halten. Wer nur mit dem Glück des Anfangs rechnet, wird faul, und wer nur auf seine eigene Leistung baut, überfordert sich letztlich.

Am Schluss steht das Leben aus der Gnade – und das ist das wahre Leben, denn es ist ein Leben, das seine Grenzen kennt, akzeptiert und integriert hat. Der Mensch, der aus der Gnade Gottes lebt, hat zur Ruhe gefunden.

Die Gemeinde am Ende der Zeit wird immer mehr zur Braut, die auf den Bräutigam wartet. Sie kann nichts tun als zu warten, ihm entgegenzuschauen, sich sehnend nach ihm hin auszustrecken. Sie kann nichts tun, jede Aktivität wäre schädlich. Sie bewahrt sich und wird jeden Tag schöner durch die Erwartung und durch das Feuer der Hoffnung, das von Tag zu Tag stärker wird, weil der Tag der Ankunft immer näher kommt. Die Gemeinde ist eine Braut, weil sie erwählt ist – vom Bräutigam, nicht aus sich selbst. Auf ihn hin lebt sie – und die Gemeindeglieder sind herausgefordert, wie die Brautjungfern darauf zu achten, dass das Öl ihrer Lampen nicht ausgeht und die Flamme ihres Glaubens und ihrer Erwartung nicht erlischt. Und das ist die wichtigste Wahrheit für die Gemeinde von heute, die Wahrheit, die hinter allen Wahrheiten steht: Gott kommt!

Elias Canetti schrieb (in: Masse und Macht, Frankfurt 2006 Seite 46): „Der Zerfall der langsamen Masse des Christentums hat in dem Augenblick eingesetzt, da der Glaube an dieses Jenseits sich zu zersetzen anfing." Wir können als Christen nur dann in unseren Gemeinden zusammenleben, wenn uns bewusst ist (und wir uns immer wieder bewusst machen): Hinter der Gemeindewirklichkeit steckt das „Jenseits" Gottes, die Gemeinde ist nicht alles! Gottes Ewigkeit ist die entscheidende Wirklichkeit, von der die Gemeinde lebt – Gottes Reich bricht in die Welt herein! „Das Christentum ist geprägt von einem spannungsreichen *Zugleich*, von *Jenseitshoffnung* und *Diesseitsverantwortung*. Was ist, ist nicht alles, und ‚es ist noch nicht erschienen, was wir sein werden' (1. Johannesbrief 3,2). Die Welt hat nicht nur ein Ende (finis), sie hat ein Ziel (telos)." (Friedrich Schorlemmer in: Woran du dein Herz hängst, Freiburg, 2006, Seite 41.) Auf dieses Ziel geht es zu!

Wahrhaftigkeit heißt von sich wegschauen, die Wahrheit Gottes festhalten und mit ihr leben: Jesus kommt, er ist schon unterwegs: Ausgerichtet sein auf den Kommenden, aufmerksam ausgerichtet sein auf den, der aus Gottes Ewigkeit uns entgegenkommt, um uns heimzuholen in sein Reich. Das ist die Wahrheit, die Hoffnung gibt über das Heute hinaus, die in Bewegung setzt und den Blick auf das entscheidende Ziel fokussiert. Die christliche Gemeinde gewinnt ihre geistliche Kraft durch die Hinwendung zum wiederkommenden Herrn, von Gottes Zukunft lebt sie heute.

7. LEINE LOS: DAS ENDE IST DER ANFANG

Nun legt das Schiff endgültig ab. Das letzte Tau platscht ins Wasser und wird triefend an Deck gezogen. Die Schiffsschrauben rühren das brackige Wasser im Hafenbecken auf, das Schiff vibriert unter der Kraft der Motoren. Die Mannschaft steht an Deck, während der schwere Koloss langsam – fast unmerklich – von der Hafenmole abrückt. Sie schaut zurück und weiß: Wir können alles hinter uns lassen – das Alte ist vergangen, Neues ist geworden (2. Korinther 5,17). „Die Gnade, die sie von Gott empfangen haben, schafft nicht nur das Neue, sie vertilgt auch das Alte, sie wirft die ganze Vergangenheit ins Nichts zurück" (Otto Stockmayer). Mit dem letzten Tau ist alles abgefallen, was die Gemeinde zurückhält: die Belastungen der Vergangenheit, die Schuld der Trägheit und die Harmlosigkeit eines oberflächlichen Christseins. Die Gemeinde weiß, dass ihr vergeben ist, darum ist sie frei, die Ausfahrt zu wagen. Nichts hält sie mehr fest in Traditionen, Zwängen, Konventionen oder starren Strukturen. Die Gemeinde hat ihr Versagen und ihre Nachlässigkeit Jesus bekannt und Buße getan über allen Kleinglauben. Als die Prozedur des Loslassens und der Reinigung überstanden war, kam der Mut zurück hinauszufahren, den großen Auftrag Gottes anzunehmen. Als sich die alte Gemeinde ihrer Wahrheit stellte, wurde sie wieder jung.

Der Blick geht nach vorn in die Weite, zum Horizont – und dahinter. Langsam verschwinden die grauen Hafengebäude und als die ersten Wellen des weiten Meeres mit ungehinderter Kraft an den Schiffsrumpf schlagen, wird deutlich, wie schmutzig das Hafenviertel doch war. Die frische Meeresbrise vertreibt den stickigen Mief nach Abfall, Motorengestank und Müdigkeit. Die Menschen auf dem Schiff atmen durch, recken sich und freuen sich auf das Abenteuer, das vor ihnen liegt. Mit der Enge haben sie auch die Angst abgelegt.

Der Kapitän hält eine kleine Ansprache über die Bordlautsprecher: „Liebe Gemeinde! Wir haben es also gewagt und sind nun dabei, aufs offene Meer hinauszufahren. Wir werden nun in ungewöhnliche Situationen geraten, wir werden Unvorhergesehenes bewältigen müssen. Aber wir brauchen uns nicht zu fürchten, denn Jesus ist mit uns im Boot. Wichtig ist, dass wir uns alle so verhalten, wie es ihm entspricht. Wir sind eine Mannschaft, nichts darf zwischen uns stehen. Wir beschließen, ehrlich und offen miteinander umzugehen. Missverständnisse werden gleich bereinigt. Wir sprechen ehrlich aus, was uns bedrückt. Wo wir einander verletzen, teilen wir uns das mit und vergeben einander. Es darf keine Bitterkeit, keine Missstimmung unter uns aufkommen, denn wir brauchen einander auf dieser Reise! Wer damit einverstanden ist, entschließe sich nun zu einer großen Ehrlichkeit und Offenheit vor dem anderen. Wollt ihr das? Dann sagt jetzt Ja in eurem Herzen." Alle haben die eindringlichen Worte des Kapitäns gehört, teilweise mit großer Betroffenheit. Jeder sagt auf seine Weise: „Amen. So ist es!" „Dann gehen wir jetzt an die Arbeit!" beendet der Kapitän seine Rede.

Einigen in der Mannschaft wird deutlich, dass sie noch Ungeklärtes in Ordnung bringen müssen und es noch Unausgesprochenes gibt, das benannt werden sollte. Sie machen sich auf den Weg zu einem Seelsorger oder suchen nach dem, mit dem sie die Angelegenheit bereinigen können. Nichts soll sie hindern, den Auftrag Gottes auszuführen.

Am ersten Tag nach dem Ablegen scheint die Sonne, alle sind fröhlich und zuversichtlich. Die Begeisterung, dass sie nun endlich abgelegt haben, durchzieht jedes Gespräch und jeden Handgriff. Alle sind motiviert und auch bereit, sich ganz der Sache Gottes zur Verfügung zu stellen. In der Mitte des Schiffes sind die Beter bei der Arbeit. Sie haben einen Plan gemacht, um sich abzuwechseln, sodass Tag und Nacht eine Gruppe am Beten ist.

„Wir müssen uns auf Schwierigkeiten einstellen", sagte ein Beter nach einer Zeit der Stille und des Hörens auf Gott, „es kommen Probleme auf uns zu."

Auf der Brücke starrt der Kapitän angestrengt in die Ferne, er macht ein besorgtes Gesicht: „Da vorn sieht es nicht gut aus: Ich sehe einen weißen Punkt. Es ist wichtig, dass wir Kurs halten, egal, was kommt. Unser Zielpunkt ist der Horizont und das, was dahinterliegt, wir sind auf dem Weg zu Gottes Ewigkeit. Dort wollen wir ankommen, dieses Ziel wollen wir nicht verfehlen!" Der Steuermann stellt das Radar auf diesen Zielpunkt ein und richtet die Instrumente danach aus. Dann beherrscht eine gespannte Stille die kleine Führungscrew auf der Brü-cke. Der Kapitän weiß, dass er sich auf seine Führungsmannschaft verlassen kann. Jeder von ihnen kennt das Ziel, jeder ist mit dem Auftrag bestens vertraut: Sie sollen in Gottes Herrlichkeit ankommen und auf der Reise dorthin den Schiffen, die auf dem weiten Meer die Orientierung verloren haben, eine neue Perspektive geben, Schiffen, die in Seenot geraten sind, helfen. Menschen auffischen, die über Bord geraten sind; Flüchtlingsboote aufnehmen; allen unterwegs sagen, wo sich das Ziel befindet und wohin die Reise für *jeden* geht – Gottes Reich. Die Aufgabe des Schiffes Gemeinde ist, möglichst viele Menschen dorthin mitzunehmen, auf dieses Ziel hin auszurichten und in die Lage zu versetzen, dort anzukommen! Denn der unauflösliche Auftrag Gottes für seine Gemeinde heißt: Menschenfischer zu sein.

Dazu ist die eigene Zielbestimmung aber immer wieder nötig: Sind wir noch auf dem richtigen Kurs? Haben wir das große Ziel noch vor Augen? Kennen wir die Richtung? „Der Heilige Geist ist unser Peilsender zur Ewigkeit", sagt der Steuermann, „er richtet uns aus und justiert unsere inneren Geräte, damit wir die Richtung nicht verlieren." Eine Gruppe von erfahrenen Seefahrern unterstützt den Steuermann in seiner Bemühung, auf Kurs zu bleiben. Sie tragen alle Informationen zusammen, die sie bekommen können: Strömungen, Windstärken, Trends, Entwicklungen … und achten darauf, dass sie die Hindernisse, die auftauchen könnten, wahrnehmen, bevor sie zu sehen sind. Diese Gruppe ist im ständigen Gespräch, sie wertet aus, beurteilt und zieht Schlüsse, gleichzeitig ist sie im ständigen Kontakt zu der Gruppe der Beter: „Was sagt Gott? Gibt es Hinweise und Warnungen von seiner Seite?"

Die Aufmerksamkeit aller auf dem Schiff ist gespannt und ausgerichtet – auf Gott, aufeinander und auf alle Zeichen, die von außen kommen. Jeder ist darum bemüht, den Kurs nicht zu verlieren. Alle trachten an erster Stelle nach Gottes Reich und seiner Gerechtigkeit – alles andere ist zweitrangig (Matthäus 6,33). Weil die Orientierung auf das Ziel alle Kräfte benötigt, hat man gar nicht die Zeit und Energie, sich in kleinlichen Streitigkeiten zu verlieren. Alle schauen in die gleiche Richtung, dadurch ist das Interesse für die Unterschiede untereinander nicht so groß, alle sind gleich in der Konzentration auf das Ziel, alle verbindet die Orientierung auf Gottes Ewigkeit. Vor diesem Hintergrund werden die eigenen Probleme klein. Und da jeder weiß, dass sie auf eine Begegnung mit dem ewigen Gott zusteuern, verleiht ihnen das einen großen Ernst, eine tiefe Konsequenz. Ihnen ist bewusst, dass sie bald offenbar werden vor dem Richterstuhl Christi (2. Korinther 5,10), da wollen sie doch vorher möglichst alles ausräumen, was dann dort zur Sprache kommen könnte. Denn was jetzt unter dem Zeichen der Wahrheit ans Licht kommt, hat dort keine Auswirkungen mehr. Denn Christen wissen: Sie sehen sich nie zum letzten Mal – sie werden sich wieder begegnen in Gottes Reich. Darauf wollen sie vorbereitet sein.

Rings ums Schiff sind auf Deck Ausguckposten verteilt, die das Meer absuchen, damit ja niemand übersehen wird: Kein Schiffbrüchiger, kein orientierungsloses, führungsloses Schiff soll ihnen entgehen! Sie sind ja ausgesandt in die Weiten des Ozeans, um alle zu finden und mitzunehmen zum Ziel. In ihrem Schiff gibt es viel Platz, die Gemeinde hat Raum gemacht für die Menschen, die dabei sind, verloren zu gehen.

Denn die Strömungen sind stark, die Gefahren groß, wer den Zielpunkt nicht kennt, verliert sich in der Weite der Möglichkeiten. Wer nichts weiß von der Ewigkeit Gottes, hat keine Perspektive, wem nicht klar ist, dass dort sein Zuhause ist, irrt heimatlos umher, macht dies oder jenes zum Inhalt seiner Existenz und geht am Sinn seines Lebens vorbei. Wer nicht den Endpunkt kennt, den Gott setzt, für den ist alles beliebig und damit auch langweilig und bedeutungslos. Nichts hat einen Wert, weil sich der Wert von der Ewigkeit her bestimmt.

Die Gemeinde im Schiff zieht sich nicht resigniert wegen dieser Tendenzen der modernen Gesellschaft zurück. Sie nimmt die Herausforderung an, Orientierung zu bieten für orientierungslose, verlorene Menschen. Es ist nicht die Absicht ihrer Mitglieder, möglichst schnell am Ziel, bei Gott, anzukommen und nur ihre eigene Seele zu retten, sondern sie wollen auf ihrer Reise nützlich sein und Ungewöhnliches wagen. Sie setzen sich für den Auftrag Gottes mit leidenschaftlicher Spiritualität ein, sie glauben und wenden alle Glaubenskraft auf, sie sprechen die Wahrheit in einer Welt der Unklarheit und Halbwahrheiten. Sie verharmlosen nicht, sondern reden Klartext. Aber alle Gemeindeglieder sind erfüllt von einer großen Sehnsucht nach der himmlischen Herrlichkeit. Diese Sehnsucht ist wie ein Fernweh, das sie nach vorne zieht und sich nicht mit vordergründigen, vorläufigen Zielen zufriedengibt.

Während um die Gemeinde herum alles in Bewegung ist, sich alles beständig wandelt, das Denken, Fühlen und Wollen permanenten Veränderungsprozessen unterworfen ist und immer mehr Menschen den Eindruck haben, dass ihnen alles – auch das eigene Leben – wegrutscht, ist sie eine Rettungsinsel im Ozean der Zeit, gibt es bei ihr Momente der Stille, Besinnung und Ruhe, in der die Ewigkeit in die Gegenwart hereinkommt – bietet sie einen Ort der Sicherheit, eine Möglichkeit der Gottesgegenwart in dieser Welt, denn sie denkt von der Ewigkeit her. Dazu hat Gott dieses Schiff Gemeinde gebaut, um hier auf diesem Schiff, mitten im Getose der Welt einen Platz zu haben, von wo aus er die Menschen für die Ewigkeit sammeln, ausrüsten und vorbereiten kann.

Er ist selbst mit an Bord und fährt mit der Gemeinde hinein in die Stürme der gegenwärtigen Zeit! Gott schafft seiner Gemeinde Raum in der Welt, aber ihre Heimat ist woanders: in Gottes Ewigkeit. Dort ist sie endgültig zu Hause – aber erst dort. Die Gemeinde soll ganz bewusst in der Gegenwart verweilen, darf sie aber nicht festhalten.

Am Abend kommt Seenebel auf. Plötzlich versinkt die Weite des Meeres in einer milchigen Suppe. „Damit mussten wir rechnen", sagt der Kapitän auf der Brücke, „je näher wir dem Ziel kommen, desto größer werden die widrigen Umstände." (Matthäus 24,2. 2. Timotheus 3,1-9.) Wie er es sagt, klingt es nicht bedrohlich, sondern macht wachsam. Das Tempo der Maschinen wird gedrosselt, alle verfügbaren Mitglieder der Crew werden aufgefordert, ihre innere Aufmerksamkeit zu stärken. Alle wappnen sich für die kommenden Schwierigkeiten. Nur wer gerade frei hat, schläft in seiner Kabine, denn er weiß, dass andere Bereitschaft haben. Sie stört es auch nicht, dass der Kapitän nun das Nebelhorn anstellt, denn er möchte allen anderen, die sich mit auf dem Ozean befinden, ein Zeichen geben, dass hier das Schiff Gemeinde bereit ist, um denen zu helfen, die Hilfe brauchen. Gerade dort, wo die Verwirrung am stärksten ist, gibt sich die Gemeinde zu erkennen, evangelisiert sie lautstark, lädt zum Glauben ein und erklärt klar und deutlich die Gültigkeit christlicher Werte.

Am anderen Tag zieht sich der Nebel zu dicken schwarzen Wolken zusammen. Es wird kälter, der Luftdruck fällt in den gefährlichen Bereich. „Ein Sturm zieht auf", stellt der Kapitän fest. Er gibt die Anweisung, alles Bewegliche im Schiff festzuzurren. Die Wellen zeigen Schaumkronen, schwere Stöße erschüttern das Schiff, der Wind nimmt bis zur Orkanstärke zu. „Auch damit mussten wir rechnen", sagt der Kapitän erneut und setzt beruhigend hinzu: „Dafür sind wir gebaut!"

Die Mannschaft verteilt Spucktüten, die Außendecks werden gesperrt, riesige Brecher schäumen über die Reling. Das Schiff schlingert nach allen Richtungen, ächzt, stöhnt und knarrt.

In der Mitte des Schiffes trifft sich die Gemeinde zum Gebet. Mitten im Sturm lobt sie Gott und singt ihm Lieder der Hingabe und der Freude. Sie weiß: So ist sie Gemeinde! Mitten in der Anfechtung ist das Vertrauen am größten – sie hat auch keine andere Wahl, als sich an ihren Herrn zu klammern wie der sinkende Petrus an Jesus (Matthäus 14,22-33).

Als eine riesige Welle unvermittelt das Schiff trifft, es sich gefährlich neigt und eine Blumenvase, die nicht richtig festgezurrt ist, klirrend auf dem Boden zerschellt, schreit ein Gemeindeglied: „Hilf Herr, wir kom-

men um!" Einer erinnert daraufhin an die Geschichte, wie Jesus seine
verängstigten Jünger auf der Fahrt im Boot beruhigt und dem Sturm
gebietet (Matthäus 8,23-27). Als er den Bibeltext vorliest, flaut zwar
nicht der Sturm draußen ab, aber innen, in den Herzen der Menschen,
wird es ruhiger. Sie vertrauen.

„Wie kann es nur sein, dass Jesus hier mit uns im Boot ist, wir uns
aber gleichzeitig auf dem Weg zu ihm befinden?", fragt ein jüngeres
Gemeindeglied etwas verunsichert. Ein Älterer antwortet: „Gott ist
überall, er ist ewig: gestern, heute und morgen derselbe. Für ihn gibt
es keine Zeit, nur ein Heute. Jesus ist auf diese Welt gekommen, hat
gelebt und ist gestorben. Dann ist er zu seinem Vater gegangen – in den
Himmel aufgefahren – aber er hat gleichzeitig zugesagt: Ich bin bei euch
alle Tage, bis ans Ende der Welt. Dieser Jesus wird wiederkommen und
uns in das Reich seines Vaters heimholen. Ja, ich glaube, er ist bereits
auf dem Weg, um uns zu treffen." „Gut gesagt", bestätigt eine Frau, die
alles mit angehört hat, „so groß ist Gott, wir können es nicht begreifen
– aber wir können alles tun, damit wir ihn nicht verpassen, wenn er
wiederkommt."

Aber zunächst gilt es, den Stürmen zu trotzen. Sie dauern eine lange
Zeit. Der Orkan will nicht zur Ruhe kommen. „So ist es, wenn wir uns
dem Horizont nähern, so ist es am Ende der Zeiten", sagt der Kapitän
und die, die sich auskennen, nicken: „Vor dem Morgenrot kommt die
Nacht, wir müssen uns darauf einstellen!"

Nun braucht die Gemeinde Geduld, einen langen Atem. Sie wartet, hält aus, hält stand. Wem es schlecht geht, sehnt sich umso mehr
dem Ziel entgegen. Wer kann, steht dem, der nicht mehr kann, bei.
Gegenseitig ermutigen sich die Gemeindeglieder und fordern sich auf
durchzuhalten. Alle spüren: Jetzt brauchen wir einander. Einer gibt die
Parole aus: „Jesus hat gesagt: ‚Seid getrost, ich habe die Welt überwunden!'" (Johannes 16,33). Und alle anderen antworten im Chor: „Unser
Glaube ist der Sieg, der die Welt überwunden hat!" (1. Johannes 5,4.)
Das gibt Mut, das hilft durchzuhalten!

Während der Sturm tobt, haben sich noch andere Schiffe eingefun-
den, die tobende See führt zusammen. Es ist besser, wenn sich die unterschiedlichen Schiffe gegenseitig Hilfestellung leisten können. Einer
allein geht schneller unter – und wenn ein Schiff sich nicht mehr halten

kann, sind die anderen zur Stelle, um die Menschen aufzunehmen. Einige kleinere Boote wurden bereits aufgegeben und die Besatzung von den größeren Schiffen übernommen. Nur wer allein den wütenden Elementen ausgesetzt ist, ist verloren!

Wenn zuletzt nur ein Schiff den Weg zum Ziel findet, schwer beladen mit allen Mitchristen – was soll's? Hauptsache, das Ziel wird erreicht. Und wenn das Schiff Gemeinde schwer beschädigt, vom Sturm gebeutelt, mehr ein Wrack als ein stolzes Schiff ist – es ist egal! Das Ziel ist wichtig: anzukommen in Gottes Frieden. Bei ihm werden die Tränen versiegen und das Lachen durchbrechen, denn das Erste ist vergangen. Dann wird Gott den entscheidenden Satz sagen: „Siehe, ich mache alles neu!" (Offenbarung 21,3-5). Ab diesem Moment wird alles anders sein – unvorstellbar, nie geahnt, alle Erwartungen weit übertreffend.

Die Nacht der Stürme und der schweren See ist lang, sie scheint endlos zu dauern. Endlich sagt einer der Steuerleute: „Schaut, da vorn, das Morgenrot!" Tatsächlich: Im Osten knapp über dem Horizont glüht ein schmaler Streifen auf, die Ahnung eines neuen Tages. „Wir haben Hoffnung!", sagt der Kapitän, „wir geben die Hoffnung nicht auf, das Ziel ist nahe!" Seine Worte eilen wie das Motto eines neuen Tages durch das Schiff, eine wohltuende Lindigkeit durchströmt die Gemeinde (Philipper 4,4-7). Wer mutlos ist und die Lust auf die Fahrt mit dem Schiff fast verloren hätte, atmet auf. Bei vielen kehrt die Freude zurück. Jubel brandet auf, der Dank an Gott.

Draußen ganz vorn im Bug stehen zwei Wachleute und halten Ausschau. „Spürst du, dass es immer kälter wird?", fragt der eine (Matthäus 24,12). Der andere antwortet mit dem hoffnungsvollen Blick zum stärker werdenden Licht am Horizont: „Das ist wie kurz vor Weihnachten." Das Brennen in ihren Herzen nimmt zu (Lukas 24,32), die dunkle Wolke verzieht sich (Apostelgeschichte 1,9-11), der weiße Punkt am Horizont wird von den ersten Strahlen der aufgehenden Sonne ausgelöscht.

Dann entdecken sie beide gleichzeitig das Schiff, das über den Horizont heraufkommt, eine klare Silhouette gegen den heller werdenden Himmel. „Da, schau, es kommt!" –, stottert der eine und dann verbessert er sich erstaunt und freudig: „*Er* kommt!"

Und der andere singt unvermittelt ein Lied, das ihm plötzlich in den Sinn kommt: „Es kommt ein Schiff geladen bis an sein' höchsten Bord, trägt Gottes Sohn voll Gnaden, des Vaters ewigs Wort" (EKG Nr. 8.)

Und viele auf dem Schiff atmen auf und denken: Gut, dass wir losgefahren sind. Gut, dass wir „Leinen los!" gesagt haben. Jetzt sind wir dem Ziel ganz nahe.

PRAXIS: SCHRITTE ZUR WAHRHAFTIGKEIT

Füllen Sie diesen Fragebogen aus, kreuzen Sie das jeweilige Kästchen auf der Skala von 1-10 an. Sprechen Sie mit einer Person Ihres Vertrauens über das Ergebnis und fragen Sie Gott, was er dazu denkt!

1. Der Umgangsstil in unserer Gemeinde ist:

sehr schlecht									sehr gut
1	2	3	4	5	6	7	8	9	10

2. **Ich** verhalte mich in unserer Gemeinde:

verschlossen, gehemmt								offen und herzlich	
1	2	3	4	5	6	7	8	9	10

3. Es gibt in unserer Gemeinde Menschen, die nicht beachtet werden:

sehr viele								niemand	
1	2	3	4	5	6	7	8	9	10

4. Es gibt Menschen, die **ich** nicht beachte:

sehr viele								niemand	
1	2	3	4	5	6	7	8	9	10

5. Ich habe den Mut, Fehler von anderen anzusprechen:

nie									oft
1	2	3	4	5	6	7	8	9	10

6. Ich habe den Mut, **eigene** Fehler anzusprechen:

nie									oft
1	2	3	4	5	6	7	8	9	10

7. **Mein** Verhältnis zu meinen Mitchristen in der Gemeinde ist:

sehr schlecht								sehr gut	
1	2	3	4	5	6	7	8	9	10

8. **Mein** Verhältnis zu meinem Pfarrer ist:

sehr schlecht								sehr gut	
1	2	3	4	5	6	7	8	9	10

9. Unsere Gemeinde ist ein gutes Zeugnis für Jesus in dieser Welt:

trifft überhaupt nicht zu							trifft immer zu		
1	2	3	4	5	6	7	8	9	10

10. Ich bin ein gutes Zeugnis für Jesus in dieser Welt:

Trifft überhaupt nicht zu							trifft immer zu		
1	2	3	4	5	6	7	8	9	10

11. Ist „Gottes Ewigkeit" ein Thema in meiner Gemeinde:

nie									oft
1	2	3	4	5	6	7	8	9	10

12. Bin ich mir bewusst, dass ich einmal vor Gottes Thron stehe:

nie									oft
1	2	3	4	5	6	7	8	9	10

13. Lebe ich in dem Bewusstsein, dass mein Leben ein Ziel hat und ich davonmuss (Psalm 39,5):

nie									oft
1	2	3	4	5	6	7	8	9	10

14. Rechne ich mit der Wiederkunft Jesu:

nie									oft
1	2	3	4	5	6	7	8	9	10

Zu Frage 1: Warum ist der Umgangsstil in Ihrer Gemeinde so? Gibt es Altlasten, unausgesprochene Schuld? Wie könnte sie bereinigt werden? Wie könnte der Umgangsstil besser werden? Was können Sie dafür tun?

Zu Frage 2: Welches Umfeld brauchen Sie, um sich öffnen zu können? Warum verhalten Sie sich gehemmt oder unbeschwert? Was können Sie tun, um sich in Ihrer Gemeinde mehr einbringen zu können?

Zu Frage 3: Welche Menschen werden in Ihrer Gemeinde nicht beachtet? Warum nicht? Was können Sie tun, damit diese Menschen einen Zugang zu Ihrer Gemeinde finden? Wie können Sie zu einem Anwalt für sie werden?

Zu Frage 4: Welche Menschen beachten Sie nicht? Warum nicht? Was können Sie tun, damit Sie einen Kontakt zu diesen Menschen bekommen?

Zu Frage 5: Wo gelingt es Ihnen, Fehler anderer anzusprechen? Warum ist es Ihnen wichtig, die Fehler anderer anzusprechen? Welche Erfahrungen haben Sie damit gemacht, wenn Sie Fehler anderer angesprochen haben?

Zu Frage 6: Welche Erfahrungen haben Sie bisher gemacht, wenn Sie eigene Fehler angesprochen haben? Welche Fehler würden Sie gern ansprechen, können es aber nicht? Gibt es eine Person, der gegenüber Sie über Ihre Fehler reden könnten? Tun Sie es!

Zu Frage 7: Was bestimmt das Verhältnis zu Ihren Mitchristen? Wie könnten Sie es verbessern? Wo können Sie locker, zwanglos und fröhlich mit Ihren Mitchristen zusammen sein? Feiern Sie miteinander, beginnen Sie den Kontakt!

Zu Frage 8: Was bestimmt Ihr Verhältnis zu Ihrem Pfarrer/Pfarrerin? Was könnten Sie tun, damit Ihr Verhältnis besser wird? Reden Sie mit Ihrem Pfarrer über diesen Fragebogen. Machen Sie deutlich, dass das Ihr persönlicher, subjektiver Eindruck ist. Klagen Sie ihn nicht an, indem Sie ihm Vorwürfe machen über das Ergebnis Ihrer Bewertung!

Zu Frage 9: Wie stellt sich Ihre Gemeinde in der Öffentlichkeit dar? Wie reden Sie über Ihren Glauben? Was unternimmt die Gemeinde, um Menschen für Jesus zu begeistern?

Zu Frage 10: Spürt man Ihnen ab, dass Sie Christ sind? Reden Sie anderen gegenüber über Ihren Glauben an Jesus? Haben Sie Kontakt zu nicht christlichen Menschen? Suchen Sie Kontakt zu jemand, der (noch) nicht zur Gemeinde gehört!

Zu Frage 11: Wo kommt „Gottes Ewigkeit" in Ihrer Gemeinde vor? Haben Sie nur mit dem aktuellen Tagesgeschäft zu tun oder schauen Sie auch darüber hinaus? Gibt es Orte der Stille, der Besinnung, des

Ausruhens und Loslassens in Ihrer Gemeinde? Schaffen Sie solche Orte!

Zu Frage 12: Stellen Sie sich die Situation vor; dass Sie einmal vor Gott Rechenschaft über Ihr Leben geben müssen: Was wird Gott zu Ihnen sagen? Sind Sie bereit, vor Gott zu treten? Gibt es unbereinigte Schuld in Ihrem Leben? Bringen Sie alles in Ordnung!

Zu Frage 13: Welches Ziel hat Ihr Leben? Welchen Auftrag hat Ihnen Gott gegeben? Welche Auswirkung auf Ihr Heute hat die Tatsache, dass Ihr Leben begrenzt ist? Wie verbringen Sie den Rest Ihres Lebens richtig?

Zu Frage 14: Wenn Sie sich überlegen, dass Jesus morgen wiederkommt: Welche Auswirkung hätte das auf den heutigen Tag?
Bewerten Sie zusammenfassend: Wie beurteilen Sie Ihre Gemeinde heute? Geben Sie eine Note zwischen 1 und 10:

sehr schlecht									sehr gut
1	2	3	4	5	6	7	8	9	10

Nehmen Sie die Bewertung regelmäßig vor (zum Beispiel jedes halbe Jahr): Gibt es eine Entwicklung? Malen Sie eine Kurve mit Ihren Bewertungen: Geht die Kurve nach unten (schlecht!) oder geht Sie nach oben (prima!)?
Welches Wort könnte auf Ihre Gemeinde zutreffen: warm – anregend – herausfordernd – einladend – langweilig – kalt – ungeordnet … Beschreiben Sie Ihre Gemeinde in Ihren Worten.
Malen Sie ein Bild Ihrer Gemeinde, beschreiben Sie das Bild!
Reden Sie mit anderen Menschen behutsam über Ihre Einschätzung: Wie denken sie über Ihre Gemeinde? Hören Sie zu, vergleichen Sie deren Aussagen mit Ihrer: Gibt es große Unterschiede in der Bewertung? Lassen Sie andere Beurteilungen stehen!

Gebet

Ein Schiff, das sich Gemeinde nennt,
fährt durch das Meer der Zeit.
Das Ziel, das ihm die Richtung weist,
heißt Gottes Ewigkeit.
Das Schiff, es fährt vom Sturm bedroht
durch Angst, Not und Gefahr,
Verzweiflung, Hoffnung, Kampf und Sieg,
so fährt es Jahr um Jahr.
Und immer wieder fragt man sich:
Wird denn das Schiff bestehn?
Erreicht es wohl das große Ziel?
Wird es nicht untergehn?

Das Schiff, das sich Gemeinde nennt,
liegt oft im Hafen fest,
weil sich's in Sicherheit und Ruh
bequemer leben lässt.
Man sonnt sich gern im alten Glanz
vergangner Herrlichkeit
und ist doch heute für den Ruf
zur Ausfahrt nicht bereit.
Doch wer Gefahr und Leiden scheut,
erlebt von Gott nicht viel.
Nur wer das Wagnis auf sich nimmt,
erreicht das große Ziel.

Im Schiff, das sich Gemeinde nennt,
muss eine Mannschaft sein,
sonst ist man auf der weiten Fahrt
verloren und allein.
Ein jeder stehe, wo er steht,
und tue seine Pflicht;

wenn er sein Teil nicht treu erfüllt,
gelingt das Ganze nicht.
Und was die Mannschaft auf dem Schiff
ganz fest zusammenschweißt
in Glaube, Liebe, Zuversicht,
ist Gottes guter Geist.

Im Schiff, das sich Gemeinde nennt,
fragt man sich hin und her:
Wie finden wir den rechten Kurs
zur Fahrt im weiten Meer?
Der rät wohl dies, der andre das,
man redet lang und viel
und kommt – kurzsichtig, wie man ist –
nur weiter von dem Ziel.
Doch da, wo man das Laute flieht
und lieber horcht und schweigt,
bekommt von Gott man ganz gewiss
den rechten Weg gezeigt.

Ein Schiff, das sich Gemeinde nennt,
fährt durch das Meer der Zeit.
Das Ziel, das ihm die Richtung weist,
heißt Gottes Ewigkeit.
Und wenn uns Einsamkeit bedroht,
wenn Angst uns überfällt:
Viel Freunde sind mit unterwegs
auf gleichen Kurs gestellt.
Das gibt uns wieder neuen Mut,
wir sind nicht mehr allein.
So läuft das Schiff nach langer Fahrt
in Gottes Hafen ein.

Bleibe bei uns, Herr!
Bleibe bei uns, Herr,
denn sonst sind wir allein
auf der Fahrt durch das Meer.
O bleibe bei uns, Herr!

Martin Gotthard Schneider
Evangelisches Gesangbuch
der Evangelischen Landeskirche in Württemberg, Nr. 595

Anhang: Auftrag und Berufung

1. Praxis:
An welcher Leine hängt meine Gemeinde fest?

Die Leinen, an denen das Schiff Gemeinde hängt und die Ausfahrt verhindern, sind die Hindernisse, die das Leben der Gemeinde beeinträchtigen oder sogar behindern.
Kreuzen Sie an: Welche Aussage trifft auf Sie persönlich und auf Ihre Gemeinde zu? Kreuzen Sie hinter jeder Aussage das Kästchen mit „ja" an, wenn die Aussage zutrifft, oder das Kästchen mit „nein" an, wenn sie nicht zutrifft. Zählen Sie dann die Kreuze in den beiden Spalten (jeweils A und B) zusammen. Wenn Sie mehr als 7 Kreuze in der Spalte A haben, ist das ein Hinweis, dass Ihre Gemeinde an dieser Leine hängt. Überprüfen Sie in dem entsprechenden Kapitel, ob das zutrifft, und ergreifen Sie dann die entsprechenden vorgeschlagenen Maßnahmen.

1. Leine: Geistliche Substanz gewinnen	A	B
Ich weiß, was „geistliches Leben" bedeutet	nein	ja
In unserer Gemeinde ist der Glaube Privatsache	ja	nein
Die Gemeindeglieder bringen die Bibel in den Gottesdienst mit	nein	ja
Ich kenne die Reihenfolge der biblischen Bücher	nein	ja
In meiner Gemeinde bekomme ich Anleitung für die „Stille Zeit"	nein	ja
In meiner Gemeinde wird gelehrt, wie ein christliches Leben praktisch aussieht	nein	ja
Ich kann Stille ertragen	nein	ja
Ich kenne meinen Tauf- und meinen Konfirmandenspruch	nein	ja

Ich bete regelmäßig	nein	ja
Wir beten in unserer Gemeinde miteinander	nein	ja
Ich kenne die Grundaussagen des christlichen Glaubens	nein	ja
Ich habe eine klare Entscheidung für ein Leben als Christ getroffen	nein	ja
In meiner Gemeinde begegne ich Gott	nein	ja
Ich lese regelmäßig in der Bibel	nein	ja
Ergebnis:		

Haben Sie mehr als 7 Kreuze in Spalte A gemacht, ist das ein Hinweis, dass es in Ihrer Gemeinde (und vielleicht in Ihrem persönlichen Leben) Defizite im Bereich „geistliches Leben" geben könnte.

2. Leine: Gemeinde verstehen	**A**	**B**
Ich kenne die Geschichte meiner Gemeinde	nein	ja
Ich kenne den Namen meiner Gemeinde	nein	ja
In unserer Gemeinde stecken wir alle unsere Energie in den Gemeindeaufbau	ja	nein
Wir orientieren uns am Vorbild einer anderen Gemeinde	ja	nein
Wenn wir mit dem Gemeindeaufbau fertig sind, werden wir evangelisieren	ja	nein
In unserer Gemeinde gibt es unterschiedliche Vorstellungen über Gemeinde	ja	nein
Formen und Traditionen spielen bei uns eine große Rolle	ja	nein
Wir wissen, wo in unserer Gemeinde die Mitte ist	nein	ja

Ich kenne die Christen in meiner Nachbarschaft	nein	ja
Wir bemühen uns, eine perfekte Gemeinde zu sein	ja	nein
In unserer Gemeinde geht es oft um Erfolg und Leistung	ja	nein
In unserer Gemeinde sind alle gleich	ja	nein
Wir kennen unsere gemeinsame Berufung	nein	ja
Meine Gemeinde ist mir ein Rätsel	nein	ja
Ergebnis:		

Wenn Sie mehr als 7 Kreuze in Spalte A gemacht haben, ist in Ihrer Gemeinde (und vielleicht bei Ihnen persönlich) die Bedeutung von Gemeinde nicht eindeutig klar.

3. Leine: Ziele finden	A	B
Wir überprüfen regelmäßig, ob wir auf dem richtigen Weg sind	nein	ja
In unserer Gemeinde wird auf die genaue Umsetzung der Ziele geachtet	ja	nein
Wir wissen, was die Hauptsache in unserer Gemeinde ist	nein	ja
In unserer Gemeinde traut sich niemand, eine Entscheidung zu treffen	ja	nein
Was einmal beschlossen ist, wird nicht mehr verändert	ja	nein
Wir möchten es in unserer Gemeinde allen recht machen	ja	nein
Wir haben keine Angst vor der Zukunft	nein	ja
In unserer Gemeinde gibt es viele Ausschüsse	ja	nein

Wir kümmern uns in unserer Gemeinde gemeinsam um die Zielrichtung	nein	ja
Wir kennen Gottes Auftrag für die Gemeinde	nein	ja
Wir lernen in unserer Gemeinde, indem wir unsere Erfahrungen auswerten	nein	ja
Wenn es nötig ist, werfen wir die bisherigen Pläne über den Haufen	nein	ja
Wir reden in unserer Gemeinde über unsere Erwartungen und Wünsche	nein	ja
Ich kenne mindestens drei Verheißungen Gottes für meine Gemeinde	nein	ja
Ergebnis:		

Wenn Sie mehr als 7 Kreuze in Spalte A gemacht haben, sind vermutlich die Ziele Ihrer Gemeinde nicht eindeutig festgelegt und es ist nicht klar, wie Sie mit Zielvorgaben umgehen.

4. Leine: Leitungsprobleme	**A**	**B**
Die Rolle des Pfarrers in unserer Gemeinde ist klar definiert	nein	ja
Ich kenne meinen Pfarrer persönlich	nein	ja
Unser Pfarrer darf Fehler machen	nein	ja
Unser Pfarrer ist der geistliche Leiter der Gemeinde	nein	ja
Unser Pfarrer ist konfliktfähig	nein	ja
In unserer Gemeinde gibt es ein starkes Leitungsteam	nein	ja
Unser Pfarrer wird von der Gemeinde unterstützt	nein	ja
Ich bete regelmäßig für meinen Pfarrer	nein	ja
Unser Pfarrer kann zuhören	nein	ja

Ich habe den Eindruck, unser Pfarrer hat eine klare Berufung für seinen Dienst	nein	ja
Unser Pfarrer wird in der Gemeinde geachtet	nein	ja
Das Leitungsteam unserer Gemeinde trifft eindeutige Entscheidungen	nein	ja
Unser Pfarrer kann loben	nein	ja
Die Predigt unseres Pfarrers macht unruhig und fordert heraus	nein	ja
Ergebnis:		

Wenn Sie mehr als 7 Kreuze in Spalte A gemacht haben, gibt es in Ihrer Gemeinde ein Leitungsproblem, vermutlich stimmt es in der Beziehung zwischen Pfarrer und Gemeinde nicht.

5. Leine: Mitarbeit	**A**	**B**
In unserer Gemeinde hat jeder die Möglichkeit zur Mitarbeit	nein	ja
Es ist bekannt, wo in unserer Gemeinde Mitarbeiter benötigt werden	nein	ja
Mitarbeiter werden nach ihren Gaben und Fähigkeiten eingesetzt	nein	ja
Für jeden Mitarbeiterbereich gibt es verantwortliche Leiter	nein	ja
Mit jedem Mitarbeiter werden regelmäßige Arbeitsgespräche geführt	nein	ja
Mitarbeiter dürfen sich kompetent und verantwortlich einbringen	nein	ja
Vorschläge der Mitarbeiter werden von der Leitung ernst genommen	nein	ja

Jeder Mitarbeiter arbeitet in einem Team mit anderen zusammen	nein	ja
Erfahrene Mitarbeiter unterstützen jüngere Christen und leiten sie an	nein	ja
Mitarbeiter werden von der Gemeindeleitung beauftragt und eingesetzt	nein	ja
Die Gemeindeleitung vertraut ihren Mitarbeitern und traut ihnen viel zu	nein	ja
In unserer Gemeinde gibt es einen regelmäßigen Mitarbeiterkreis	nein	ja
Manche Mitarbeiter halten an ihrem Bereich fest, obwohl sie nicht dafür geeignet sind	ja	nein
Alle Mitarbeiter sind über die Zielrichtung der Gemeinde informiert	nein	ja
Ergebnis:		

Wenn Sie mehr als 7 Kreuze in der Spalte A gemacht haben, ist der Bereich „Mitarbeit" in Ihrer Gemeinde nicht optimal geregelt – vielleicht fehlt es aber auch an *Ihrer* Mitarbeit?

6. Leine: Gemeinde in der Welt	**A**	**B**
Wir bleiben in unserer Gemeinde am liebsten unter uns	ja	nein
Wir leben als Gemeinde ganz bewusst in dieser Welt	nein	ja
Wir kennen die Nöte der Menschen in unserer Umgebung	nein	ja
In unserer Gemeinde gibt es viele Berührungspunkte zwischen Jung und Alt	nein	ja

Jede Generation hat in unserer Gemeinde einen eigenen Platz	nein	ja
Die älteren Gemeindeglieder sind bereit, sich auf Neues einzulassen	nein	ja
Die Jungen in der Gemeinde fragen nach den Erfahrungen der Älteren	nein	ja
Wir sind gewohnt, in unserer Gemeinde wirtschaftlich zu handeln	nein	ja
Die Mitglieder unserer Gemeinde sind freigebig	nein	ja
Wir kümmern uns in unserer Gemeinde um Außenseiter	nein	ja
Als Gemeinde tragen wir Gottes Lebensfülle in die Welt hinein	nein	ja
Wir reden mit den Menschen, die Gott suchen, über unseren Glauben	nein	ja
Unsere Gemeinde nimmt Stellung zu den aktuellen Fragen unserer Zeit	nein	ja
Der Dienst an dieser Welt ist die Aufgabe der ganzen Gemeinde	nein	ja
Ergebnis:		

Wenn Sie mehr als 7 Kreuze in der Spalte A gemacht haben, schottet sich Ihre Gemeinde wahrscheinlich von der Welt ab und führt ein Eigenleben. Sie ist sich selbst genug.

7. Leine: Wahrhaftigkeit	A	B
In unserer Gemeinde können wir offen über unsere Fehler reden	nein	ja
Wir sind eine perfekte Gemeinde	ja	nein

Wer leben in unserer Gemeinde nach dem Prinzip: Richtig ist, was Erfolg hat	ja	nein
Scheitern und Versagen gehören in unserer Gemeinde dazu	nein	ja
Einzelne Mitglieder in unserer Gemeinde werden besonders geehrt	ja	nein
Es gibt in unserer Gemeinde immer wieder die Gelegenheit, Schuld abzuladen	nein	ja
Wenn jemand schuldig wird, ist es Sache der ganzen Gemeinde	nein	ja
Wir gehen dem Leiden bei uns und anderen aus dem Weg	ja	nein
Wir haben Kontakt zu anderen Gemeinden und arbeiten mit ihnen zusammen	nein	ja
Wir rechnen in unserer Gemeinde konkret mit der Wiederkunft Jesu	nein	ja
Ich bin bereit, mich korrigieren zu lassen	nein	ja
Ich nehme Kritik an	nein	ja
Wo etwas zwischen mir und dem anderen steht, spreche ich es an	nein	ja
Es ist mir klar, dass ich einmal vor Gottes Richterstuhl stehe	nein	ja
Ergebnis:		

Wenn Sie mehr als 7 Kreuze in der Spalte A gemacht haben, ist es in Ihrer Gemeinde wahrscheinlich mit Offenheit und Ehrlichkeit nicht gut bestellt – vielleicht aber gehen auch Sie selbst der Wahrheit aus dem Weg?

2. GOTTES IMMERWÄHRENDER AUFTRAG

Ein Text von Hans Bruns (aus: Hans Bruns: Ich hab das Staunen gelernt, Wuppertal, 1966, Seite 200-223), den er 1937 geschrieben hat, zeigt, wie Generationen vor uns den Auftrag Gottes an seine Gemeinde verstanden haben. Hans Bruns lebte von 1895 bis 1971. Er war in den beiden Weltkriegen Soldat, landeskirchlicher Pfarrer in Ostfriesland und Evangelist im Deutschen Gemeinschafts-Diakonieverband in Elbingerode und Marburg.

„Gott nimmt zu allen Zeiten seine Gemeinde in den Dienst. Er kann uns helfen, heute den Ruf Gottes an uns zu hören: Die Stimme der Väter aus der Vergangenheit fordert uns auf, in Bewegung zu kommen! Keine Generation darf sich zur Ruhe setzen, jede muss auf neue und für sich in entschiedener Weise aufbrechen, hinausfahren in die Weite des Meeres, um den Auftrag Gottes an sie für ihre Zeit zu erfüllen.

Es darf nicht so bleiben, dass wir uns mit der „noch" herrschenden Kirchlichkeit beruhigen und die Augen vor der ungeheuren Entfremdung unseres Volkes von Kirche und Christentum verschließen.

Es darf nicht so bleiben, dass wir für das alles die Schuld in der politischen oder weltanschaulichen Entwicklung seit eineinhalb Jahrhunderten suchen und nicht auch eine Riesenschuld bei uns selbst finden.

Es darf nicht so bleiben, dass die „Kirchengemeinden" auch in der Anrede der Predigt als gläubige Gemeinden angesehen werden.

Es darf nicht so bleiben, dass man sich doch wieder mit der gottesdienstlichen Verkündigung meist nur *eines* Predigers begnügt, auch wenn sie hier und da durch Bibelstunden oder Gemeindeabende ergänzt wird.

Es darf nicht so bleiben, dass man wohl um lehrmäßige Klarheit ringt, die evangelistische und erweckliche Predigt meist aber viel zu sehr zurücktreten lässt und vielleicht als pietistisch und methodistisch abtut.

Es darf nicht so bleiben, dass man das geistliche Priestertum aller Gläubigen nur theoretisch anerkennt oder herzensmäßig wünscht, in der Praxis aber kaum Ernst damit macht und auch nicht machen will.

Es darf nicht so bleiben, dass unsere Kirche doch mehr oder weniger

als Pastorenkirche erscheint, die praktische Mitarbeit aber der „Laien"
kaum gewünscht und die Pflege wahrer Gemeinschaft unter dem Wort
nur wenig geübt wird.

Es darf nicht so bleiben, dass man die Ausbildung der angehenden
Gemeindepastoren einseitig auf den theologischen Fakultäten mit ihrer
Überbetonung wissenschaftlicher Bildung geschehen lässt und darüber
die Prüfung der inneren Eignung viel zu sehr versäumt.

Von ganzem Herzen freut man sich über jede biblisch-gläubige Arbeit
in Kirche und Freikirche, in den Gemeinschaften und Bünden, wo sie
auch geschehen mag.

Von ganzem Herzen freut man sich über jedes Jahr, in dem die Botschaft von dem lebendigen Christus noch weitergegeben werden kann.

Im tiefsten Herzen schmerzt es aber, wenn die Zeichen der Zeit nicht
klar genug erkannt und darum die Möglichkeiten nicht völlig ausgenutzt werden.

Im tiefsten Herzen schmerzt es auch, wenn so viel Verkürzung und
Verengung der Botschaft und so viel Verkrampfung in ihrer Verkündigung zu finden ist oder auch wenn in dem berechtigten Kampf um die
Wahrheit mancherlei Fanatismus und Blindheit ohne die rechte Liebe
sich auswirkt.

Es sollte so sein, dass auf allen Seiten eine heilige Unzufriedenheit mit
dem Erreichten lebendig wird.

Es sollte so sein, dass auf allen Seiten eine ehrliche Beugung unter die
eigene Schuld stattfindet.

Es sollte so sein, dass alle sich zur gegenseitigen Befruchtung zusam-
menschließen.

Es sollte so sein, dass jede Illusion über den Zustand unserer Gemeinden in Volks- und Freikirchen überwunden und aufgegeben wird.

Es sollte so sein, dass jede Predigt, wenigstens im öffentlichen Gemeindegottesdienst, auch evangelistische Klänge in sich birgt.

Es sollte so sein, dass jede „Amtshandlung" auch ein Locken zu Jesus
und ein Hinführen zum Glauben wird.

Es sollte so sein, dass vielfach Gelegenheit geboten wird, wirkliche
Gemeinschaft unter dem Wort Gottes zu haben.

Es sollte so sein, dass alle geistlichen Menschen zu den mannigfachen
Diensten am Wort Gottes hinzugezogen werden.

Es sollte so sein, dass in den gemeinsamen Stunden der Austausch der Erfahrungen gepflegt wird.

Es sollte so sein, dass die gegenseitige Hilfe aller als selbstverständlich erkannt und mit Freuden begrüßt wird.

Es sollte so sein, dass keiner zum besonderen Dienst in einer Gemeinde berufen wird, wenn er nicht – seiner Führung gemäß – eine klare Entscheidung für Jesus getroffen hat.

Es sollte so sein, dass bei der Vorbereitung auf diesen Dienst alles auf die praktische und vor allem auch seelsorgerliche Arbeit in der Gemeinde ausgerichtet wird.

Der Geist Gottes will viel mehr, als wir jetzt haben.

Der Geist Gottes will klare Entscheidung für Jesus.

Der Geist Gottes will dankbare Gemeinschaft unter Jesus.

Der Geist Gottes will frohes Leben mit Jesus.

Der Geist Gottes will verantwortungsvolle Gemeindekerne durch Jesus.

Der Geist Gottes will Erweckung, Belebung, Vertiefung.

Der Geist Gottes will Bekehrung, Heiligung, Hoffnung.

Jesus selbst hat seine Gemeinde gegründet und gelehrt.

Jesus selbst hat diese Gemeinde durch alle Zeiten der „Kirchen“-Geschichte hindurch geführt und erhalten.

Jesus selbst will diese seine Gemeinde weiter bauen und fördern.

Auch Kirchenformen und Kirchenordnungen sind dazu nötig – sie aber werden vergehen.

Das Entscheidende ist, dass wirklich Menschen für Jesus gewonnen und Menschen in ihm befestigt werden.

Das Entscheidende ist, dass in der Arbeit wirklich Menschen durch Jesus gerettet und gefördert werden.

Das Entscheidende ist, dass diese zu Jesus gerufenen Menschen auch in ihm zusammengeschlossen werden.

Das Entscheidende ist, dass dann alle als eine Schar von Jesusmenschen in der christuslosen Welt ihre heilige und schöne Aufgabe erfüllen.

An Gott und Jesus liegt es nicht, wenn es unter uns nicht lebendiger ist und wird.

Der Heilige Geist ist da, um auch unter uns Gemeinde Jesu zu bauen.

Zum Verzagen ist kein Grund vorhanden, alles falsche Klagen fruchtet nichts.

Die Dinge sehen, wie sie sind, die Arbeit Gottes verstehen, wie er sie tat und haben will.

Froh mit der Wirklichkeit des lebendigen Herrn rechnen und dankbar sein nie versagendes Evangelium verkündigen. Das sind die Gebote der Stunde. Wir dürfen siegesgewiss an diese Arbeit gehen.

Der Sieg gehört dem lebendigen Herrn Jesus Christus!"

3. Wie kann eine Gemeinde ihren Auftrag entdecken?

Treffen Sie sich mit den verantwortlichen Mitarbeitern Ihrer Gemeinde. Nehmen Sie sich einen Tag Zeit. Gehen Sie miteinander folgende Schritte:

1. Schritt: Den Reichtum der Gemeinde entdecken
Notieren Sie auf einem großen Plakat alles, was in Ihrer Gemeinde stattfindet: Gruppen, Veranstaltungen, Treffen ...
Unterstreichen Sie die Nennungen, die für das Leben Ihrer Gemeinde besonders wichtig sind.

2. Schritt: Finden Sie heraus, wo die Stärken Ihrer Gemeinde liegen:
Finanzen, Räumlichkeiten, eine bestimmte Altersgruppe, Geschichte, Traditionen ...
Was prägt das Selbstbewusstsein Ihrer Gemeinde?
Notieren Sie Ihre Entdeckungen auf ein weiteres Plakat.

3. Schritt: Wer sind wir?
Machen Sie sich ein Bild von Ihrer Gemeinde: Wer gehört zu uns?
Notieren Sie die Altersstruktur Ihrer Gemeinde, beschreiben Sie die Menschen, die zu Ihrer Gemeinde gehören: Wie sehen sie aus? Was ist ihnen wichtig? Woher kommen sie? Was prägt sie?

4. Schritt: Erstellen Sie ein Gabenprofil
Zeichnen Sie auf einen großen Bogen Papier folgende Tabelle:

Name	Gast-freund-schaft	Verkün-digung	Lehre	Krea-tivität	Musik	Prak-tische Dienste	Leitung	Orga-nisation	Gebet	Seel-sorge	Kinder-arbeit	Jugend-liche	Sons-tige
Er-geb-nis													

Tragen Sie in die erste Spalte die Namen der Mitarbeiter Ihrer Gemeinde ein und kreuzen Sie deren jeweilige Gaben an. Zählen Sie am Ende zusammen: Welche Gaben kommen in Ihrer Gemeinde am häufigsten vor?

5. Schritt: In welchen Herausforderungen stehen wir?

Überlegen Sie sich, mit welchen Fragestellungen und Problemen Sie in Ihrer Gemeinde in der letzten Zeit befasst waren.

Überprüfen Sie, ob es in Ihrem Gemeindeumfeld bestimmte soziale Brennpunkte gibt.

Welche menschlichen Notlagen beschäftigen Sie?

Welche Themen sind Ihnen persönlich wichtig?

Stellen Sie fest, bei welchen Fragestellungen es Überschneidungen gibt: Wo fokussiert sich Ihr Interesse? Was fordert Sie gemeinsam heraus?

6. Schritt: Um welche Menschen geht es?

Überlegen Sie ganz realistisch: Welche Menschen erreichen Sie mit Ihrer Gemeindearbeit?

Wer kommt zu Ihnen? Zu wem haben Sie einen leichten Zugang?

Spitzen Sie zu: Welche Menschen bilden die Zielgruppe Ihrer Bemühungen?

Wen wollen Sie mit dem Evangelium erreichen?

Erstellen Sie ein Konzept, wie Sie die Menschen, die Ihnen am Herzen liegen, tatsächlich erreichen und für Ihre Gemeinde (und damit für den christlichen Glauben) gewinnen können.

7. Schritt: Hören

Machen Sie jetzt eine Zäsur, gehen Sie (jeder für sich) eine halbe Stunde in die Stille. Kommen Sie mit der Bitte zu Gott: „Rede du zu uns!"

Fragen Sie Gott in der Stille: „Was ist dein Auftrag für uns? Was willst du?"

Schreiben Sie in der Stille Ihre Eindrücke und Gedanken auf. Suchen Sie nach Bibelstellen, die zu dem passen, was Sie in der Stille hören.

Tragen Sie nach der Stille Ihre Eindrücke zusammen: Gibt es gemeinsame Gedanken oder Erkenntnisse? Lässt sich ein roter Faden feststellen, der sich durch das Gehörte zieht?

Besprechen Sie miteinander: Wie passt das, was wir in der Stille gehört haben, zu dem, was wir vorher zusammengetragen haben?
Gehen Sie erst zu Schritt 8, wenn Sie mindestens einen gemeinsamen Punkt gefunden haben.
Finden Sie heraus: Gibt es ein biblisches Motto? Gibt es einen Bibelvers, der ein Leitvers für Ihre Gemeinde sein könnte?

8. Schritt: Auswertung

Fassen Sie die Ergebnisse der bisherigen Überlegungen zusammen: Wo liegt der bisherige Schwerpunkt Ihrer Gemeinde? Wie können Sie diesen Schwerpunkt stärken?
Liegt in dem, was Sie bisher machen, der Auftrag Ihrer Gemeinde?
Müssen Sie etwas verändern oder Ihre bisherige Gemeindearbeit intensivieren?
Formulieren Sie in einem Satz: „Der Auftrag unserer Gemeinde ist ...“
Formulieren Sie so konkret wie möglich.

9. Schritt: Konkretisieren

Erstellen Sie aus diesem Auftrag eine Liste mit 10 Zielen:
„Weil wir diesen Auftrag haben, wollen wir Folgendes tun ...“
Wählen Sie aus diesen 10 Zielen die drei wichtigsten aus.

10. Schritt: Umsetzung

Überlegen Sie sich für die drei wichtigsten Ziele jeweils 5 konkrete Schritte, wie Sie dieses Ziel erreichen können.
Bringen Sie diese Schritte in eine logische Reihenfolge und schreiben Sie hinter jeden Schritt das Datum der Ausführung, wer dafür zuständig ist und welche Bedingungen nötig sind, damit dieser Schritt auch getan werden kann.
Überprüfen Sie regelmäßig, ob Ihnen die Umsetzung gelingt – oder ob Sie Korrekturen vornehmen müssen. Seien Sie selbstkritisch und ehrlich.

4. Bin ich zum hauptamtlichen Mitarbeiter im geistlichen Dienst berufen?

Notwendige Voraussetzungen für einen geistlichen Dienst sind:

1. Innere, sichere Gewissheit: Ich bin von Gott für eine hauptamtliche Arbeit im Reich Gottes berufen!
2. Bestätigung der Berufung durch eine praktische Arbeit in der Gemeinde.
3. Bestätigung dieser Berufung durch 3 unabhängige, reife Christen (schriftlich).
4. Bestätigung der Berufung durch ein Zeugnis der Gemeindeleitung (schriftlich).
5. Bestätigung der Berufung durch einen Seelsorger, der die Glaubensentwicklung schon länger kennt (schriftlich).
6. Eine eindeutige Beziehung zu Gott, ein ausgeprägtes geistliches Leben.
7. Eine klare Stellung zu Bibel und Bekenntnis.
8. Bewährung in schwierigen Situationen, Bewältigung von Krisen und Zweifeln.
9. Kontaktfähigkeit, soziale Kompetenz, Interesse an anderen Menschen, Beziehungsfähigkeit, Kompromissbereitschaft, zuhören können.
10. Fähig, sich auszudrücken, reicher Wortschatz, kommunikativ, Gabe des mündlichen und schriftlichen Formulierens.
11. Bereitschaft zum Lernen, geistiges Interesse und innere Beweglichkeit.
12. Fähigkeit zum Selbstmanagement: eigenständiges Handeln, Entscheidungsfreudigkeit, selbstständige Einteilung der Zeit.
13. Lösungsorientiert, offen für Neues, konfliktfähig, konsequentes Verhalten.
14. Geistliche Urteilskraft, unterscheiden und bewerten können.
15. Innere Unabhängigkeit, Unbestechlichkeit, integere Persönlichkeit.
16. Ehrlichkeit vor sich selbst und vor anderen Menschen, Bereitschaft zur Selbstkorrektur vor Gott und vor den Menschen.

17. Freiheit von Besitzenwollen, Habsucht, Egoismus, Suche nach eigener Ehre.
18. Teamfähigkeit, sich einordnen können, aber gleichzeitig auch die Bereitschaft, Leitung auszuüben.
19. Geistliche Zuversicht und ansteckender Glaube, optimistische Grundeinstellung, Gabe der Ermutigung.
20. Bereitschaft zum Dienen, zum Verzicht auf eigene Ansprüche; den anderen sehen können und fördern wollen.
21. Ein/e Ehepartner/-in, der/die bereit ist, den Dienst mitzutragen.

Berufung

- Wenn du denkst, dass du zu einem hauptamtlichen Dienst berufen bist, dann gehe ein paar Tage in die Stille und höre auf Gott: Wie redet Gott zu dir?
- Notiere: Zu was hat dich Gott berufen? Beschreibe deinen Auftrag ganz genau.
- Überlege dir: Wo hast du bisher Gottes Stimme gehört? Verknüpfe das Reden Gottes in deinem Leben zu einer Linie: Gibt es eine kontinuierliche Folge? Wie passt Gottes Berufung zu allem, was du bisher getan hast?
- Frage dich ganz ehrlich: Gibt es unbereinigte Sünde in deinem Leben? Gibt es verborgene Bereiche, die niemand wissen darf? Hast du einen Fehler zu bekennen oder etwas in Ordnung zu bringen? Bereinige erst deine Vergangenheit, bevor du weitergehst, die Schuld in deinem Leben könnte dir sonst zu einer gefährlichen Falle werden.
- Erstelle eine Liste mit deinen Gaben und Fähigkeiten: Notiere dir zu jedem Punkt die Arbeitsbereiche, in denen du sie ausgeübt hast, und vermerke die Ergebnisse: Wo hattest du Erfolg? Wo ist Frucht gewachsen?
- Schreibe auf, was andere Menschen über dich gesagt haben: Bestätigung und Kritik. Gibt es bei diesen Äußerungen einen gemeinsamen Nenner?
- Wähle für deinen geistlichen Dienst ein biblisches Motto, suche dazu einen Bibelvers. Welche Überschrift soll deine Arbeit im Reich Gottes tragen?
- Sammle alle Ziele, die du in deinem geistlichen Dienst erreichen

willst. Überlege dir gründlich, was dazu nötig ist, damit du diese Ziele auch erreichen kannst.

- Mache dir einen genauen Plan, wie diese Ziele konkret umzusetzen sind.

- Überlege dir: Was bedeutet für dich Erfolg? Wann bist du erfolgreich?

- Mache selbstkritisch die Gegenprobe: Wählst du den geistlichen Dienst, weil es dir um deine eigene Ehre geht, du Anerkennung von anderen Menschen suchst, besondere geistliche Leistung vor Gott und den Menschen bringen oder dich als besonderen Menschen darstellen möchtest? Ist die Berufung aus einem gefühlvollen Moment entsprungen (z.B. bei einer besonderen Veranstaltung) – oder hält der Eindruck, dass du berufen bist, schon länger? Überstürze nichts, lass dir Zeit – die Sicherheit einer Berufung braucht eine Überprüfung, die etwa ein Jahr lang dauern sollte.

- Gibt es innere Zweifel an deiner Berufung? Nimm sie ernst, notiere sie und überlege dir Argumente dagegen. Gehe erst weitere Schritte, wenn innere Ruhe eingekehrt ist.

- Rede mit anderen, reifen Christen über deine Gedanken und Erkenntnisse – und auch über deine Zweifel. Höre ihre Bestätigung, nimm aber auch ihre Kritik ernst. Sei bereit, dich gründlich überprüfen zu lassen, weiche unangenehmen Fragen nicht aus. Eine echte Berufung braucht keine künstliche Nachhilfe. Überzeugungsarbeit oder Schönfärberei. Eine echte Berufung setzt sich auch gegen Widerstände durch, ohne zu drängen.

- Nimm es an, wenn deine Berufung in die Krise kommt, das ist ein wichtiger Moment. Was die Glut des Feuers überlebt, hat Bestand. Gerade die echte Berufung wird durch Schwierigkeiten und Anfechtungen gehen müssen. Wenn sie sich hier bewährt, wird sie auch die vielfältigen Belastungen eines geistlichen Weges durchhalten.

- Denn bedenke: Du wählst einen schweren Weg. Der geistliche Dienst fordert dich ganz. Er bedeutet den Einsatz deines Lebens: deine Persönlichkeit, deinen Besitz, deine Zeit, deine Energie, dein Privatleben.

- Du bist in einem geistlichen Dienst ganz auf die Hilfe Gottes angewiesen. Er ist dein Herr, er setzt dich ein, er will dein Vertrauen. Auch wenn du berufen bist, bist du nie fertig oder ein besserer Christ als andere. Du bist ständig darauf angewiesen, dass dich Gott mit Weisheit beschenkt und dass er mit seiner Kraft in deiner Schwachheit mächtig ist.

- Wenn du dir deiner Berufung sicher bist, gehe ein paar Schritte auf dem Weg in den geistlichen Dienst. Gehe sie sorgfältig und fragend. Sei bereit umzukehren, wenn du erkennst, dass dieser Weg dich nicht trägt.
- Wenn die Umsetzung der Berufung zäh und mühsam wird, du schnell müde bist, Überforderung spürst, unleidig, ungeduldig und reizbar bist: Überprüfe selbstkritisch, ob der Weg, den du gehst, stimmt.
- Manche grundsätzlichen Bedenken tauchen erst auf, wenn die erste Begeisterung verflogen und du schon einige Schritte gegangen bist. Sei nicht zu stolz, es zuzugeben, wenn du dich geirrt hast. Es ist besser, jetzt umzukehren als in ein paar Jahren.
- Überprüfe regelmäßig (einmal im Jahr), ob du noch in deiner Berufung bist: Befindest du dich noch auf dem Weg, den du begonnen hast? Stimmt die Richtung? Spürst du Gottes Leitung und seine Wegbegleitung?
- Zu jeder Berufung gehören Zeiten des Verzagtsein und des Durchhängens. Ziehe dich dann in die Stille zurück, lass dich von Gott beschenken, lass dich neu erfüllen mit seiner Kraft. Nimm dir eine Auszeit. Geht auch dann die Erschöpfung nicht weg und wird dir deine Berufung zur dauernden Last, die dir die Lebensfreude nimmt: Suche dir Rat bei geistlichen Menschen, Seelsorgern, geistlichen Begleitern. Sei unter Umständen bereit zu einer grundsätzlichen Korrektur – auch eine Berufung kann sich verändern! Halte dann nicht starr an dem fest, was bisher richtig war.
- Bedenke: Es kommt letztlich nicht auf deine Berufung an, sondern auf Gott, der dich berufen hat!

5. Gottes Auftrag an mich

Am 20.11.1997 habe ich bei einem Seminar, in dem es um die Entdeckung der eigenen Berufung ging, für mich folgenden Satz formuliert:

Gemeinde ist wie ein Schiff auf hoher See.

Damit die Fahrt gelingt, sehe ich folgende Herausforderungen für meinen Dienst im Reich Gottes:

1. Mitarbeiter, die auch in vielen Stürmen auf Deck geblieben sind,
   bekommen neue Hoffnung. Sie sehen: Wir sind nicht allein, was
   wir tun, ist wichtig, damit das Schiff vorankommt.
2. Leiter treffen keine einsamen Entscheidungen, sondern alle beteili-
   gen sich an der Frage, wohin das Schiff Gemeinde steuert.
3. Ziel der Fahrt dieses Schiffes ist es, Menschen, die schiffbrüchig
   geworden sind, aufzufischen und neuen Boden unter die Füße zu
   geben.
4. Am Bug des Schiffes steht sein Name: „Agape".

Mein Auftrag in der Gemeindeberatung ist es, die Schiffsbesatzung zu
unterstützen, zu trainieren und für ihre Aufgaben zu schulen.

Ich helfe den Leitern (Kapitänen und Steuerleuten) bei der Naviga-
tion, damit der Standort bestimmt und das Ziel erreicht werden kann.

Ich verstehe mich als Lotse in schwierigen Sturmzeiten und bei gefährlichen Fahrtstrecken.

Ich setze mich vor allem dort ein, wo das Schiff nicht in Fahrt ist (sei
es durch Flaute, weil es gestrandet und auf Grund gelaufen ist, oder sei
es, weil die Mannschaft meutert) und arbeite mit, dass das Schiff wieder
Fahrt aufnehmen kann.

Mein Leitbild ist die Fahrt der Jünger auf dem stürmischen See im
kleinen, zerbrechlichen Boot. Jesus ist bei ihnen – aber er schläft. Sie
wecken ihn und er gebietet dem Sturm: „Da wurde es ganz still" (Matthäus 8,23-27).

Seit mir dieser Auftrag klar wurde, arbeite ich in unterschiedlichen Bereichen auf vielfältige Weise als Gemeindeberater im Reich Gottes. Ich habe schon viele Schiffe besucht und auf ihnen gearbeitet: Dampfer, Lastkähne, Schlepper, Tanker, Containerschiffe, Frachter, Ausflugsboote, Fähren, Fregatten, U-Boote, Eisbrecher, Kreuzfahrtschiffe, Luxusliner, Ruderboote, Kajaks …

Jede Gemeinde ist etwas ganz Besonderes, keine ist wie die andere. Aber bei allen Gemeinden geht es darum, den Blick nach vorn zu richten – dort ist der Punkt, wo wir den wiederkommenden Herrn der Welt erkennen können. Dorthin gilt es, alle Kräfte zu bündeln, dorthin gilt es aufzubrechen – IHM entgegen!

Johannes Stockmayer

Weiterführende Literatur

Johannes Reimer
Die Welt umarmen
Theologie des gesellschaftsrelevanten
Gemeindebaus
ISBN 978-3-86827-085-3
384 Seiten, Paperback

Ein Buch voller Leidenschaft für die Welt, die Gott verloren hat und die er doch liebt. Ein Buch für Menschen, die Gemeinde bauen wollen. Ein Buch für Menschen, die diakonisch arbeiten und leben möchten. Ein Buch für Menschen, die versuchen, andere mit Gott in Kontakt zu bringen.

Johannes Reimer analysiert Gemeindemodelle und macht konkrete Vorschläge für einen gesellschaftsrelevanten Gemeindebau. Er geht aus von den anschaulichen Gemeindebildern des Neuen Testaments und untersucht ihre Auswirkungen auf das Gesellschaftsleben der ersten Jahrhunderte. Auch in der Kirchengeschichte späterer Jahrhunderte findet er interessante Beispiele für Gemeinden, die sowohl missionarisch als auch diakonisch ihre Umgebung durchdrangen. Schließlich beschreibt er, wie Gemeinde heute aussehen kann. So wie Gott in Jesus Mensch wurde, so sollten auch wir als seine Nachfolger mitten in der Welt leben und uns einbringen.

Tobias Faix, Johannes Reimer
Volker Brecht (Hg.)
Die Welt verändern
*Grundfragen einer Theologie
der Transformation*
ISBN 978-3-86827-122-5
368 Seiten, Paperback

Wie sollen Christen auf die weitgreifenden gesellschaftlichen Veränderungen in der heutigen Welt reagieren?

Mit Rückzug?

Im Gegenteil, sagen die Herausgeber dieses Buches und gehen die Grundfragen einer Theologie der Transformation offensiv an. Kirchen und Gemeinden haben den öffentlichen Auftrag, Glauben zu leben und darüber zu diskutieren, welche Rolle sie im 21. Jahrhundert spielen.

20 Autorinnen und Autoren geben Antworten, wie transformatorische Prozesse und ganzheitlicher Glaube gesellschaftsrelevant gelebt werden können. Der Bogen wird weit gespannt: von der biblischen Grundlage und dem interdisziplinären Dialog über die Lehren der Geschichte bis zur Praxis transformatorischer Theologie.

Tobias Faix / Thomas Weißenborn (Hg.)
ZeitGeist
Kultur und Evangelium in der Postmoderne
ISBN 978-3-86122-967-4
256 Seiten, Paperback

Die Welt ist anders geworden. Weniger rational. Emotionaler. Suchender. Traditioneller. Offener. Ein neues Zeitalter ist angebrochen und vieles verändert sich – auch unsere Gemeinden. Das bringt Unsicherheit mit sich. Die Postmoderne zwingt uns zu einem neuen Nachdenken über das, was wirklich trägt. Neue weltweite Entwicklungen, wie die Emerging Church-Bewegung, versuchen, in diesen Veränderungen Gemeinde neu zu leben. 24 Autorinnen und Autoren beschreiben aus unterschiedlichen Blickwinkeln, wie Christsein in unserem Kontext nicht nur möglich ist, sondern wie wir anfangen können, unsere Gesellschaft zu verändern. Im Zentrum steht dabei die Frage, wie der Geist und die Zeit zusammenzudenken sind. In vier Kapiteln werden diese Fragen aufgenommen, theoretisch durchdacht und praktisch reflektiert. Ein Buch, das die richtigen Fragen stellt, zum Mitdenken anregt und mit beispielhaften Initiativen und Projekten aus der Praxis inspiriert.

Die Autoren:
Christina Brudereck
Dr. Peter Aschoff
Gottfried „Gofi" Müller
Burkhard vom Schemm
Bettina Becker
Markus Lägel
uva.

Mit Statements von Thorsten Hebel, Christoph Waffenschmidt und Prof. Dr. Johannes Reimer.

Tobias Faix / Thomas Weißenborn (Hg.)
ZeitGeist 2
Postmoderne Heimatkunde
ISBN 978-3-86827-121-8
320 Seiten, Paperback

Heimat – über Jahrtausende war damit eine Konstante im Leben der Menschen verbunden. In den letzten Jahrzehnten hat sich das grundlegend verändert, nicht nur materiell, sondern auch im geistlichen Bereich. Heimat ist keine Selbstverständlichkeit mehr, sondern etwas Flüchtiges geworden, eine Durchgangsstation, kein Lebensgefühl.

Als „Postmoderne Heimatkunde" beschäftigt sich dieses Buch aus einer theologischen Perspektive damit, wie wir – in unserer sich stetig wandelnden Welt auf der Suche nach Heimat – gerade in der Veränderung bei Gott ein Zuhause finden können.

„Das Buch stellt zentrale Fragen zum Geist der Zeit: Steht er gegen den Geist Gottes? Wird er vom Evangelium beeinflusst, oder ist es eher umgekehrt? Inwieweit sind Kultur und Evangelium voneinander abhängig? Es wird ein Blick in die Bibel und auf die ersten Gemeinden geworfen und daraus eine Prognose erstellt, wie wir Wege zu einem neuen Denken finden können." Lydia Oeser, jesus.de

Volker Kessler
Der Befehl zum Faulenzen
Den Sabbat wiederentdecken
ISB N 978-3-86827-047-1
112 Seiten, gebunden

Wie entrinnt man dem „Fluch der Ruhelosigkeit"? Wir sehnen uns nach Ruhe – und haben dennoch oft Angst vor ihr. Ist es wirklich so erstrebenswert, dass die Grenze zwischen Arbeit und Privatleben durchlässig wird, wie immer wieder behauptet wird?
Die Bibel sagt: „Sechs Tage sollst du arbeiten, am siebten Tag sollst du ruhen." Ein geniales Gebot, es enthält den Befehl zum Faulenzen! Einmalig in der damaligen Zeit. Mit hoher Wirksamkeit – bis heute!
Entdecken Sie den Segen des Ruhetags für sich persönlich. Ganz praktisch! Erfahren Sie, wie Sie den Ruhetag in Ihrem Lebensumfeld, im 21. Jahrhundert, so gestalten können, dass er für Sie zu einem Segen wird und Sie sich darauf freuen!

„Gottes Zeitmanagement für uns Menschen ist einfach und perfekt. Das Buch von Volker Kessler zeigt überzeugend auf, warum Gott uns den ‚Befehl zum Faulenzen' gab, wie wir ihn umsetzen können und wie wir in einer Zeit der Ruhelosigkeit wieder den Fokus auf das Wesentliche gewinnen. Eine kurze und prägnante Einführung in ein Zeitmanagement, das nicht aus mehrstufigen Prioritätslisten und komplexen Terminplanern besteht, sondern aus dem Segen des Ruhetages."
Prof. Dr. Steffen Fleßa, Universität Greifswald

Thomas Weißenborn
Das Geheimnis der Hoffnung
Einführung in den christlichen Glauben
ISBN 978-3-86827-046-4
480 Seiten, Paperback

Zu Beginn des 21. Jahrhunderts steht nicht nur der christliche Glaube vor neuen Herausforderungen. Auch das aufgeklärte Weltbild, in dessen Rahmen das Christentum im vergangenen Jahrhundert gelebt und verstanden wurde, ist im Zuge der Postmoderne in eine tiefe Krise geraten. Thomas Weißenborn führt daher nicht nur in verständlicher Weise in die grundlegenden Themen des Glaubens ein, sondern zeigt auch auf, wie er von seinen ursprünglichen Wurzeln her erneuert werden kann.

„Ein erfrischender Einblick in Grundthemen des christlichen Glaubens, der biblisches Denken und neuzeitliches Fragen miteinander verbindet – und dabei auf der Landkarte altkirchlicher Dogmatik, reformatorischer Lehre und neuer evangelikaler Ansätze souverän eigene Wege wählt."

Guido Baltes

Eine Einführung in das Neue Testament

In welchem gesellschaftlichen, politischen und kulturellen Umfeld sind die Bücher des Neuen Testaments entstanden? Wer waren die Autoren? Wann sind die einzelnen Berichte und Briefe geschrieben worden? Buch für Buch führt Dr. Thomas Weißenborn durch das Neue Testament. Sein besonderes Plus: Er kommt ganz ohne das übliche „Fachchinesisch" aus, schreibt wissenschaftlich fundiert, spannend und informativ. Dabei scheut er sich nicht, unterschiedliche Theorien vorzustellen und auf die jeweiligen Thesen samt Antithesen einzugehen. Über seine Schneisen werden Bibelleser, Hauskreisleiter, Studenten, Mitarbeiter in der Gemeinde – alle, die sich schnell und kompakt Wissen zum NT aneignen wollen – das Buch der Bücher leichter als bisher erobern.

Apostel, Lehrer und Propheten (1)
Evangelien und Apostelgeschichte
ISBN 978-3-86122-676-5
256 Seiten, Paperback

Apostel, Lehrer und Propheten (2)
Leben und Briefe des Apostels Paulus
ISBN 978-3-86122-710-6
288 Seiten, Paperback

Apostel, Lehrer und Propheten (3)
1. Petrusbrief bis Offenbarung
ISBN 978-3-86122-722-9
224 Seiten, Paperback

Peter Scazzero
Das Paulus-Prinzip
Warum Schwäche ein Gewinn sein kann
ISBN 978-3-86122-998-8
256 Seiten, Paperback

Als erfolgsverwöhnter Pastor einer New Yorker Gemeinde baut Scazzero über Jahre hinweg die Fassade eines Superhelden auf, die nicht mal
seine Frau durchschauen kann. Erst als er physisch und psychisch am
Ende ist und seine Ehe vor dem Aus steht, fängt Gott neu mit ihm an.
Und wie!
In diesem Buch packt Scazzero aus, nimmt seine Leser an die Hand und
führt sie ehrlich durch den eigenen Zerbruch. Hin zu den unbezahl-
baren Erfahrungen, die allen Menschen in Leitungsfunktionen, allen
haupt- und ehrenamtlichen Mitarbeitern in der Gemeinde helfen können, ihren Dienst für Gott dynamisch und authentisch zu tun.

Mit einem Vorwort von Roland Werner.

Klaus Meiß
Geschichte der Alten Kirche
Spuren des lebendigen Gottes – Band 1
ISBN 978-3-86122-966-7
192 Seiten, Paperback

Diese Kirchengeschichte nimmt den Leser mit auf eine Spurensuche: Ausgehend von den biblischen Berichten gibt Band 1 einen Überblick über die Anfänge der Christenheit.

Klaus Meiß
Geschichte des christlichen Mittelalters
Spuren des lebendigen Gottes – Band 2
ISBN 978-3-86827-002-0
224 Seiten, Paperback

Der zweite Band der Kirchengeschichte bringt Licht in eine Zeit, die häufig fälschlicherweise als „finster" bezeichnet wird: das Mittelalter. In seinem gewohnt plastischen Schreibstil weist Dr. Meiß nach, dass die Zeit zwischen dem 7. und dem 14. Jahrhundert eine Epoche umwälzender geistlicher Aufbrüche und großer kultureller Blüte war.